大学入試

“ひと目でわかる”英文読解

登木健司 著

教学社

はじめに

英文構造に関するストレスを限りなくゼロに！

「過去問を使った本格的な長文演習に入る前に，盤石の土台をつくれ！　残酷な現実だが，『赤本を開く前に勝負が決まってしまう』こともある」

これは，私がよく予備校の講義でする話です。**過去問の長文に対峙する読解力を身につける前に，「多読・速読」と称して，長文を読みまくるのは危険**です。「英文構造に関してストレスフリーの状況で，まるで空気のように，普段読んでいるときには，構造がほとんど気にならない」といったレベルを，まずは目指したい。こういった状況になれば，我々の脳は，書かれてある内容に，ほぼ100％集中することができるのです。

多読・速読・過去問演習は，「基礎工事」の後で

普段，日本語を読むときは，我々は，ほぼ100％内容に集中できています。日本語の文構造・文法に関するストレスが全くないので，内容理解をする際に，何ものにも邪魔されないからです。これと同様に，英語を読むときにも，英文構造がほとんど気にならなければ，内容にほぼ100％集中できるようになります。つまり，共通テストや私立大学入試における内容一致問題では，本文と選択肢の細かいすり替えに気づいたり，国公立大学の個別試験での記述式の内容説明問題では，論理展開や筆者の主張と一般論の対比といったことを考えたりすることに全エネルギーを傾けられるようになるということです。

英文構造に関してストレスフリーの状況が達成されている受験生なら，赤本を通じて，演習を繰り返し，一定の負荷をかけ続けることで，「内容について考える脳の筋力」が発達していき，情報処理能力がUPしていきます。こうして，やがては制限時間内に解き終わるように必ずなるのです。こういったパターンこそ，入試の勝利の方程式です。

入試で出題される英文は，年々，長文化しており，**英文の内容以外（語彙・文法・構造など）のことにエネルギーを奪われているようでは，どんなに多読・速読演習を重ねても，ある時期を過ぎると，一定のレベルからは進歩が見られず（制限時間内に解き終わらない・合格最低点まで到達しない），多読演習の効果が見られないことに焦り，さらに長文を大量に読みまくる，という悪循環に陥ってしまう**でしょう。こういった受験生の多くは，本人は気づいていないのですが，実は長文演習に入る前の段階で，既に英語についてトラブルを抱えており，**英文を読む基礎工事（英文構造をスピーディーにつかむ力）ができていないのに，その上に高いビル（過去問の長文演習）を建てようとしているような，不安定な感じになってしまっている**のです。

苦手をとことん反復

本書の対象は，受験生（高校３年生や高卒生）を想定していますが，**ごく簡単（しかし重要）な英文から始めている**ので，早い段階からしっかりと準備をしておきたいという高校１・２年生も，この本を読むことで，英文構造を把握する力がUPし，英語の土台がつくられます。例えば，文の中心となる主節のＳとＶが離れてしまう「SV遊離パターン」の英文は，英文読解の速度を遅らせる最大の障壁の１つです。「SV遊離パターン」を乗り越えるだけで読むスピードが格段にUPします。このような**重要なポイント＝受験生が苦手としている部分は，しっかり身につけてもらえるよう，あえて何度も扱います。**

盤石な土台を築いて大きな飛躍を！

この本は，リーディングの土台をつくる本ですが，実はライティングやスピーキング，リスニングの土台をつくることにもつながっています。近年，ライティング問題に関して，内容構成や論理展開の配点が高く設定されるようになっています。内容に関して集中するためには，英文を読む・書く際の，語彙・文法・構造のストレスをできる限りゼロに近づける必要があります。これは，スピーキングやリスニングに関しても同じことが言えます。英文の構造面でいちいちストレスを感じているようでは，英語を使って情報発信できませんし，耳から情報を得ることもできません。とにかく，英文構造が「空気のような存在」になるよう，本書を利用して集中的に訓練してください。

皆さんには本書で，**４技能の盤石な土台を築いてほしい**と思います。**しっかりとした土台があれば，その先には明るいミライ（大きな飛躍）が待っています。**生きにくい時代になっていますが，たとえ1mmでも，明るい方へ，明るい方へ，と自分の力で自分自身を引っ張っていく気持ちを，しぶとく持ち続けることが大切です。私は普段，予備校の教場で多くの生徒に接しますが，困難な状況に置かれても常に前向きに努力を続ける受験生には，毎年，本当に頭が下がる思いです。彼らのことを思いながら，この本を書きました。

最後に，本書の成立過程では，最も苦労したレイアウトを始め教学社編集部が大きな役割を果たされました。本書に関わられたすべてのスタッフの方々に厚く御礼申し上げます。

河合塾講師　**登木健司**（とき・けんじ）

CONTENTS

基礎編

実戦編

別冊 公式集 構造分析に必須の公式 57

発展コラム

本書の特長

20日間で完成できる演習量

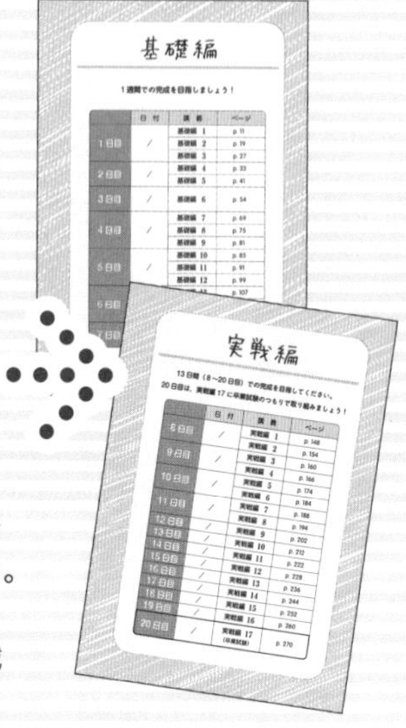

基礎編と実戦編で，計 34 講義を用意しました。

- 基礎編 1 ～ 17：1 ～ 7 日目
- 実戦編 1 ～ 16：8 ～ 19 日目
- 実戦編 17（卒業試験）：20 日目

各講義，提示された英文の構造を理解した上で和訳を考えていきます（詳しくは p.10「学習の進め方」参照）。

20 日間程度で無理なく 1 冊仕上げられる分量です。基礎編・実戦編の最初のページにスケジュール表を掲載していますので，計画的に学習を進めましょう。

本格的な過去問演習へとつなぐ最適の 1 冊

基 礎 編▶ 比較的シンプルで，短い英文を学習します。

ね ら い▶ 試験で狙われやすい，また受験生がつまずきやすい英文読解のポイントを身につけます。

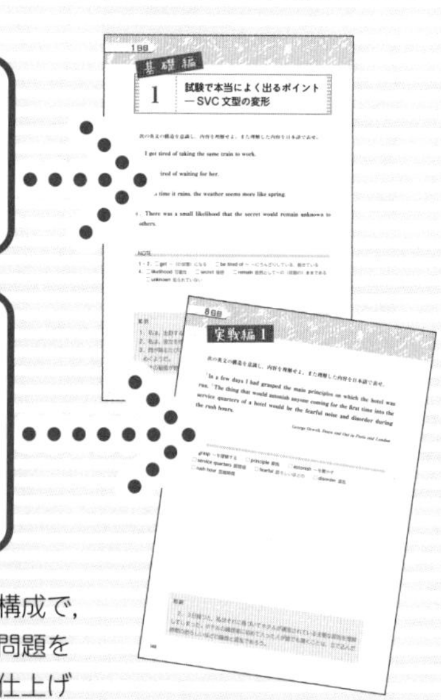

実 戦 編▶ 2 ～ 4 文程度で構成された，入試レベルの英文を学習します。実戦編 17 は，東大の過去問を卒業試験として掲載しています。

ね ら い▶ 基礎編で身につけた知識を土台とし，入試レベルの英文を読みこなす実戦力を身につけます。

基礎から入試レベルまでステップアップできる構成で，最後の卒業試験をクリアできれば，入試レベルの問題を読めるだけの基礎体力がついているはず。本書を仕上げた後は，赤本を使って志望校の過去問演習に取り組みましょう。

英文構造がひと目でわかるレイアウト

■基礎編・実戦編共通

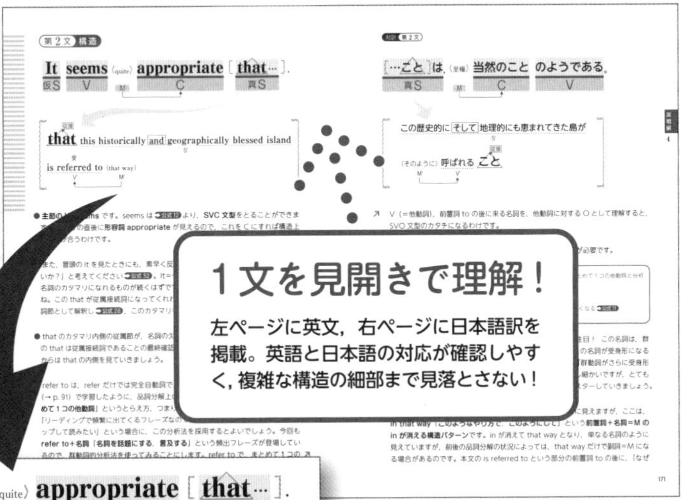

It seems 〈quite〉 appropriate [that…].
仮S V M C 真S

[that this historically and geographically blessed island is referred to 〈that way〉
従接 S' 受 V' M']

[…こと] は (至極) 当然のこと のようである。
真S M C V

1文を見開きで理解！

左ページに英文，右ページに日本語訳を掲載。英語と日本語の対応が確認しやすく，複雑な構造の細部まで見落とさない！

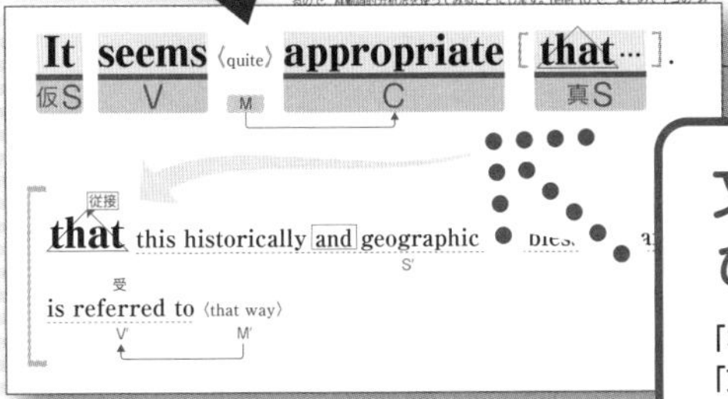

文の中心がひと目でわかる！

「なんとなく読む」では力はつかない！「文の中心」＝主節の **SVOC** を理解して，正確な読解力を身につけます。

■実戦編

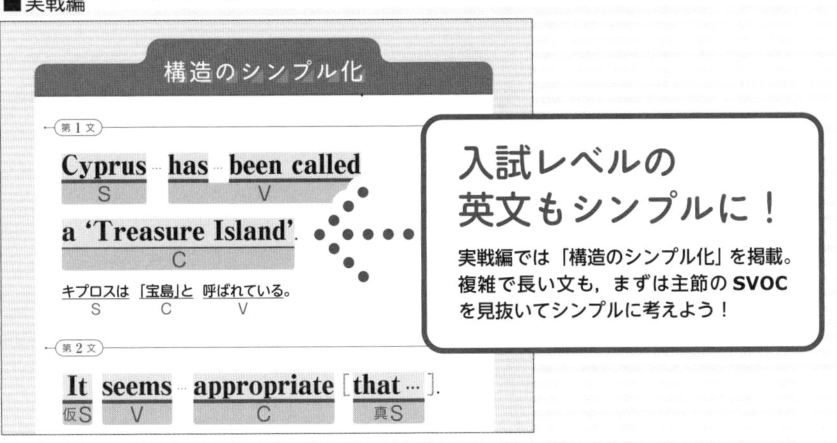

本書で使用するおもな記号・略号について

S　主語　　V　動詞　　O　目的語　　C　補語　　M　修飾語

S　V　O　C　M	主節の文型・レベル1	文型を分析する際の記号
S′　V′　O′　C′　M′	従属節の文型・レベル2	
(S) (V) (O) (C) (M)	準動詞の文型・レベル3	

[　　　]　名詞節・同格のカタマリ

(　　　)　形容詞・形容詞句・形容詞節

〈　　　〉　副詞・副詞句・副詞節

△　従属接続詞／関係詞／疑問詞

□　等位接続詞，その他強調したい語句

従接　従属接続詞

関名　関係代名詞　　関副　関係副詞

疑名　疑問代名詞　　疑副　疑問副詞

●　S′の欠落，O′の欠落など節中の要素の欠落

▲　関係代名詞の省略

前　前置詞　　名　名詞　　助　助動詞

否　否定語　　略　省略　　強　強調語句

受／(受)　受身形

(to)　不定詞

(ing)　動名詞／分詞（構文）

基礎編

1週間での完成を目指しましょう！

	日　付	講　義	ページ
1日目	／	基礎編　1	p. 11
		基礎編　2	p. 19
		基礎編　3	p. 27
2日目	／	基礎編　4	p. 33
		基礎編　5	p. 41
3日目	／	基礎編　6	p. 54
4日目	／	基礎編　7	p. 69
		基礎編　8	p. 75
		基礎編　9	p. 81
5日目	／	基礎編　10	p. 85
		基礎編　11	p. 91
		基礎編　12	p. 99
6日目	／	基礎編　13	p. 107
		基礎編　14	p. 111
		基礎編　15	p. 117
7日目	／	基礎編　16	p. 123
		基礎編　17	p. 135

学習の進め方

各講義，以下のような順で学習を進めましょう。

1 英文の日本語の意味を考える

1ページ目に提示された英文の日本語訳を書いてみましょう。意味がわからない語句があれば，辞書などを使ってもOKです。英文の下には，NOTEとして重要語句の意味を記載していますので参考にしてください。

2 日本語訳を確認する

自分で考えた日本語訳が正しいかどうかを1ページ目下部の**和訳**で確認しましょう。その際，自分が間違っていたところ，曖昧だったところの意味をしっかり確認します。**和訳**は，試験でこの程度の訳が書ければ合格ラインというものを掲載しています。

3 英文の構造を確認する

2ページ目以降では，英文の構造を理解しましょう。まずは，文の中心である主節のSVOCを確認します。中心を把握したら，Mのカタマリも含め，細かい部分も確認します。最初に訳したときに，自分の解釈が間違っていたところ，曖昧だった部分の構造をしっかりと確認してください。日本語訳は，英語の構造と対応させやすくするため直訳・逐語訳を提示しています。

なお，構造分析に必須の重要な知識を ➡公式 として別冊にまとめています。解説とあわせて確認しましょう。

4 復習する

1ページ目に戻って，英文の構造を意識しながら，もう一度日本語訳を書いてみましょう。文の中心を見抜き，素早く日本語訳を思いつけるようになることが目標です。

実戦編も同様に進めます。

（注）基礎編6のみ，2ページ目に和訳，3ページ目以降に構造を掲載しています。

基礎編

1 試験で本当によく出るポイント —SVC文型の変形

次の英文の構造を意識し，内容を理解せよ。また理解した内容を日本語で表せ。

1．I got tired of taking the same train to work.

2．I got tired of waiting for her.

3．Each time it rains, the weather seems more like spring.

4．There was a small likelihood that the secret would remain unknown to others.

NOTE

1・2．□get ～（の状態）になる　□be tired of ～ ～にうんざりしている，飽きている
4．□likelihood 可能性　□secret 秘密　□remain 依然として～の（状態の）ままである
□unknown 知られていない

和訳

1．私は，出勤するために，いつも同じ電車に乗ることにうんざりしていた。
2．私は，彼女を待ちくたびれた。
3．雨が降るたびに，気候はより春のようになっていくようだ。／一雨ごとに，春めくようだ。
4．その秘密が他人に知られないでいるという可能性は低かった。

1・2 構造

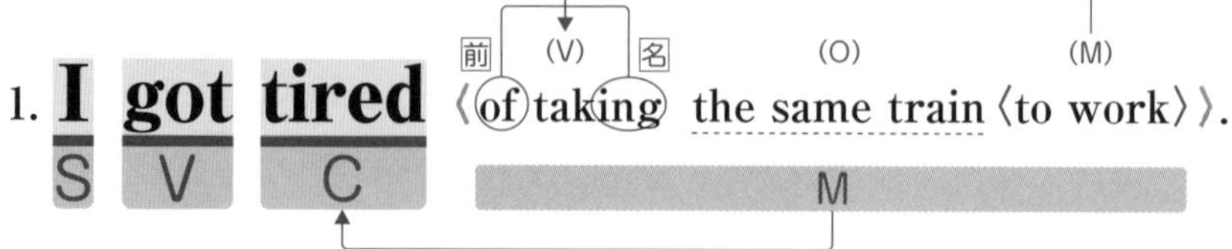

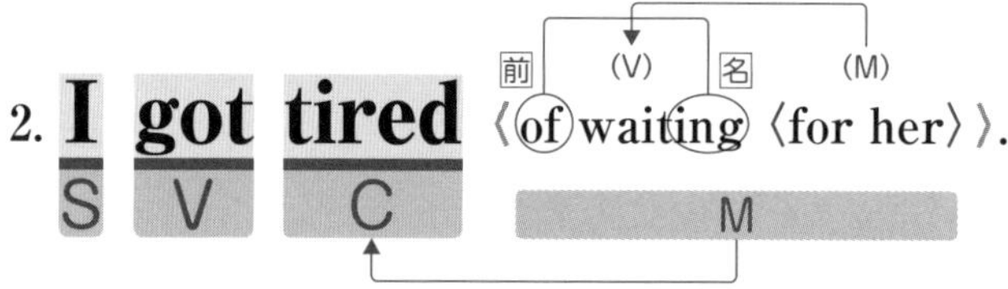

● got（get）は，「～になった」という「be 動詞兄弟」として理解してください ➔公式 12。なお，本書では **be 動詞**および **become や get などの be 動詞と置き換え可能な動詞**のことを，まとめて「**be 動詞兄弟**」と呼びます。

● get tired は，**be 動詞兄弟＋過去分詞**のカタチで，もともと受身文「～される，～された」として使われていたものですが，過去分詞を形容詞のように解釈することができるのです。つまり，tired を「(何かの原因によって）疲れた，飽きた（状態)」という形容詞でとらえると，主節は**主語＋be 動詞兄弟＋形容詞**の **SVC 文型**と解釈することができます。

● 1も2も，got「～になった」は SVC がそろえば，原則的に中心部分は「コンプリートした（＝完全文になった)」と考えます。原則的には，これ以上，中心部分は増えません。ですから，残った of 以降は M ということになりますね。➔公式 2 を意識！

● 1と2の英文では，ing の**ミクロ文型（＝準動詞文型）**の部分が違います。ing や ↗

対訳 1・2

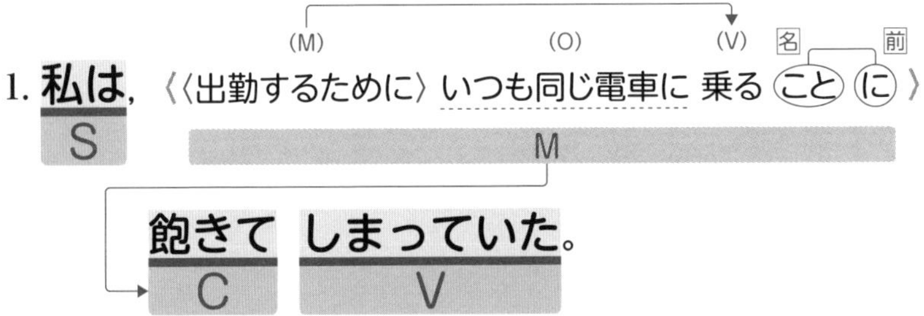

意訳　私は，出勤するために，いつも同じ電車に乗ることにうんざりしていた。

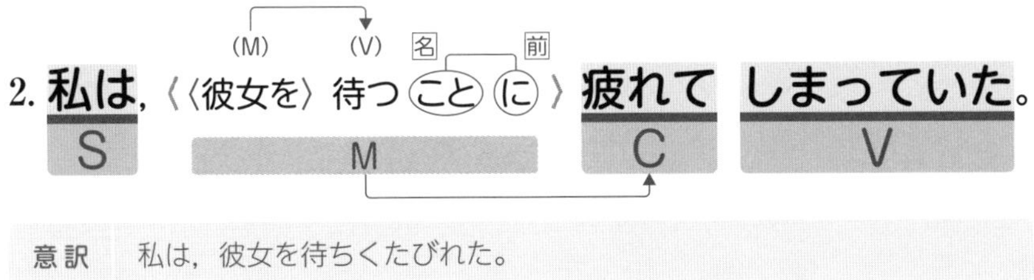

意訳　私は，彼女を待ちくたびれた。

↗ to *do* のカタチになった動詞の後に目的語や補語または修飾語句を伴い，カタマリになっていることがあります。こういったカタマリの細かな文型を，主節や従属節の文型と区別して「**ミクロ文型**」または「**準動詞文型**」と呼び，(S)(V)(O)(C)(M) という記号を付けて分析します ➔公式1。

● 前置詞 of に続く ing ですから動名詞と考え，「**前置詞＋名詞**」で **M** になっています ➔公式37。1 の taking「乗ること」は他動詞の ing 形（＝動名詞）ですから，「何に？」とツッコミを入れながら，つまり (O) を探しながら読んでいきましょう ➔公式4。

● 一方，2 の waiting は，**完全自動詞**が ing 形になったものです ➔公式13。waiting の後には (O) も (C) も来ません。代わりに for her＝「**前置詞＋名詞**」が付いていますね。「前置詞＋名詞」は，特別な場合を除き，英文の中心要素である目的語や補語にはならず，修飾語になります ➔公式37。修飾語ならば，完全自動詞の後にもってきても OK なのです。よって，for her＝(M) です。

3 構造

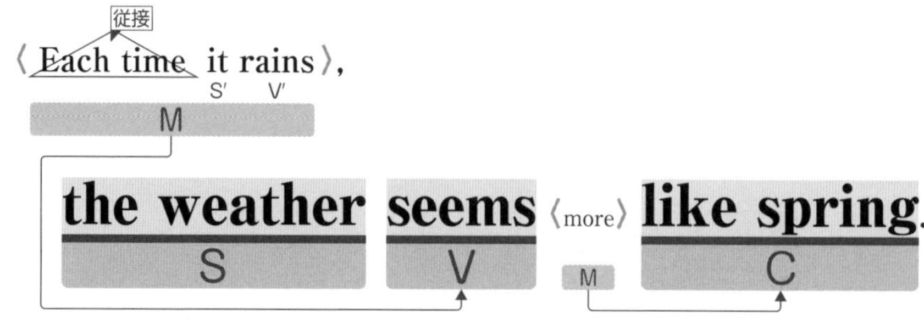

● **従属接続詞 each time** を見た瞬間に △ を付け,「**その先に S′V′ が原則ワンセット来るはず**」と予測! ➡公式6 カタマリを開くと,予測通り it rains が来ています。なお,本書ではカタマリ内側の構造を分析することを「カタマリを開く」とあらわします。**rain**「**雨が降る**」は**完全自動詞**で,O′ や C′ なしで文型コンプリート。ここで each time のカタマリが終了。この先から,カタマリの外側,つまり主節がスタートです。

● each time が従属接続詞 △ になることに気づかない人がとても多いようです。if, because, when といった典型的な従属接続詞と少しカタチが異なったものもしっかりマスターしておきましょう(右ページ 発展 1 参照)。

● **主節の V** は **seems** です。seem は **be 動詞兄弟**として使うことができます。「**SVC の文型になるのではないか**」と先の展開を予測していきましょう ➡公式12。

● seems の右側に,「前置詞+名詞」の **like spring** を発見! **be 動詞兄弟の後の「前置詞+名詞」は C に昇格**できます ➡公式37。

●「**前置詞+名詞**」**が,be 動詞兄弟と共に使われ,状態的な内容をあらわすとき**,「前置詞+名詞」で1つの**形容詞**として扱うことができ,さらに more を付けて,比較級のように扱うことができるのです。 ↗

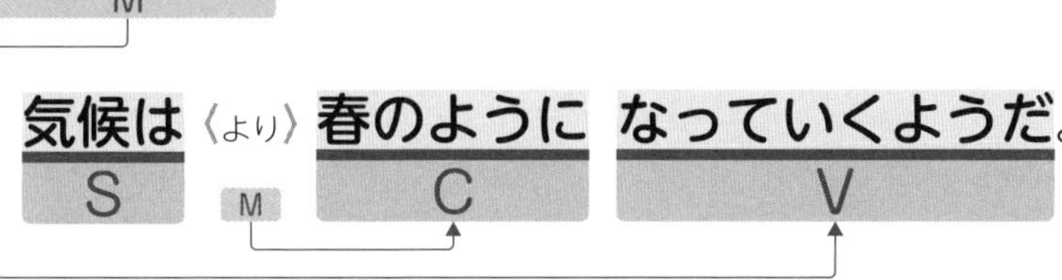

意訳　一雨ごとに，春めくようだ。

> *A* is [like *B*]「*A* は *B* に似ている」
> ⇒ *A* is **more** [like *B*] 〈**than *C***〉
> 「〈***C* と比べて**〉 *A* の方が**より** [*B* に似ている]」
> ※〈than *C*〉の部分は修飾語の扱い。前後の文脈からわかりきっているときは省略されることがある。

発展　1．注意すべき従属接続詞

□ every time S'V' …「…するときいつでも，…するたびに」
= each time S'V' …

□ the first time S'V' …「初めて…するときに」

□ next time S'V' …「次に…するときに」

□ the minute S'V' …「…するとすぐに」
= the moment S'V' … / the instant S'V' … / directly S'V' … / immediately S'V' …

□ once S'V' …「いったん…すると」

□ now S'V' …「もはや…なので」

□ provided S'V' …「もし…するなら」
= providing S'V' … / suppose S'V' … / supposing S'V' …

□ given S'V' …「…という前提が与えられると，…するならば，…であることを考慮に入れると」

□ granted S'V' …「…であっても」
= granting S'V' …

□ whereas S'V' …「…であるけれども」

□ where S'V' …「…するところで，…するけれども」

There was a small likelihood
V　S

likelihood を具体的に説明

従接　S′　V′　C′　M′

[that the secret would remain unknown 〈to others〉].
同格 M

● 主節の文型が，1～3とは異なります。いわゆる **There is 構文** ➲公式51 ですから，**VS** の2つの中心部分だけで主節コンプリート。There is 構文では，SV ではなく，VS と**語順移動**が起きていることにも注意です。このときの there は「これから，『何かが存在する』の意味をもつ構文が始まるよ！『何が存在するのか』注目して読んでネ！」といったニュアンスをもつ副詞で，どこかの具体的な場所を指すわけではありません。よって，「そこに」と訳出してはいけません。品詞分解上は，表記をなるべく簡単にしたいので，there+be 動詞でまとめて V と考えます。そして，右方向の名詞を S として，V+S という分析をします。英語では，S の内容が強調されて，後へと移動し，V+S という語順移動が生じることがあります。There is 構文も，S が強調されているイメージがあるので，V+S という語順になっていると考えましょう。

● There was a small likelihood「少ない・低い可能性が存在していた」が主節ですから，この後は M が続くのだろうと先の展開を予測しながら読んでいきましょう。**that を見た瞬間，△ を付け，カタマリを開きましょう。「△ のカタマリ内側では，原則 V′ が1コ」**という動詞の数の法則を意識します ➲公式6 。

● that のカタマリ内側 V′ の remain は，➲公式12 より，be 動詞兄弟になることができるので，**S′V′C′** 文型で，まずは分析してみることにしましょう。unknown は，過去分詞 known のアタマに，否定の意味をあらわす un- が付くことで，完全に形容詞化しています。「その秘密は，知られていない（状態の）ままでいる」となります。 ↗

対訳 4

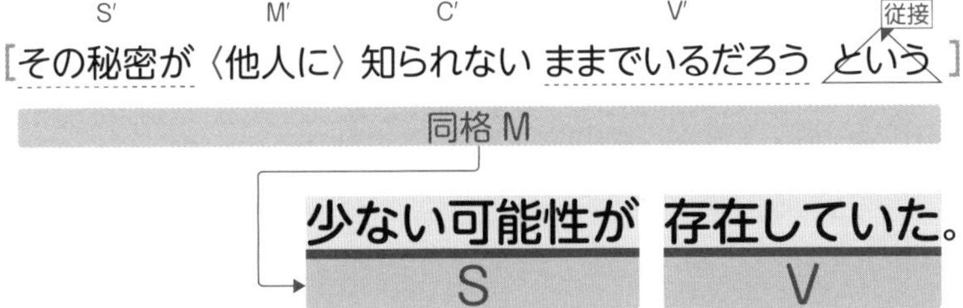

意訳　その秘密が他人に知られないでいるという可能性は低かった。

● 最後に，that のカタマリ内側の従属節の文型が完全な文なので，➔公式 27 より，この that は**従属接続詞の that** ということになります。関係代名詞の that であれば，カタマリ内側の従属節に，必要な名詞が 1 コ欠けた文（＝不完全な文）が来るはずです。**従属接続詞 that は，必ず「～と」「～という」「～ということ」のいずれかで訳出**します。

● a … likelihood「可能性」という抽象名詞が文中にあり，その後ろに従属接続詞 that のカタマリがあることから，➔公式 31 の「**同格名詞節**のパターンになるのではないか？」と考えてみましょう。

● 以上より，日本語に訳す場合は，本文の that のカタマリ（＝同格名詞節）は巨大な M として扱い，likelihood にかけるように訳出します。意味は「(…という）少ない・低い可能性」となります。

● 一方で，特に「日本語に訳せ」の指示がなく，とりあえず意味さえわかればよいという場合には，

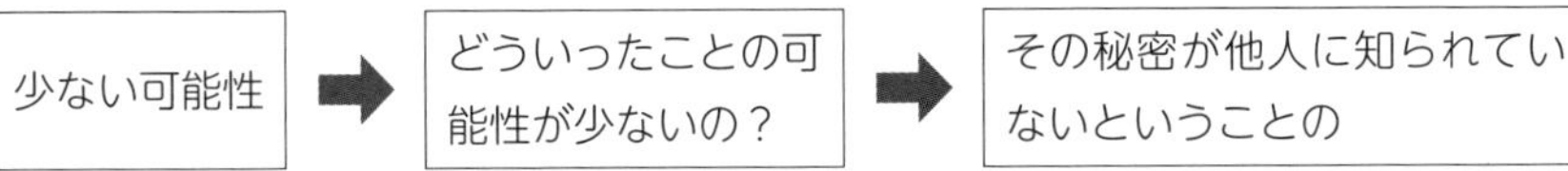

というように左から右へ，英語が書かれた順番で理解していけばよいでしょう。a … likelihood「可能性」という少しボンヤリした意味をもつ名詞の内容が，that の後を読み進めていくうちに，だんだんとハッキリとしていくのを感じてください。英語の情報のナガレは「**ボンヤリからハッキリへ／抽象から具体へ**」という順番になることが多いのです ➔公式 49。

発展　2.「形容詞＋名詞」の日本語訳のポイント

「形容詞…＋名詞～」は，❶「…の～」といったように形容詞を名詞にかけて訳す場合が多いのですが，これを❷「～が…である（する)」のように，主語・述語の関係で理解できる場合があります。

the long pen　❶「長いペン」
　　　　　　　❷「ペンが長い」

例えば，机の上に置かれている異様に長い（1m くらいの）ペンがある…，頭の中で映像をイメージしてみてください。それを見て驚いた人が，❶「長いペンだな～」と表現しても，❷「このペンは長いな～」と表現しても，目の前で起きている「デキゴト・根本的にイイタイコト・イメージ」はほぼ同じなのです。「絶対❶で訳さなければならない」といったような硬直した思い込みは捨てて，前後関係に応じた，柔軟な思考力を身につけるようにしましょう。

かつてのように，ただ機械的に何も考えず，英語から日本語に転換しているような学習では，これからの時代に対応できません。そのような機械的な置き換え訳の作業は，コンピュータの翻訳ソフトで簡単にできてしまうので，こういったレベルでは，人間の仕事が機械に取って代わられてしまうでしょう。前後関係（＝文脈）を考慮しながら，ネイティブの筆者が，その英文を書いた瞬間の熱量（＝キモチ）や彼らが本当に読者に伝えたいと思っていること（＝イイタイコト）を，自然な日本語で表現する，といった高度で複雑な作業は，人間にしかできません。

基礎編

2 使役Vと知覚Vを徹底的に理解しよう—SVOC文型（その1）

次の英文の構造を意識し，内容を理解せよ。また理解した内容を日本語で表せ。

1．I saw a man carry the box.

2．I saw a man carried to the hospital.

3．Did you hear the clerk saying, “All sold out”?

4．She couldn’t make him understand the instructions.

5．She couldn’t make herself understood in French.

和訳

1．私は，男がその箱を運ぶのを見た。
2．私は，男が病院に運ばれるのを見た。
3．店員が「売り切れです」と言っていたのは聞こえましたか？
4．彼女は，彼にその指示書を理解させることができなかった。
5．彼女は，フランス語で意思を伝えることができなかった。

1・2 構造

1. **I saw a man carry the box.**
(S) I / (V) saw / (O) a man / (C) carry the box ［carry = (V), the box = (O)］

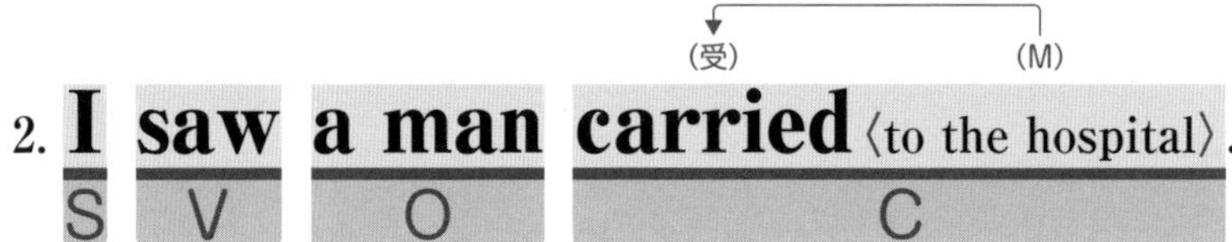

● see（saw）「見える」は**知覚動詞**で，**SVOC 文型**をとることができます ➔公式15 。特に「**C の位置に，動詞の原形（＝原形不定詞）のカタマリが来ることがある**」ということがポイントです。このとき ➔公式4 を常に意識しましょう。これは，他動詞の原形に，“ツッコミ”を入れながら読んでいく感覚です。

● 1の場合，carry「運ぶ」⇒「何を？」⇒ the box「箱を」…です。carry the box でつながっているので途中で切らないように！ carry the box でまとめて C のカタマリ（＝句）になっているイメージをもちましょう。

● 2の場合は **C の位置に過去分詞**が来ています。C の位置が be carried，つまり**受身**になっている（実際の英文では，be が省略されて carried だけになる）ので，この英文は，「男が運ぶ」ではなく，「男が運ばれる」という意味をあらわします。病気か怪我で自分の力では動くことができないのでしょう。なお，**受身は「もとの文型から O マイナス 1 コ」**です ➔公式11 。よって，carried の後には「何を」にあたる名詞（O）は付きません。実際，carried の後に付いているのは，**to the hospital** の**前置詞＋名詞＝（M）**のみですね。

● ちなみに，2の英文では，「『男が，病院へ運ぶ』と考えて，1の英文のように原形 carry（… a man carry to the hospital）としてもよいではないか？」と思う人もいるかもしれませんが，この英文ではダメ！「原形にもツッコミを入れながら読め！」でしたね ➔公式4 。carry「運ぶ」⇒「何を？」…とツッコミを入れますが， ↗

対訳 1·2

1. 私は，男が その箱を 運ぶ のを見た。
(O) (V)
S O C V

↗「何を」にあたる名詞が，carry の後に来ていませんね。動詞の原形の後にあるのは to the hospital，つまり，〈前置詞＋名詞〉の（M）があるだけ。原形であっても，他動詞であるなら，その先に小さな目的語をとるのです。つまり，「I saw a man carry to the hospital. がなぜダメなのか」の理由は，他動詞の原形 carry の後に「何を？」にあたる（O）が来ていないため，準動詞（＝原形不定詞句）の構造の説明がつかないから，ということになります。また，この英文の後半 a man carried to the hospital を「男が病院へ運んだ」と訳してしまうミスも多いのですが，これも先の説明と同じ理由でダメなのです。「運んだ」なら「何を？」にあたる（O）が carried の後にあるはずです…。しかし，本文には見当たりませんよね。

● 本書では，こういった準動詞文型（＝ミクロ文型）レベルまでしっかり読んでいきます。これと同じ考え方で，本書のラストで卒業試験として東大の正誤問題を解きます（→ p. 270）。今回のようなたった 1 行の簡単な英文を読む力が，難関レベルで問われる思考力の基礎になることを実感してください。

3 構造

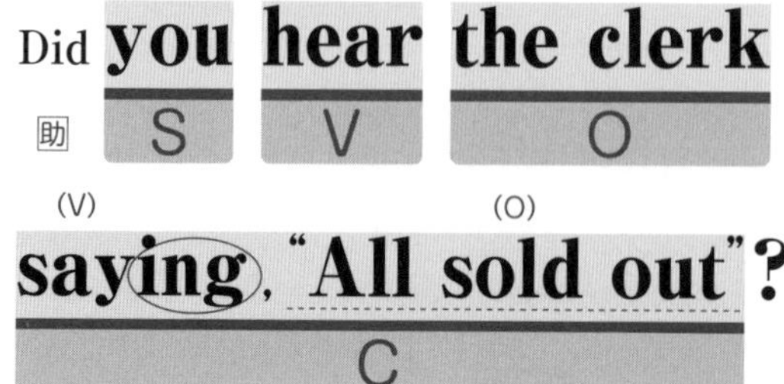

● hear「聞こえる」は**知覚動詞**で **SVOC 文型**をとることができます ➔公式 15 。C の位置に saying が来ています。**知覚動詞の C の位置には ing のカタマリ「現在分詞句」も来ることができる**のです。

● さらに，➔公式 4 を意識！「ing にもツッコミを入れながら読め」でしたね。「言っている」⇒「何を？」⇒ "All sold out"「売り切れだということを」です。つまり，saying から最後の All sold out までが ing のカタマリ（＝句）で，C になっているのです。

● なお，All sold out「売り切れだということ」は引用符（"☐"）で囲まれており，引用符で囲まれた部分（セリフなど）は大きな１つの名詞のカタマリとして扱うことができるのです。

● say も saying も他動詞であることに変わりはありません。後に目的語をとります。saying（V）に対して，All sold out（O）というツナガリになっています。saying のカタマリの中に，（V）と（O）のミクロ文型（＝レベル 3 の準動詞の文型）のツナガリが隠れていることを感じ取ってください。

対訳 3

(O)　(V)

あなたは 店員が 「売り切れです」と 言っていた

S　O　C

のは聞こえましたか？

V

基礎編 2

発展　3．英語脳を鍛える有効な勉強法

英語学習の初期段階では，短い英文で似たカタチのものを並べ，「なぜこのようなカタチの違いが生まれるのか？」を考えるという学習をおすすめします。これは，「英文が読める人にとっては，無意識のうちに当たり前にできている，英文を読む際の**アタマと目の動かし方（＝英文読解の思考プロセス）**，つまり“**英語脳**”を習得する上で，とても有効な勉強法なのです。その際，重要なエッセンスが詰まった短い英文を使うことがコツ！ 英語が嫌いな人でも，短い英文なら挫折しないし，集中力が持続します。本書の基礎編にはそういった英文を多く掲載していますので，最大限活用してください。短い時間で，最大の効果を得ることができるでしょう。

4・5 構造

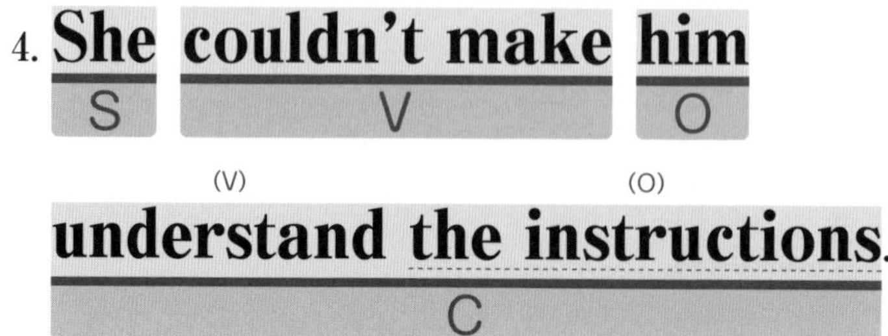

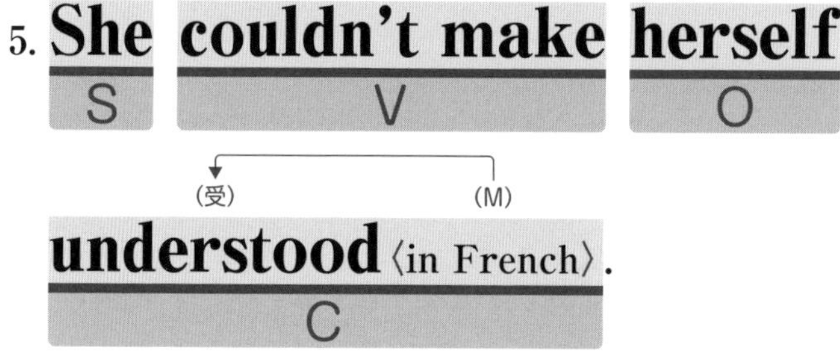

● make him も make herself も「彼をつくる」「彼女自身をつくる」，つまり「人間をつくり出す」という SVO の分析では，常識的に変なので，この **make** は「つくる」という意味を強く押し出すよりも，日本語では**「させる」**のニュアンスをもつ**使役動詞**で理解したほうがよいのではないかと考えます。「見る・聞く」の知覚動詞と「させる」の使役動詞は **SVOC 文型**をとることができます ➡公式 15。

● 使役動詞は，特に **C の位置に動詞の原形（＝原形不定詞）のカタマリが来る**場合があります。4 には understand という原形がありますね。➡公式 4 より，動詞の原形にツッコミを入れながら読むようにします。understand「理解する」⇒「何を？」⇒ the instructions「指示書を」。ここまでが，動詞の原形がつくるカタマリ（＝原 ↗

4. 彼女は，彼が その指示書を 理解する 状況をつくり出すことができなかった。

S: 彼女は，　O: 彼が　C: その指示書を(O) 理解する(V)　V: 状況をつくり出すことができなかった。

意訳　彼女は，彼にその指示書を理解させることができなかった。

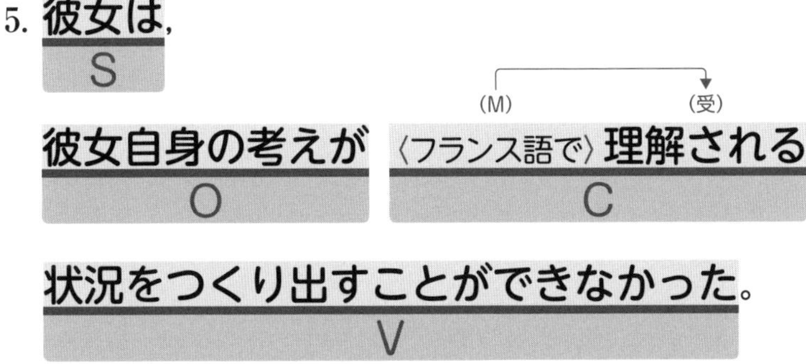

意訳　彼女は，フランス語で意思を伝えることができなかった。

↗ 形不定詞）としてつながっており，このカタマリ（＝句）がCになっているのです。

● SVOC の O と C には，「O が C する」という意味関係が成立します ➡公式 15 。また make のもともとの意味が「つくる，つくり出す」なので，**S＋使役動詞 make＋O＋C** で「**S は，O が C する（ような）状況をつくり出す**」となります。これを「**S は O に C させる**」のように意訳すると，わかりやすい日本語になります。

● 5は，C のカタチに注目！　4と違って原形になっていませんね。今回は，C の位置が understood という**過去分詞**になっています。**herself**「**彼女自身の意思・考え**」**が be understood**「**（周囲の人々によって）理解される**，（他者によって）わかって**もらう**」という**受身**の関係が成立していることをつかんでください。今回のように**OとCのアイダに受身の意味関係が感じられるときは，Cの位置が「be＋過去分詞」**となります。ただし，このようなCのカタチが受身になるパターンでは，beをいちいち表現するのが煩雑なので，最終的にはbeが省略されて過去分詞だけが残る，と考えてください。

●Cのunderstoodは，もともとはbe understoodという原形不定詞なので，ここでもミクロ文型を意識します➡公式4。ただ，受身になっているので，その後の「何を？」にあたる名詞（O）は原則消えるはずです➡公式11。よって，直後に続くのはin Frenchという**〈前置詞＋名詞〉の（M）**のみになっています。

●なお，5の英文で，受身の意味をもつ過去分詞ではなく，原形を使うと，make herself **understand** in Frenchとなります。しかし，原形understandにツッコミを入れても，その後ろに「何を？」にあたる名詞（O）がありません。後にあるのはin Frenchという〈前置詞＋名詞〉の（M）しかないのです。他動詞なら原形不定詞にもミクロ文型あり➡公式4です。意味的にも不自然ですし，文法的にも，5のような形でCの位置に原形understandが来ることは考えにくいと言えるでしょう。

基礎編

3 効率の良い英語勉強法 —SVOC文型（その2）

次の英文の構造を意識し，内容を理解せよ。また理解した内容を日本語で表せ。

1．He got her to finish the work.

2．He asked her to finish the work.

3．He told her to finish the work.

4．He got the work finished by her.

和訳

1．彼は，彼女にその仕事を終えさせた。／彼は，彼女にその仕事を終えてもらった。
2．彼は，彼女にその仕事を終えてほしいと頼んだ。／彼は，彼女にお願いして，その仕事を終えてもらった。
3．彼は，彼女にその仕事を終えるように指示した。
4．彼は，彼女にその仕事を終えてもらった。

1. **He got her ⓣⓞ finish the work.**

(V) finish, (O) the work

S: He / V: got / O: her / C: to finish the work

2. **He asked her ⓣⓞ finish the work.**

(V) finish, (O) the work

S: He / V: asked / O: her / C: to finish the work

3. **He told her ⓣⓞ finish the work.**

(V) finish, (O) the work

S: He / V: told / O: her / C: to finish the work

対訳 1〜4

(O) (V)

1. 彼は，彼女が その仕事を 終える
S O C

状況をつくり出した。
V

意訳 彼は，彼女にその仕事を終えさせた。／彼は，彼女にその仕事を終えてもらった。

(O) (V)

2. 彼は，彼女が その仕事を 終える
S O C

状況を頼み込むことでつくり出した。
V

意訳 彼は，彼女にその仕事を終えてほしいと頼んだ。／彼は，彼女にお願いして，その仕事を終えてもらった。

(O) (V)

3. 彼は，彼女が その仕事を 終える
S O C

状況を口頭による指示でつくり出した。
V

意訳 彼は，彼女にその仕事を終えるように指示した。

4. **He** **got** **the work** **finished** 〈by her〉.
S V O C

● 1～3の構造は同じです。get，ask，tell，この3つはすべて**SVOC文型**（C＝to *do*）をとることができます ➔公式16 。このSVOC文型では，それぞれの動詞がもつ細かい意味の差で，違う日本語訳になる場合もありますが，これらの日本語は意訳にすぎません。最終的にどのような訳し方をしようが，究極的には「**Sは，OがCする状況をつくり出す⇒SはOにCさせる**」という**コアイメージ**をもっていることに注目してください。

get：「Sは，OがCする状況を自ら動いて手に入れる」
⇒「Sは，OがCする状況をつくり出す」
⇒「**OがCするように，Sがさせる**」
ask：「Sは，OがCするようにOに頼む」
⇒「Sは，OがCする状況を頼み込むことでつくり出す」
⇒「**OがCするように，Sが（お願いすることで）させる**」
tell：「Sは，OがCするようにOに言葉で伝える」
⇒「Sは，OがCする状況を言葉による指示でつくり出す」
⇒「**OがCするように，Sが（口頭で伝えて）させる**」

● まず1の英文から見ていきましょう。 ➔公式4 より，不定詞もツッコミを入れながら読みます。to finish「～を終わらせる」⇒「何を？」⇒ the work「仕事を」。toからworkまでで1つのカタマリ（＝句）です。また， ➔公式15・16 より，SVOC文型には，OCの部分，つまり大きく4つのパーツに分けた中の最後の2つのパーツだけを取り出して訳してみると，**主語・述語の関係**（＝「**OがCする」関係**）が成立するという特徴があります。最後の2つのパーツだけを訳してみると，**her「彼女が」 to finish the work「仕事を終える」**という「OがCする」関係が成立していますね。こういった場合はSVOC文型になっていると判断してほぼ間違いありません。↗

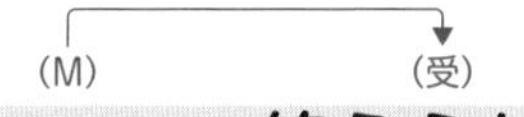

4. 彼は，その仕事が〈彼女によって〉終えられる状況をつくり出した。
S O C V

意訳　彼は，彼女にその仕事を終えてもらった。

↗　2と3も同様です。

● 次に4の英文を見ていきます。まず，1との違いに注目しましょう。**the work「仕事」が to be finished「終えられる」**という**受身の主語・述語関係**（=「**OがCされる」関係**）をつかみましょう。OとCのアイダで受身関係がある場合は，Cの位置は to *do* という不定詞のカタマリではなく，**to be＋過去分詞**という**受身不定詞**のカタチになります。このとき，実際の英文では to be が省略され finished だけが残るのです。to be や being は，実際の英文では省略されることがとても多いのです。

● to be は消えてしまっていますが，もともとのカタチが**受身不定詞**であることを理解してくださいね。「受身」だから（to be）finished の後には，（O）にあたる名詞が無いのです。finished の後には by her の（M）しかありませんね。「**受身不定詞は（O）が1つ消える**」というポイントをしっかり覚えておきましょう➔公式11。

● 少し細かい話ですが，4の英文の the work finished の部分を「その仕事が終わった」と能動態の SV で分析するのは間違いです。英語のセカイでは多くの場合，「その仕事が（自然に・勝手に）終わった」のような考え方はしません。仕事に対してそれに取り組んだ人間が必ず存在するはずで，「仕事は（ある人間の努力・意志によって）始められたり，終えられたりする」というように，「仕事」が主語の場合は，受身の意味でとらえるのが英語の通常の思考法なのです。

発展　4．目的語がない？ SVOC 文型の変形に注意

次の英文を見てください。

Children of six and under are not permitted to use the swimming pool unless they are with an adult.　（センター本試験）

「6歳以下の子供たちは，大人と一緒でなければ，プールを使用するようには許可されていない」

permit や allow などの**「許可する」**という意味の動詞は，「O が C するように，S が許可する」⇒**「O が C するように，S がさせる」**の意味で，**SVOC 文型**として用いることができます。しかし，この文では，**V=are … permitted** で，**受身**になっている点に注意！ 一見，O がないように見えるかもしれませんが，この英文では，SVOC が**受身**になり O が消えることで，後に C（=to *do* のカタマリ）だけが残ったカタチになっているのです ➔公式11。

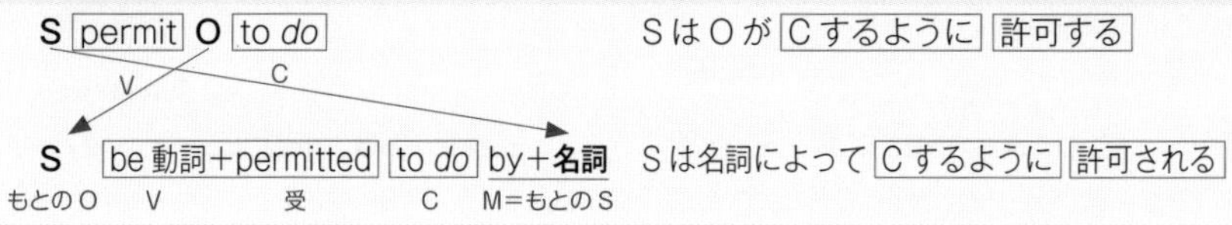

発展　5．リーディング力アップの単語の覚え方

英語学習の基本の段階で，

- ☐ pressure「～するよう圧力をかける」
- ☐ force　「～を強いる」　　**✕この覚え方はあまり良くない✕**
- ☐ advise　「～を忠告する」

といったような覚え方をしている人が多いかもしれませんが，これだけでは，実際のリーディング力のアップに，なかなかつながっていきません。

この3つの動詞は，リーディングにおいて，とても重要な SVOC 文型になる可能性があります。以下のように，これらの動詞から，SVOC 文型の特徴である**「O が C するように，S がさせる」**という**コアイメージ**を共通して感じられるようにしてください。

- ☐ S pressure O C「O が C するように，S が（圧力をかけて）**させる**」
- ☐ S force O C　「O が C するように，S が（力ずくで）**させる**」
- ☐ S advise O C　「O が C するように，S が（忠告することによって）**させる**」

このように，「させるというコアイメージをもつ」という共通点を意識しながら，まとめて整理しておく方が忘れにくいのです。一方で，これらを「圧力をかける，強いる，忠告する」で丸暗記するだけだと，この3つの動詞の共通点が感じられず，知識がバラバラのままで，学習効率もあまりよくないですよね。単語集を一生懸命やっているのに，なかなか英文が読めるようにならない，という人は今後このようなポイントを意識してみてください。

基礎編

4 being 省略の分詞構文の超基礎

次の英文の構造を意識し，内容を理解せよ。また理解した内容を日本語で表せ。

1．Seen from an airplane, this lake will look like a great sea.

2．Addressed to the wrong house, the letter never reached me.

3．Tired and discouraged, I went to bed.

4．She fell down unconscious.

5．He died a billionaire.

NOTE

2．□ address *A* to ～ *A* のあて先を～にする
3．□ discouraged 落胆した
4．□ unconscious 意識を失った，気絶した
5．□ billionaire 億万長者

和訳

1．飛行機から見ると，この湖は大きな海に見えるだろう。
2．間違った家に発送されて，その手紙は，私のところに届かなかった。
3．うんざりし，そして落胆して，私は寝床についた。
4．彼女は，気を失って倒れた。
5．彼は億万長者の状態で亡くなった。

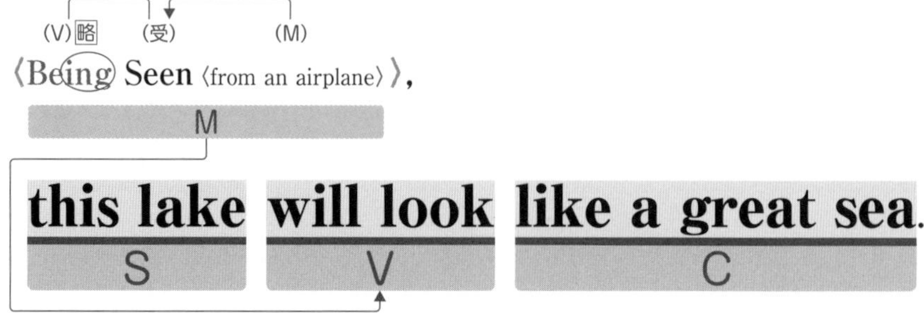

● 助動詞が付いているので，文全体の V は **will look** です ➲公式 7 。その直前の名詞 **this lake** が S。**like＋名詞の「前置詞＋名詞」**は，**be 動詞兄弟 look の後なので C** になります ➲公式 37 。この段階で **SVC** となり，主節は文型完成です。中心の SVC がコンプリートしたので，これ以外の部分は，まとめて大きな M ということになります ➲公式 2 。

● 文頭の seen に注目！　もとの動詞は see です。「見る」という意味ですから，当然「何を？」にあたる目的語が，動詞の後に付くのが普通です。しかし，本文の場合（see が少し変形して seen になっていますが），目的語（O）にあたる名詞がありません。ここで ➲公式 11 を思い出してください。「see(n) に（O）が付いていないのは，この see(n) が『見る』ではなく，『見られる』という受身の意味をもっているからだ」と気づいてください。**be 動詞＋過去分詞**が**受身の基本**なので，「seen の前方には be 動詞が何か省略されているのではないか？」と考えてみましょう。

● こうした際，省略されている be 動詞の，最も多いパターンは being です。ここは，Being seen from an airplane「飛行機から見られると」という〈**being＋過去分詞**〉がつくる **M のカタマリ**が，**文頭に置かれて主節全体（特に主節の V）にかかっている**のです。このように ing のカタマリが，主節全体や主節の V にかかるとき，一般に**分詞構文**と呼ばれています ➲公式 55 。

● 訳すときは，主節に自然につながるように，「～されると（～すると）」「～されて（～して）」くらいで OK です。ここでは「…から見られると」などと訳します。

対訳 1

(M)　(受)

《〈飛行機から〉見られる㋣》，

M

この湖は　大きな海のように　見えるだろう。

S　C　V

意訳　飛行機から見ると，この湖は大きな海に見えるだろう。

基礎編 4

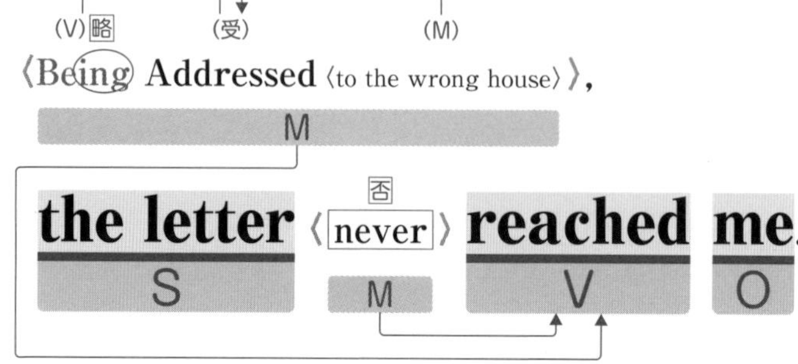

● addressed と reached のどちらが文全体の V になるかを考えます。addressed を仮に主節の V と考えてみても，❶左方向に S にあたる名詞がなく，❷右方向に O にあたる名詞がありません。一方で reached には，S や O になれる名詞が付いています ➔公式 8。以上の理由より，文全体の**主節の V** は **reached** になりますね。主節は **SVO** で完結しているので，Addressed to the wrong house の部分は大きく **M** になると考えてください ➔公式 2。 ↗

3 構造

●「ed が最後に付いてるからこれが主節の V っぽいぞ！」という決めつけはよくありません。実は語尾に ed がついている単語は，主節レベルにおいて，V になるか M になるかの見極めが必要なのです ➔公式 8。残念ながら，本文では tired と discouraged を文全体の主節の V と考えることはできません。**S にあたる名詞が左方向にない**からです。**went** が**主節の V** と判断します。 ↗

対訳 2

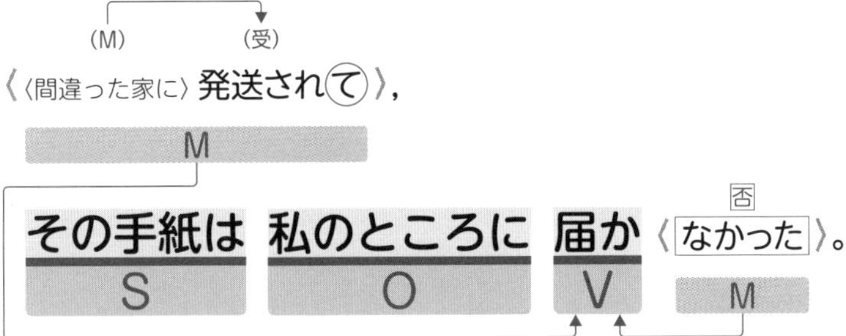

↗ ● Addressed … は，その前には being が省略されていて，もとは **Being addressed** という ing がつくる **M のカタマリ（＝主節全体にかかる分詞構文）**だったのです。受身の分詞構文なので addressed の後には（O）にあたる名詞がありません ➡公式 11。to the wrong house は〈前置詞＋名詞〉で（M）。「間違った家に向けて発送されて」となります。

対訳 3

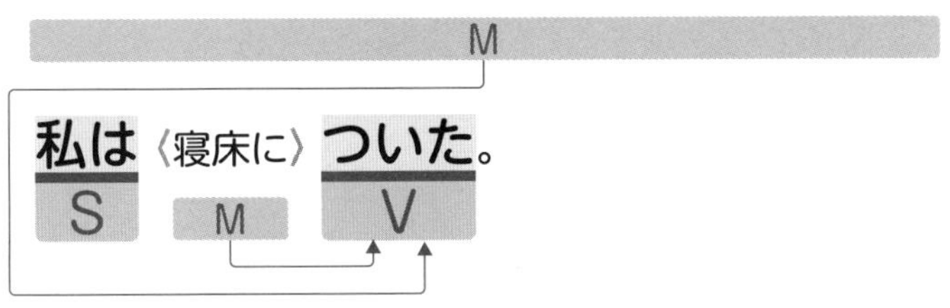

意訳　うんざりし，そして落胆して，私は寝床についた。

↗ ● went（go）は，「**移動**」の意味をもつ**完全自動詞**ですから，O なし・C なしオーケーです ➡公式 13。主節は SV だけで文型コンプリートと考えてください。その結果，中心部分の SV 以外は原則 M になるのです ➡公式 2。以上より，tired と discouraged は M ですね。この英文も，前に being が省略された**受身の分詞構文**なのです。

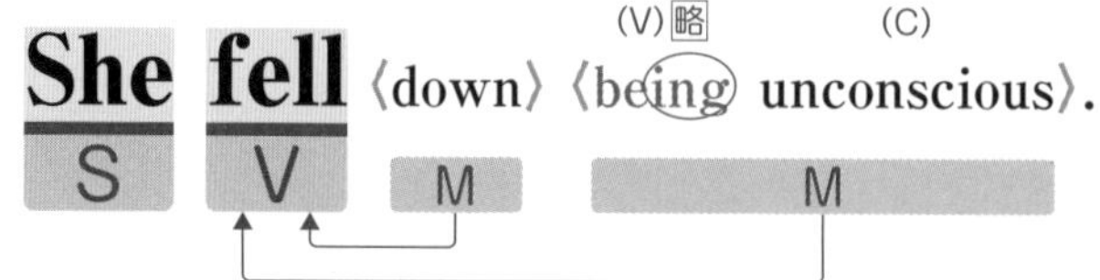

● being が省略された分詞構文は，いつも文頭にあるわけではありません。

● **fell**（**fall**）「S が落ちる」は，「**上下移動**」の意味をもつ**完全自動詞**です。完全自動詞なので，O なし・C なしオーケー，後に来るとしたら M のみ ➔公式 13 。down「下へ」という方向の副詞の M が fell にかかっています。コアの意味は「**S の胴体が下の方向へ落ちる**」となり，「**S が倒れた**」と意訳できるのですね。 ↗

---

5 構造

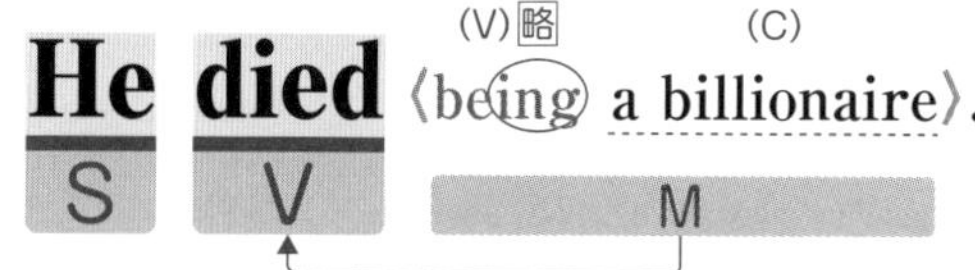

● これも 4 と同じ構造です。

● die「死ぬ」＝「この世から消える」，つまり「消失」の意味をもつ V です。happen, occur などの「**出現」の意味をもつ動詞**は**完全自動詞** ➔公式 13 ，その反対語である die などの「**消失」の意味をもつ動詞**も**完全自動詞**になるのです。このように英語では反対の意味をもつ V が同じ文型をとることがあります（p. 40 発展 6 参照）。

● 完全自動詞ですから，He died がつくる **SV** で文型コンプリート。これ以外の部分はすべて **M** ➔公式 2 。だから，a billionaire は M です。本来はこの直前に being があり，being a billionaire という主節の V である **died にかかる分詞構文**になって ↗

対訳 4

(C)
彼女は，〈気を失って〉，〈下の方向へ〉**落ちた**。
S　M　M　V

意訳	彼女は，気を失って倒れた。

↗ ● 英文の中心は，She fell の **SV** だけでコンプリート。これ以外の部分は M になるはずです ➡公式 2。よって，unconscious も M のはず。本来はこの直前に being があって，being unconscious「気を失って」という ing の **M のカタマリ（＝分詞構文）**が，主節全体（特に主節の V）にかかっています。ing がつくるカタマリ内側にも文型（＝レベル 3 の準動詞）あり！ ➡公式 4 です。being の be 動詞が（V）で，形容詞 unconscious が（C）と考えてください。

対訳 5

(C)
彼は〈億万長者の状態で〉**亡くなった**。
S　M　V

↗ います。死んだときの様子（＝億万長者の状態で）を，分詞構文を使って説明を付け加えているのですね。

● being は，カタマリをつくる目印の ing が付いてはいます ➡公式 3 が，やはり be 動詞の仲間なのです。be 動詞である以上，後には（C）が来るはずです。ing が付くるカタマリの中にも小さな文型が潜んでいて，be が（V）となり，a billionaire が（C）となっているのです ➡公式 4。

発展　6．反対語が同じ文型になる !?

英文５の解説で，「英語では反対の意味をもつＶが同じ文型をとることがある」ということに触れましたが，大事な法則なので，他の例も見ておきましょう。

「Ｓが移動する」
→ go / come / arrive
➡公式13 より，SV 文型をとる。

「Ｓが静止する」
→ stop / pause / halt
「移動する」の反対語で，SV 文型をとる。

「Ｓがあらわれる」
→ appear / happen / occur
➡公式13 より，SV 文型をとる。

「Ｓが消える」
→ disappear / vanish / graduate / fade
「あらわれる」の反対語で SV 文型をとる。

基礎編

5 ちょっとだけ難しい分詞構文 —独立分詞構文

次の英文の構造を意識し，内容を理解せよ。また理解した内容を日本語で表せ。

1．Other things being equal, a tall player has the advantage over a short player.

2．London and Paris being now what they are, I'm really more at home on the Riviera.

William Somerset Maugham, *The Razor's Edge*

3．Life being very short, and the quiet hours of it few, we ought to waste none of them in reading valueless books.

John Ruskin, *Sesame and Lilies*

4．There being nothing else to do, we went to bed.

NOTE

1．□advantage 有利な点
2．□really 本当に　□at home くつろいで
3．□quiet 静かな　□waste 浪費する　□valueless 無価値な

和訳

1．他の条件が同じならば，背の高い選手のほうが，低い選手よりも有利だ。
2．ロンドンやパリは現在そういった状態なので，私はリヴィエラにいるほうが本当に気分がくつろぐのです。
3．人生は非常に短く，その中でも静かな時間は少ないので，我々は，無価値な本を読むことに時間を費やすべきではない。
4．他に何もすることがなくて，私たちは寝た。

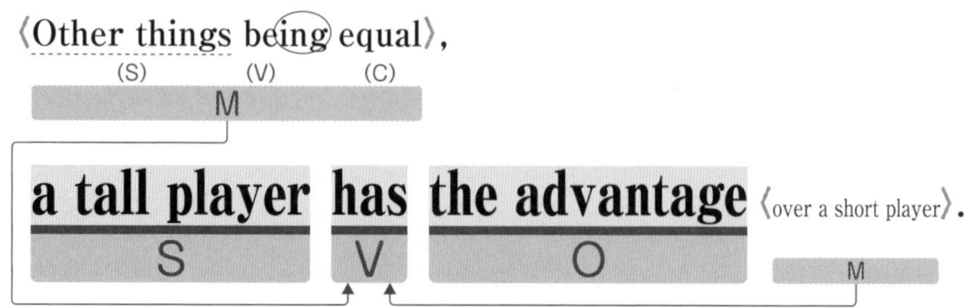

● まずは，英文の中心である主節，その中でも特に主節の V の発見を最初に行ってください ➔公式5 。ing は単独では主節の V にはなれません ➔公式9 。よって，**主節の V** は **has** です。

● has の左側にある名詞で，前置詞が付かない名詞が主節の S になるはずです。other things と a tall player という前置詞が付かない名詞が 2 つありますね。「**V の左側に，前置詞が付かない名詞が 2 つ以上あるときは，V により近い名詞を，まずは S と考えて解釈してみる**」という考え方があります。ですから **a tall player** を **S** とまずは考えてみます。

● has の後にある **the advantage** を **O** と考えて，**SVO** で解釈すると「**背の高い選手は利点をもっている**」となり，常識的に考えて自然な意味になりましたね。これで主節は完成です。この **has** は「**S が O をもっている**」の**第 3 文型**（**SVO**）ということになるわけです。

● また，ここで has の「**3 人称単数現在のエス」に注目**！ have ではなく，has ですから S は単数名詞のはずです。Other things は複数名詞なので，has に対しての S にはなれないというわけです。

●「**主節がいったん完成したら，それ以外の部分は M（＝修飾語）になる可能性が高い**！」と考えてください ➔公式2 。ですから，Other things being equal の部分は「巨大な M のカタマリになっているのではないか…。では，何かカタマリをつくるような目印が付いているのではないだろうか？」と順々に考えを積み重ねていきます。↗

対訳 1

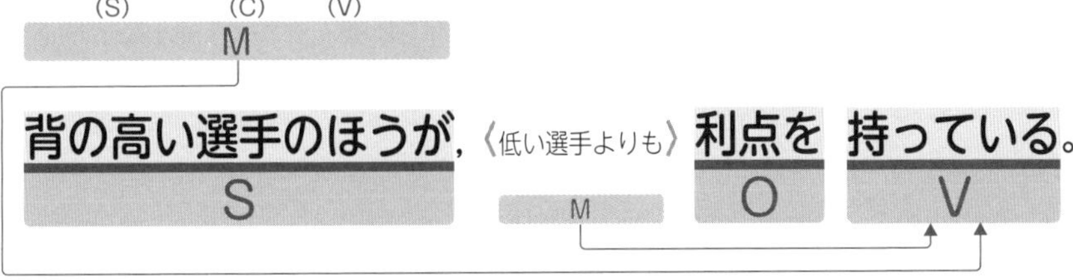

意訳　他の条件が同じならば，背の高い選手のほうが，低い選手よりも有利だ。

↗ ここで ➡公式3 を活用します。英文でカタマリをつくる記号は6つ！ Other things being equal の **ing に注目**。カタマリをつくる目印 ing が，周囲の単語（other things / be / equal）をまとめて，1つの巨大な M のカタマリにしているのです。

● ➡公式4 より，ing のカタマリ内側にも文型が存在することを確認しましょう。being は，be が付いていますから，be 動詞。be 動詞なんだから「動詞」なのです。ただし ing のカタマリの内側なので，動詞のレベルは最も下の準動詞で，レベル3の (V) と分析します ➡公式1。**(V) の左には (S) が来るはず**，Other things を (S) とします。**be 動詞の右方向には (O) ではなく (C)** ➡公式12 でしたね。ちょうど equal という「様子・状態」をあらわす形容詞がありますから，これを (C) と考えます。ing がつくる巨大な M のカタマリ Other things being equal の内側に **(S) (V) (C)** というミクロレベルの小さな**第2文型**が潜んでいることがつかめました。

● 本文は，ing がつくる巨大な M のカタマリが，**主節全体（特に主節の V）にかかっており，分詞構文（＝ing のカタマリの副詞的用法）**になっているのです ➡公式55。さらに，本文のように (S) が ing の左方向に付いた分詞構文のことを**独立分詞構文**と呼びます。

2 構造

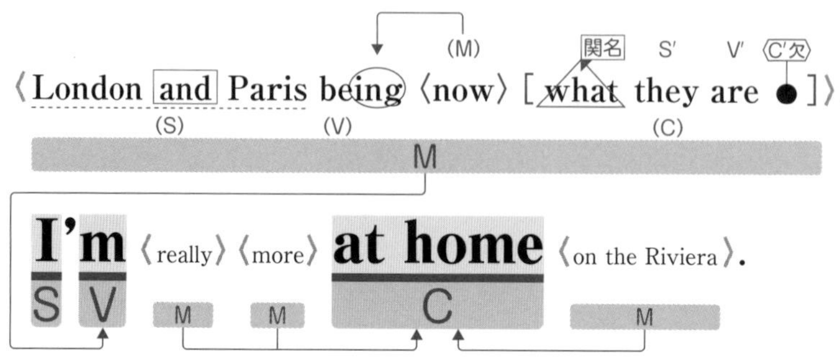

● being は単独で，主節の V になるのは無理 ➡公式 9。are は，左方向に what があることから，△ のカタマリ内側の V′（＝従属節の動詞）で，レベル 2 ですね。動詞には 3 レベルあり！ **「いかなるカタマリの中にも入らない，外側の動詞が主節（＝レベル 1）の V になれる」**のです ➡公式 1·5。本文は短縮形になっていますが，I'm の部分の **am** こそが**主節の V** になっているのです。

● 次に，am＝be 動詞より，「主節は SVC 文型になるのでは？」と予測を立て，S と C になれそうな語句を探してみましょう ➡公式 12。ここで注意すべき点は，really は語尾 ly が付いているので副詞，これは中心要素（＝S・V・O・C）にはなれません ➡公式 40。また，at home は**前置詞＋名詞**で，通例 M になるのですが，今回のように，**左方向に be 動詞があれば，前置詞＋名詞は C に成り上がる**ことがあるのです ➡公式 37。

● 本文の at home は，be 動詞の後で C になっており，様子・状態的に解釈します。「(まるで家にいるかのように) 落ち着いた，心穏やかな」という意味です。

● SVC で主節が完成。ゆえに，それ以外の部分は M と考えます ➡公式 2。特に，London and Paris being now what they are の部分は大きな M のカタマリということになります。being の ing がカタマリをつくる目印になっています ➡公式 3。

● ing のカタマリ内側にも文型あり。レベル 3 の準動詞の文型（＝ミクロ文型）です ↗

対訳 2

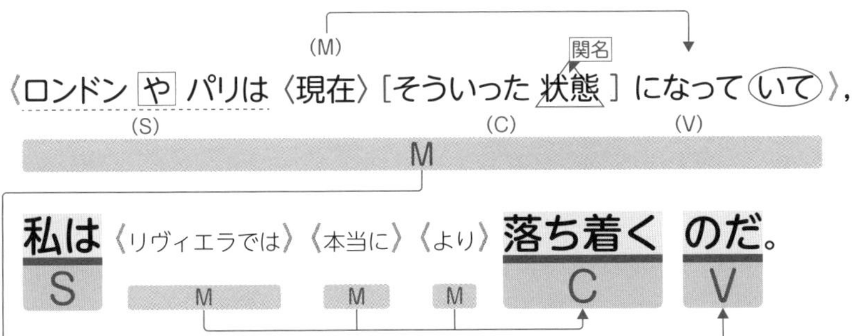

意訳　ロンドンやパリは現在そういった状態なので，私はリヴィエラにいるほうが本当に気分がくつろぐのです。

↗ ➡公式1･4。**being** が（**V**）で，be 動詞なのでミクロ文型も **SVC 文型**になりそうですね ➡公式12。being（V）の左方向にある **London and Paris** を（**S**）とし，さらに being（V）の右方向には（C）が来るはずです。ここで what のカタマリが見えますね。**what のカタマリ**は ➡公式28 より，名詞のカタマリになれます。ゆえに（**C**）になれますね。

● what には △ 印を付けます。△ **がつくるカタマリ内側には V′ が 1 回**来るはず ➡公式6。**are** が **V′** です。さらに ➡公式26 より，**what の内側は名詞が 1 コ欠落**するはず。本文は **C′ が欠落**になっています。what の内側の従属節で C′ 欠落のとき，what は「もの・こと」とは訳さずに「**様子・状態・状況**」と訳すのです（p. 47 発展 8 参照）。よって，what they are は「ロンドンやパリがそうである状態」＝「**ロンドンやパリのそういった状態**」というのが根本の意味です。

□［**what** I am ●］「現在私がそうである**状態**」
S′ V′ 〈C′欠〉

□［**what** I was ● yesterday］「昨日私がそうであった**状態**」
S′ V′ 〈C′欠〉 M′

どちらも what の内側の文型が，**C′ 欠落になっており，what を「状態」と訳す**。yesterday のような時間の語句は副詞 M になることが多い。

※ yester- は「さかのぼって」という意味をもち，もともと前置詞であった。よって，yesterday を前置詞＋名詞＝M と考えても OK！（yesterday＝yester＋day「1 日さかのぼって（⇒昨日）」，yesteryear＝yester＋year「1 年さかのぼって（⇒昨年）」）

● London and Paris being now what they are の巨大な M のカタマリが，主節全体にかかっているので，日本語に訳す場合は，「ロンドンやパリが，今，そういった状態になっていて…」といった感じで主節につなげていけばよいのです。分詞構文の基本的な訳は「**…して**」「**…しながら**」「**そして…**」の 3 つを覚えておけばおおよその分詞構文を瞬間的に訳すことができるでしょう ➔公式 55。

● なお，この部分は，もとは London and Paris **are** now what they are. という独立した文だったのです。この英文の最も大事な V の are を being に変え，「ing がつくる副詞のカタマリ＝分詞構文」という簡単なカタチに変形し，後の主節全体に修飾させているのです。主節の主語は I で，分詞構文の主語と異なっているので，being の左方向に主語（S）を省略せずに残したパターン，つまり独立分詞構文にします。

発展　7．言語の経済性

独立分詞構文は，本講の英文 1 で説明すると，

① Other things **are** equal.

② A tall player has the advantage over a short player.

というそれぞれ独立した文がもともと存在し，それがより簡単なカタチに変身したものです。独立した文で書くときは，主語の時制（現在形を使おうかな？ 過去形を使おうかな？），さらに単数・複数（is かな？ are かな？）などの細かいことを色々と考えなくてはなりませんね。

しかし，本文のように分詞構文のカタチに変身させれば，次に続く部分（a tall player has …）と時制が同じなら，単数でも複数でも，とりあえず being で済むわけですから色々考える面倒が無く簡単なのです。よりスムーズに情報のやりとりができますね。

① 分詞構文　＋　② 主節

Other things **being** equal, a tall player has the advantage over a short player.
(S)　S

※主節の主語は a tall player で，分詞構文の主語とは異なっているので，being の左方向に主語 Other things（S）を省略せずに残す。

このように，英文構造は，コミュニケーションをよりスムーズにするために，誤解が生じない限りにおいて，なるべく効率よく，簡単なカタチに変身することがあるのです。こういった法則性を「**言語の経済性（the economy of language）**」といいます。

発展 8．whatを「もの・こと」と訳すな！

次の❶〜❹は，「状態」の意味をもつwhatの頻出フレーズです。しっかり整理しておきましょう！

whatのカタマリ内側でCが欠落⇒「もの・こと」ではなく「状態」のwhat

❶ [what I am ●]「現在私がそうである状態」
S′ V′ 〈C′欠〉

→「**今の私**」と訳すことがあるが，意訳しているだけ。

(例) I owe what I am to my uncle.（センター本試験）
S V O M

「今の私があるのは，叔父のおかげだ」※owe *A* to *B*「*A*について*B*に恩義がある」

❷ [what I was ●]「昔私がそうだった状態」
S′ V′ 〈C′欠〉

＝[what I used to be ●] ※used to「かつて〜だった」でまとめて1コの助動詞，後は動詞の原形
S′ V′ 〈C′欠〉

→「**昔の私**」と訳すことがあるが，意訳しているだけ。

❸ [what I want to be ●] ※want to *do* でまとめて1コの動詞と考える ➲公式19
S′ V′ 〈C′欠〉

「私がそうなりたいと望んでいる状態」

→「**私のなりたい姿**」「**私の理想像**」と訳すことがあるが，意訳しているだけ。

(V)〈(C)欠〉
❹ [what I want my son to be ●]「私が息子にそうなってほしいと望んでいる状態」
S′ V′ O′ C′

→「**私が息子に対して描いている理想の姿**」と訳すことがあるが，意訳しているだけ。

※wantは「させたい」という意味で「させる」＝作為系の動詞でSVOC文型をとることができる ➲公式16 。よってwantの後は，my son＝O′でto be…の不定詞のカタマリがC′。ここで終わらない！ ➲公式4 をアタマに浮かべて，不定詞もさらにその先の文型が続いていくことを予測。不定詞のカタマリ内側の文型は，beが（V）で，be動詞であることから，その先には（C）が来るはず。しかし，不定詞内側のto beに対する（C）が欠落していることがわかる。whatのカタマリ内側は名詞1コ欠落 ➲公式26 。whatのカタマリ内側で（C）が欠落しているところから「もの・こと」ではなく「状態」と訳すことになる。

3 構造

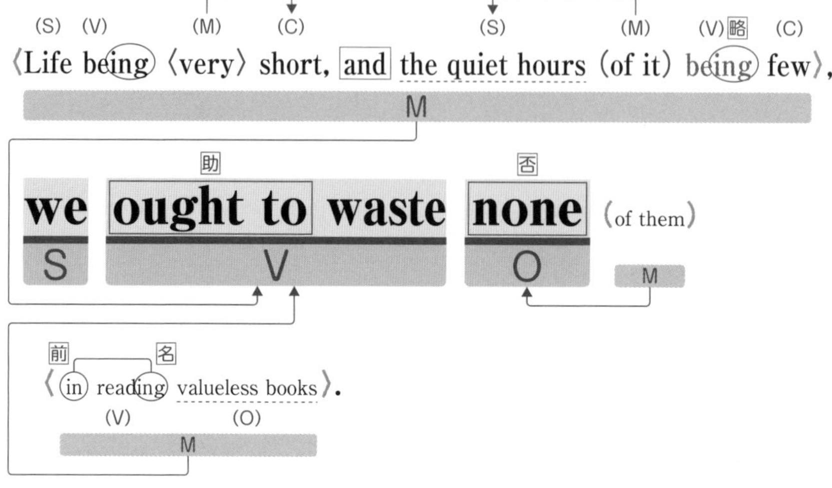

● **主節の V は ought to waste「…を費やすべきだ」**です。ought to（≒should）「～すべき」などの助動詞が付くと優先的に V になります ➡公式 7。「助動詞＋原形」で 1 つの主節の V と考えます。

● 今回の V＝waste「費やす」は，「与える→ SVOO 文型」，「させる・思う【作為・認識】→ SVOC 文型」，「完全自動詞【移動・存在…】→ SV 文型」，「～である・～になる【be 動詞兄弟】→ SVC 文型」の中のどの意味にもあてはまらないので，「おそらく SVO 文型になるのではないか？」という予測を立てます ➡公式 2。辞書を引かずとも，V がもつおおよその意味から，確率的に高い文型を予測して読み進めていくことができます。今回も **SVO 文型を予測し，左方向に S を，右方向に O を探しながら，情報を求めるキモチで読んでいく**ようにしましょう。ただし，SVO で解釈して読み進めていくうちに，**「品詞分解の公式に矛盾＝構造上の矛盾」または「常識上・文脈上内容がつながらない＝意味上の矛盾」**が発生した場合は，読んでいる途中で**確率的に 2 番目に高い別の文型**（例えば SV 文型）**に乗り換える**ことになります。目的語 O がわかりきった情報であるときなどは，O がまれに省略されてしまい，SV 文型になることがあるからです。ちなみに今回は SVO 文型で解釈することで，構造上も意味上もうまくいくようです。 ↗

対訳 3

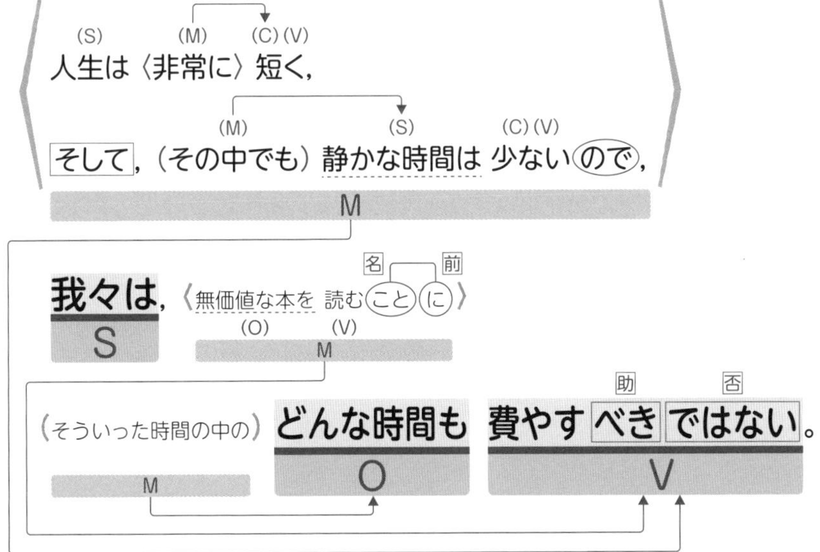

基礎編 5

↗ ● **none** は代名詞で **O** になっています。of them は M。この them は前の複数名詞 the quiet hours「静かな時間」を指しています。「そういった人生の静かな時間のうちで，どんな時間でも，…することに費やすべきではない」が直訳です。none は，可算名詞・不可算名詞のどちらでも，また，人でもモノでもあらわすことができる，否定語を含む代名詞です。「**何も・どんな名も・どの名も・誰も～ない**」と訳します。**日本語では，否定語は常に述語的に文末方向に置かれる**という法則がありますので，none を訳すときは文末で訳すようにします。本文では「費やすべき**ではない**」とします。

● we ought to waste none で主節の SVO 文型がコンプリート，それ以外の部分は M のカタマリと予測します ➔公式2。in reading … の部分は，**前置詞＋動名詞＝M**。この ing は，前置詞の後だから，名詞的なもの，つまり動名詞（＝名詞のカタマリ）の ing ということになります。今回は分詞構文ではありませんよ！ さらに，➔公式4 より，reading の read に（O）が付く可能性がありますから，「何を？」とツッコミを入れながら読み進めていくと，books という名詞があったのでこれを（O）とします。**reading … books**「**…本を読むこと**」で 1 つの大きな名詞のカタマリになっているのです。この ing がつくる名詞のカタマリに前置詞 in が結合することで前置詞＋(動)名詞＝M となっています。

● 以上より，主節が SVO で完成。ゆえに Life being very short … の部分も M のカタマリになります。➡公式 3 より，カタマリをつくるような目印を探してみると，being を発見！ この ing が，周囲の単語を，1 つの巨大な M のカタマリにしているのです。そして，この ing のカタマリ内側にもミクロ文型が隠れているはずです ➡公式 4。being の be の左方向の（**S**）＝**Life**，右方向の（**C**）＝**short** に気づくはずです。「人生はとても短くて」という訳になります。

● and や but などの等位接続詞の後では，前と同じものが消えていることがあります。特に **and の後での動詞の省略に注意**しましょう。今回の場合，レベル 3 の準動詞の（V），つまり being が and の後で省略されているのです。

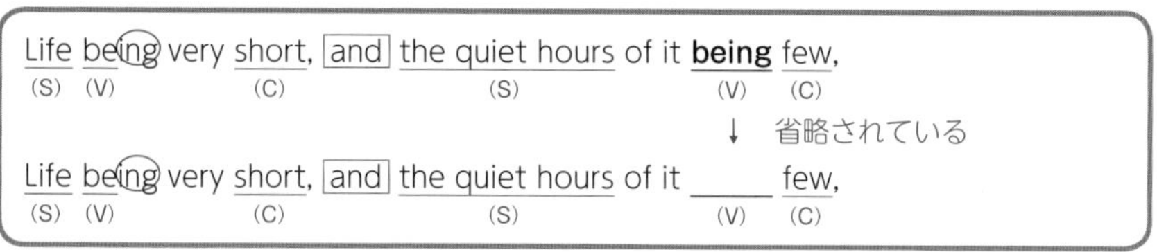

● the quiet hours of it の it は，これより前の単数形名詞を指すはずですから，**it＝Life** と考えてください。

● Life … few, の部分は，ing がつくる巨大な M のカタマリが，主節全体にかかっている独立分詞構文です。もともとは，Life **is** very short, and the quiet hours of it **are** few.「人生はとても短い。そして，その人生の中で静かな時間は少ない」という独立した文だったのです。基本の確認をしておきましょう。文法上，分詞構文は，独立した文ではなくなってしまいます。分詞構文は，「ing がつくる副詞のカタマリ（＝副詞句）」ですから，独立文であることを示す「ピリオド（.）」を使ってはいけません。代わりに「カンマ（,）」を使って，前後の主節とつながっていることを示すことが多いのです。

発展 9．等位接続詞の後の動詞の省略

本講の英文 3 の解説でも，分詞構文中の and 以下の動詞の省略に触れましたが，他にも以下のような例がありますので，確認しておきましょう。等位接続詞 **の後では，前と同じものが消えている**ことに要注意です！

□ Everyone **should be** respected as an individual, but no one idolized.

Albert Einstein

「すべての人は個人として尊重されるべきである。しかし誰も偶像視されるべきではない」

→もとは，… but no one **should be** idolized だったが，should be が省略。but の後で be 動詞が省略されているパターン。

□ A politician **thinks** of the next election ; a statesman, of the next generation.

James Freeman Clarke

「政治屋は次の選挙のことを考え，政治家は次の世代のことを考える」

→もとは，… ; a statesman **thinks** of the next generation だったが，thinks が省略。ここでは，等位接続詞の and / but が，セミコロンに変形されている。等位接続詞の後では think(s) のような一般動詞が省略されることもある。

発展 10．プロの作家の洗練された英文―「表現の豊かさ」について

基礎編 5 では，著名な作家の文章が 2 つ含まれています。そのうちの 1 つが英文 3 で，これは 19 世紀のイギリスの評論家ジョン・ラスキンによる文章です。

もう 1 つはイギリスの小説家サマセット・モームによる文章で，英文 2 の London and Paris being now what they are, I'm really more at home on the Riviera. です。

この英文の at home は，解説で説明した通り，C になっており，様子・状態的に解釈します。「(まるで家にいるかのように) 落ち着いた，心穏やかな」の意味で，本来は comfortable や relaxed などの形容詞が変身したものと考えてください。

I am **relaxed** in the hotel. ⇒ I am **at home** in the hotel.

「私はそのホテルにいると落ち着くんだ」

書き手は，relaxed といったような言い方は「直接的で，面白みが無い」と考え，表現を変身させることがあります。こうして様々な表現が生まれ，多くの人々が使用することで広まっていきます。そしてこれが **the richness of expression「表現の豊かさ」**へとつながっていくのです。ちなみにこの at home も多くの人が使う有名な表現ですので，是非覚えておきましょう。

4 構造

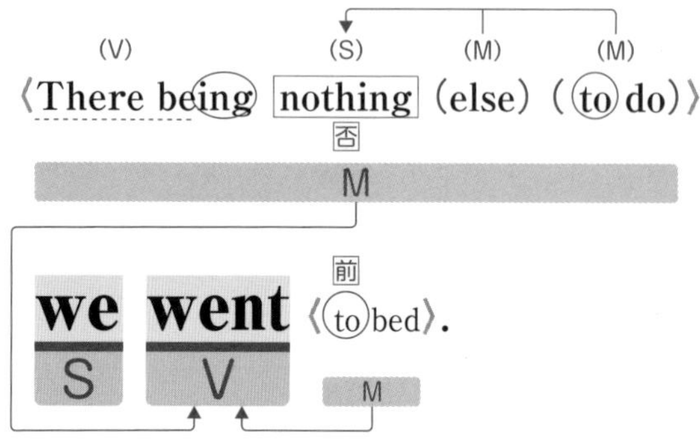

● **主節の V** は **went** です。➲公式 9 より，being 単独では，主節の V にはなれません。

● went（go）がとりうる文型は主として 2 つです。

> **❶ SVC 文型の go ⇒「（マイナスイメージの状態）になる」＝be 動詞の意味をもつ**
> □ go crazy「狂った状態になる＝狂う・愚かなことをする」
> □ go bad「腐った状態になる＝腐る」
> □ go bankrupt「破産状態になる＝破産する」
> ※ go＋C の，C の位置には，マイナスイメージの形容詞が来る！
> **❷ SV 文型の go ⇒「行く」＝「移動」の意味をもつ**
>
> まず，❶ SVC 文型で考えてみて，後にマイナスイメージの C（＝様子・状態）になりそうな語を探してみる。そういった語が特に見当たらなければ，❷ SV 文型になるでしょう。

今回は，❷の用法で，**「睡眠状態に移行する≒就寝する」**の意味です。マイナスイメージを示す形容詞がないので，❶の用法になることはなさそうです。よって we went で **SV 文型**。これ以外の要素はすべて M と判断し，to bed や There being nothing else to do の部分は，M のカタマリと考えます。

● M のカタマリになるには，その目印が何か付くはずです ➲公式 3。「前置詞＋名詞」や ing はカタマリの目印！ being の ing がカタマリをつくり，その内側にミクロ文型があるはずです ➲公式 4。左方向を見ると there があります。being（＝be 動詞）↗

対訳 4

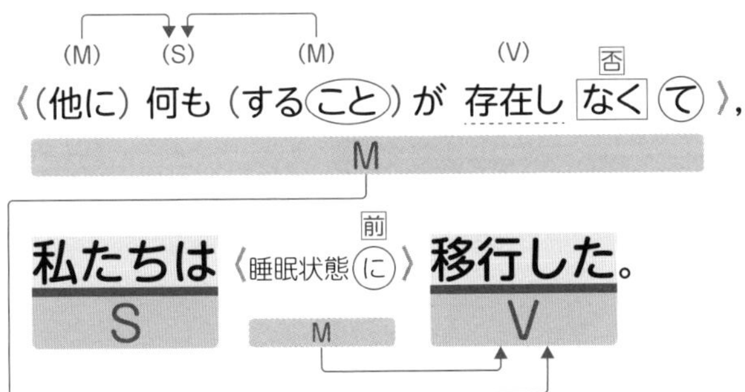

意訳　他に何もすることがなくて，私たちは寝た。

↗ の前方に there が付く構文は，いわゆる **There is 構文**です ➡公式 51 。この there is 構文は，多くの場合，「存在」の意味をもつので，**完全自動詞**の仲間です。ゆえに (O) も (C) もとりません。else も to do も (M) で，nothing にかかっています。

発展　11. go to bed の bed にはなぜ冠詞がないのか

本文の went to bed (=go to bed) の bed には冠詞が付いていません。go to bed は，「SV 文型の go」として有名なフレーズですから，最終的には暗記してしまって結構ですが，ここでは冠詞が付かない理由を説明しておきましょう。

無冠詞の名詞は「数えられないもの，物理的な形が無いもの (=比喩的なもの，象徴的なもの)」をあらわしています。よって，無冠詞の bed は，家具 (=物体) としてのベッドそのもの (=a piece of furniture which people sleep on) ではなく，「bed が象徴する比喩的なもの」ということで，「(1)就寝・睡眠状態 (=sleeping)，(2)性行為 (=sex)」をあらわします。本文では，文脈がありませんので本当の答えはわかりませんが，「入試問題で(2)の意味が出ることは，確率的に低いだろう」という常識に基づく判断で，(1)と判断しておきます。

基礎編

6 教科書の例文よりもよく出る There is 変形構文

次の英文の構造を意識し，内容を理解せよ。また理解した内容を日本語で表せ。

1．There will be heavy rainfall in that area.

2．There seems to be heavy rainfall in that area.

3．There is said to be heavy rainfall in that area.

4．There is likely to be heavy rainfall in that area.

5．Once upon a time, there lived a beautiful princess.

6．There broke out a rebellion.

7．The speaker left the platform, there being nobody to ask him questions after his lecture.

8．It is a pity for there to be any disagreement among us.

9．There is no chance of the boy surviving.

10．There is no telling what will happen to me.

11．There is no use in talking to you.

NOTE

6. □ rebellion 暴動
7. □ platform 演壇

和訳

1. その地域では激しい雨が降るだろう。
2. その地域では激しい雨が降っているようだ。
3. その地域では激しい雨が降っていると言われている。
4. その地域では激しい雨が降る可能性が高い。
5. むかし，美しいお姫様がおりました。
6. 暴動が起こった。
7. 講演の後，講演者に質問する人がいなくて，彼は演壇から降りた。
8. 私たちの間にどんな意見の相違でも存在することは残念だ。
9. その少年が，生存している可能性はない。
10. 私の身に何が起こるかわからない。
11. 君に話しても無駄だ。

1〜4 構造

1. **There will be heavy rainfall** 〈in that area〉.
V S M

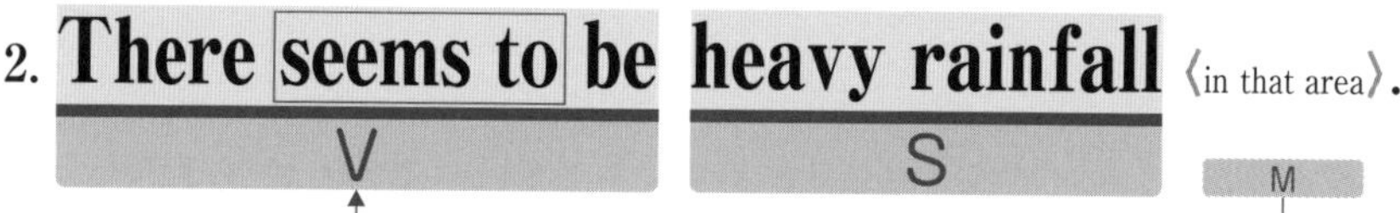

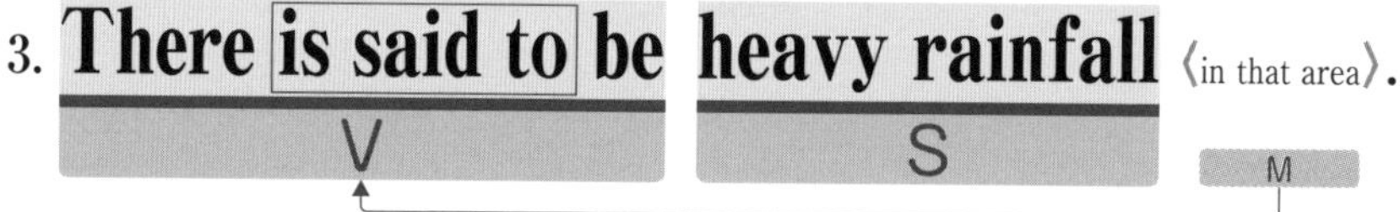

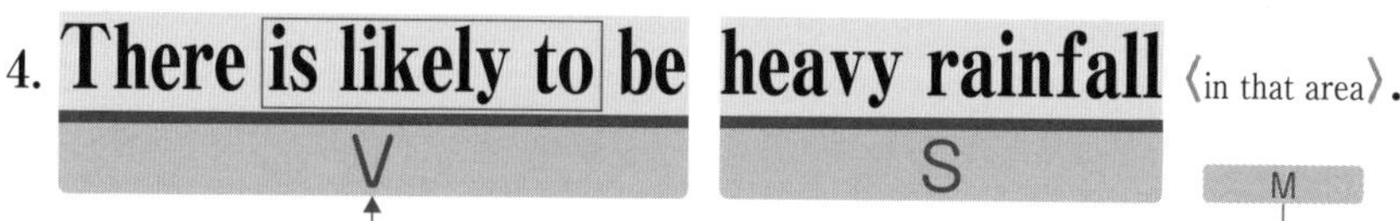

● 1〜4の英文は There **is** heavy rainfall in that area.「その地域には，大雨が出現する（=大雨が降る）」がもとの文です。**主節のV** は **is** です。is の左方向には副詞 there があり，右方向には名詞 heavy rainfall がありますね。

● いわゆる **There is 構文**です ➲公式51。このときの there は新しい話題・強調したい話題を導入するために置かれた副詞で，「この後に続く名詞に対して注目せよ！」↗

対訳 1~4

3. 〈その地域では〉

M

激しい雨が 降っていると言われている。

S V

↗ と読む人に教えてくれる記号の働きをしています。本文のように「there is＋名詞」となっているとき，原則的には，この there を「そこに」と訳してはいけません。どこかの具体的な場所を指すわけではないからです。品詞分解上は，なるべくシンプルにとらえたいので，there is でまとめて 1 つの V と考え，**右方向に来る名詞を S** とします。日本語訳は「**名詞が存在する（＝出現する）**」となります。

● なお，このときの is は「～である・～になる」という意味の，SVC 文型をつくる be 動詞ではありません。There is 構文の be 動詞は**「いる・ある・存在する」**＝exist という意味で使われています。be 動詞には，O も C もとらない**完全自動詞**としての用法もあるのです➔公式 10。

● また，There is 構文には，助動詞が入り込んでくる場合があります。1 は，there と is のアイダに will が入り込み，is が be に変身したものです。「ひどい雨が出現するだろう」が直訳です。「ひどい雨が降るだろう」や「ひどい雨になるだろう」などのように意訳しても OK です。根本的にイイタイコト（＝デキゴト）は同じですね。

もとの文

There is some reason.
（There is：まとめて V　some reason：S）

⇒ 変形❶

There **must** be some reason.　「何かの理由が存在する **に違いない**」
（There must be：まとめて V　some reason：S）

⇒ 変形❷

There **can** be some reason.　「何かの理由が存在する **はずだ**」
（There can be：まとめて V　some reason：S）

there と is のアイダに助動詞が入り込み，次に，助動詞の後は原形が来なければいけないので，is が be に変身し，
there＋ **助動詞** ＋be＋名詞のカタチになり
（there＋助動詞＋be：まとめて V　名詞：S）
「名詞が＋存在・出現する＋ 助動詞の訳 」と訳す。

● 2 も，1 の英文とほぼ同じパターンです。違うのは，不定詞を使った慣用表現 seem to が there と is のアイダに入り込んでいる点です。**seem to**「～ようだ」でまとめて助動詞のようなイメージでとらえ➔公式 19，後には原形が続きます。There **is** 構文の is が **be** に変身します。

There **seem to** be 名詞.
（There seem to be：まとめて V　名詞：S）
↓「名詞＝S」が 3 人称単数のとき三単現の s が必要！
There **seems to** be 3 人称単数名詞.
（There seems to be：まとめて V　3 人称単数名詞：S）

There seem to be までを 1 つの V と考え，名詞を S と分析します。さらに，There is 構文では後の名詞が S なので，2 の英文では **S=heavy rainfall** で，3 人称単数の名詞が主語ということになります。よって，**3 人称単数現在のエス**を V に付けなくてはなりません。ですから，本文では There seems to be となっているのです。

● 3・4 の英文も同じです。3 は **is said to「～と言われている**（※世間での評価を示すフレーズ）」で，4 は **is likely to「～可能性が高い」**という不定詞を使った慣用表現が there と is のアイダに入り込んでいます。これらはまとめて助動詞のようなイメージでとらえてください➡公式 18・19。不定詞の to の後には原形が続くので，There **is** 構文の is が **be** に変身します。

5 構造

〈Once upon a time〉, **there lived** **a beautiful princess**.

M → V　S

● There is 構文では，１～４のように助動詞や助動詞のようにとらえる表現が，there と is のアイダに入り込むことが多いのですが，それ以外にも，動詞の部分が be 動詞以外の「存在・出現」の意味をもつような動詞に変身することがあるのです。

● ここでは，もともと there **was** a beautiful princess「美しいお姫様が**存在していた**」という英文が there **lived** a beautiful princess「美しいお姫様が**住んでいた**」というカタチに変身しているのです。was が lived に変身しても，究極的にイイタイコトは，ほぼ同じ意味です。 ↗

6 構造

There broke out **a rebellion**.

V　S

● 構造は，５とほぼ同じです。もとの英文 There **was** a rebellion.「暴動が起こった」が，There **broke out** a rebellion. に変形しています。be 動詞 was のままでもほぼ同じ意味ですが，was では少し単調な感じがするので，「出現」をあらわす break out を使い，「シーンと静まり返った状態（＝静寂）を破って（break）これまで隠れていたコトが現れ出る（out)」といったイメージをあらわしているのです。

対訳 5

● There is 構文において，be 動詞ばかりを使っていては，文章が単調になってしまい，面白みが無い…そういった場合に，筆者が少し違った動詞に変形することがあります。これによって，「表現の豊かさ」が生まれます。

● 表現が変形される要因として，大きく分けると，よりスムーズで効率性の高いコミュニケーションを目指すための❶**言語の経済性＝the economy of language**（p. 46 発展 7 参照）と，本文のような❷**表現の豊かさ＝the richness of expression**（p. 51 発展 10 参照）といった，2つの法則性が作用していることが多いようです。

対訳 6

暴動が **起こった**。

S　V

7 構造

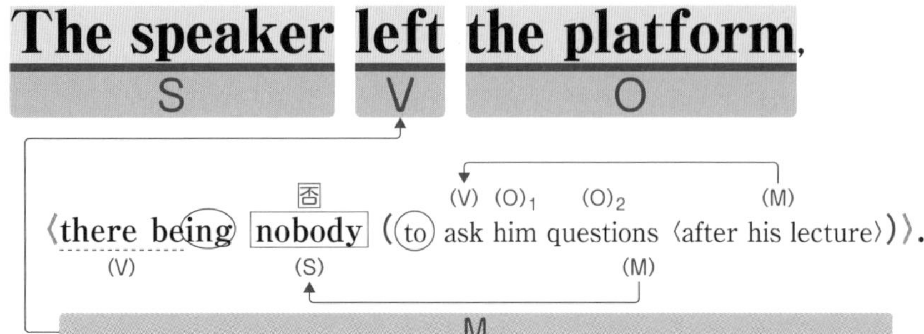

● **主節のVは，他動詞 left**（leave）「～を後に残す，～を後にする」です。➡公式1より「動詞にレベルあり！」です。Vのレベルの違いを意識しましょう。being や to ask は，レベル3の準動詞です。これらが単独でVやV'になることはありません➡公式9。The speaker left the platform「講演者は演壇から降りた」の部分が**SVO文型**で主節完成です。それ以外の部分は，大きなMのカタマリになっているはずだと考えます➡公式2。

● there being … の部分はMのカタマリです。ing が周囲の単語を1つにまとめ，カタマリ（＝句）をつくる目印になっているのです➡公式3。ing がつくるこのMのカタマリは，1つの大きな副詞句として働き，主節全体（特に主節のV）にかかっており，**分詞構文**と呼ばれる用法です。

● ここも「ing のカタマリ内側にもミクロ文型あり！」➡公式4ですね。there be(ing) が（V），後に名詞 nobody が続くので，これを（S）と考えます。ing がつくる分詞構文のカタマリ内側に There is 構文が潜んでいるのです。ここまでで there being nobody …「誰も存在していなくて，誰もいなくて」と訳します。

● 最後に to ask him questions after his lecture は不定詞がつくる（M）のカタマリ➡公式3。nobody にかかっているのです。

● 不定詞のカタマリ内側にもミクロ文型あり。ask は➡公式14より，目的語Oを2コ後続させることがあるのです。**him が（O）$_1$，questions を（O）$_2$** と考えます。↗

対訳 7

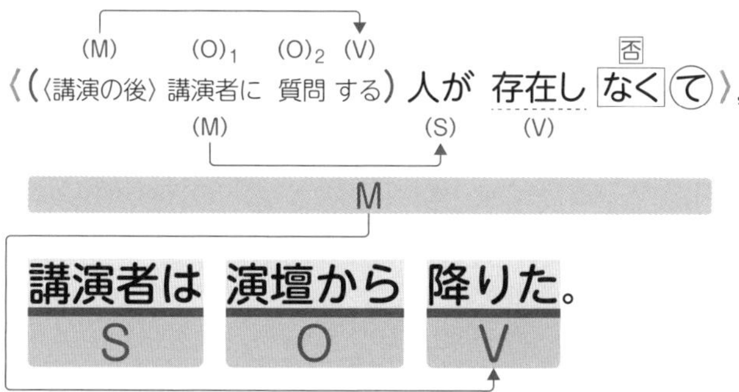

意訳　講演の後，講演者に質問する人がいなくて，彼は演壇から降りた。

↗ after … は前置詞＋名詞で（M)。質問をするタイミングについての説明と考えて，ask に修飾させて訳せば OK です。

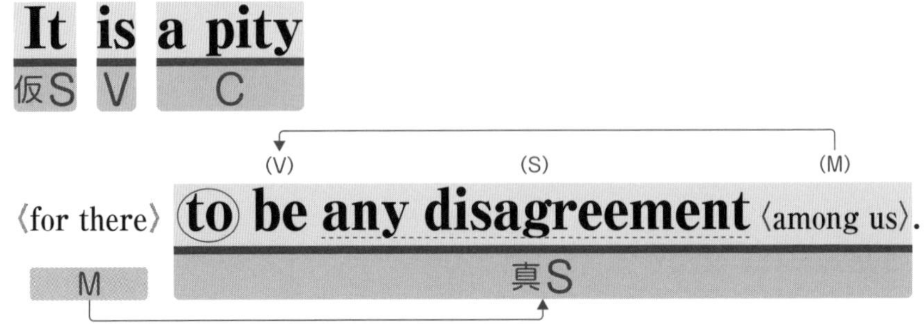

● There is 構文が，不定詞のカタマリに変形されることがあります。このとき，「**for there to be 名詞**」というカタチになります。「存在」の意味をもつ is が to be に変身します。ここで注目してほしいのは，for there の部分です。この for は何でしょうか？ 実は不定詞の左方向（＝前方）に置かれ，不定詞に対する**意味上の主語を示す for *A*** です ➡公式45 。この for は前置詞なので，通例，*A* の位置には名詞が来るのですが，ここに，副詞の there が置かれているのです。これは，There is 構文が不定詞に変形されたときに起こる特別な現象なので，注意しておきましょう。

> **There is 名詞**
>
> ↓ 不定詞のカタマリに変形する
>
> **for there to be 名詞**
>
> ※副詞の there が特別に名詞化して，for *A* to *do* の *A* の位置に入り込む
>
> 意味：「**名詞が存在する（ため / ための / こと / ほど）**」

● It is a pity「それは残念だ」までで，主節が **SVC 文型**になっていることがわかります。

● さらに文頭に it を見た瞬間に，**仮主語構文**を予測し ➡公式52 ，仮 S の it を具体的に指している真 S になれそうな，名詞のカタマリを右方向に探しながら読み進めていくことになります。 ↗

対訳 8

(M) (S) (V)

〈私たちの間に〉どんな意見の相違でも 存在する(こと)は

真S

残念 だ。

C V

↗ ● ちょうど to be … という不定詞のカタマリが見えてきますね。不定詞のカタマリは，S・O・C になる確率が 50%，M になる確率が 50%です。今回は真 S を探しているタイミングでしたから，この不定詞を名詞的用法（＝名詞のカタマリ）と考え，この部分を真 S として分析してみましょう（万が一，訳してみて意味がヘンなときは，別の構造の可能性を考えていくことになります）。

● まず，左方向に副詞 there が見えますね。今回は特別に副詞の there が名詞化し，for の後に置かれています。「for there to be 名詞」の語順を見た瞬間に，「There is 構文が不定詞のカタマリに変形した構造パターンだ！」と気づいてほしいところです。「**名詞が存在すること**」と訳します。このとき for there の there は，もともと「there is 名詞」構文の there ですから「そこに」などと訳してはいけません。

9〜11 構造

否
前
名
9. There is (no) chance (of the boy surviving).
(S)
(V)
V
M
S
M

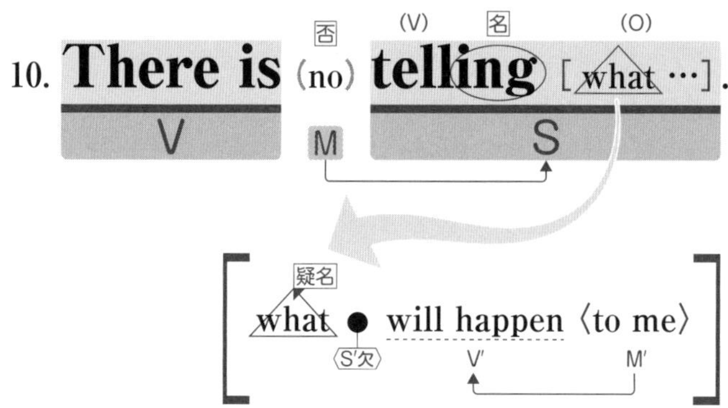

否
(V)
名
(O)
10. There is (no) telling [what …].
V
M
S
疑名
what ● will happen 〈to me〉
S'欠
V'
M'

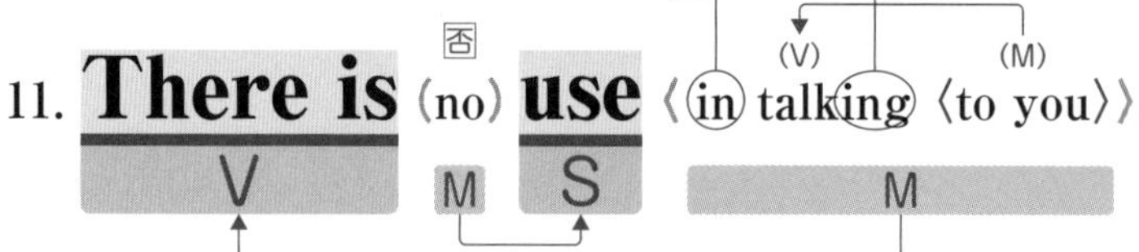

否
前
名
(V)
(M)
11. There is (no) use 〈in talking 〈to you〉〉.
V
M
S
M

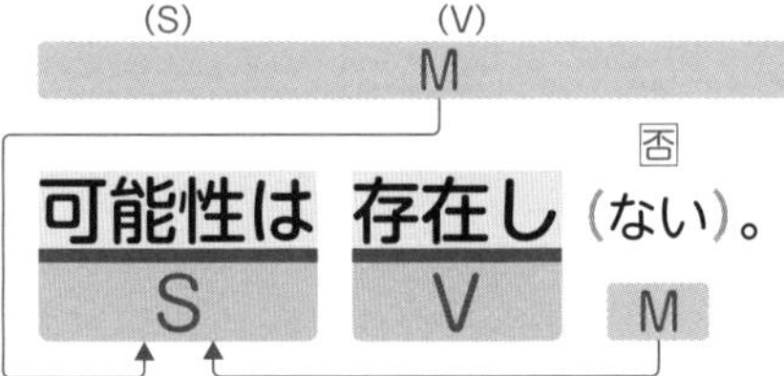

意訳　その少年が，生存している可能性はない。

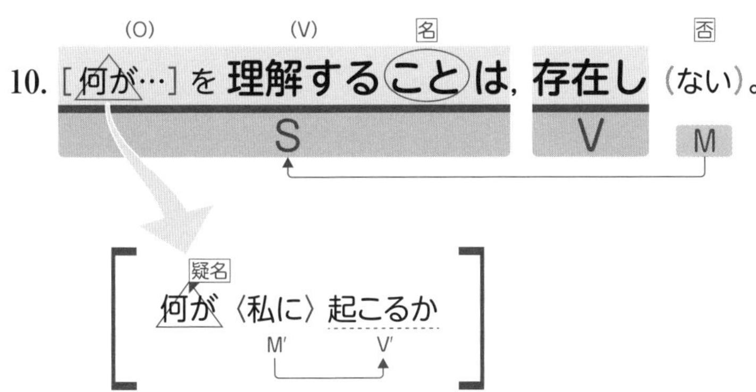

意訳　私の身に何が起こるかわからない。

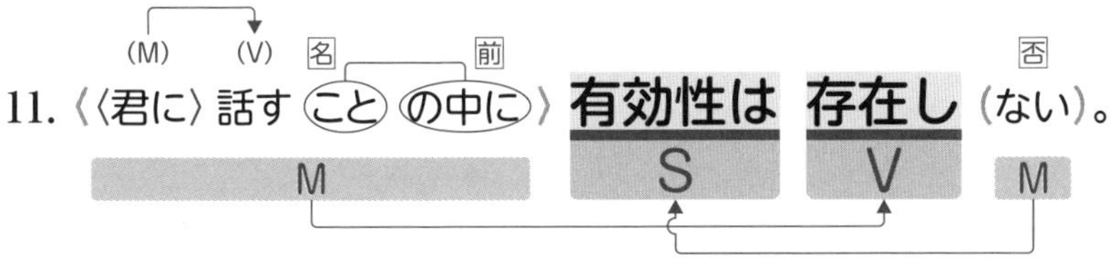

意訳　君に話しても無駄だ。

● 9～11の**主節のV**は，**There is**です。そして，右方向の名詞が**主節のS**です。以上を押さえて順番に見ていきましょう。

● 9は，**chance**が**S**です。There is構文はこれで主節の文型が完成です。ここから先のof the boy survivingはMです➡公式2。

● **前置詞＋名詞＋～ing**… という構造パターンが出てきたとき，読み方が2つ存在します。

❶「**名詞が…すること**」と訳すパターン
まず，**前置詞＋動名詞 ～ing＝M**と考える。
さらに，**～ingの直前の名詞**を，**動名詞の意味上の主語**と考える。
そして，**名詞と～ingのアイダ**で**主語・述語**関係を読み取る。

❷「**…する名詞**」と訳すパターン
まず，**前置詞＋名詞＝M**と考える。
そして，**～ingを分詞の形容詞用法**と考え，**左方向の名詞にかけて訳す。**

（例）I objected **to** the boy joining the party.
❶**その少年**が仲間に**入ること**に対して，私は反対した。
❷仲間に**入っている少年**に対して，私は反対した。
※優先的に❶で解釈して不自然な点が無ければ❶を採用！　❶の解釈では常識・文脈に合わない場合にのみ，❷で訳す。

本文でも，まず❶で解釈するとof the boy surviving「その少年が生存していること（の可能性）」となり，不自然な点はありません。

● 否定語のnoは，英文では，名詞chanceにかかり，文の真ん中にあります。一方，**日本語では「否定語は文末付近で動詞にかける」**のが自然です。英語の文法上は，名詞にかかる形容詞だけれども，日本語訳の際は，there isのVにかけて訳し，「(可能性は）**存在しない**」となるのです。

● 10・11は，There is構文を使った慣用表現です。まず10は，**There is no ～ing**で，「～すること（～するという行為）は存在しない」が直訳。これを意訳し「**…する行為はありえない，…することは不可能だ**」となります。この～ingは，There isに対するS，つまり，名詞の働きをしているので**動名詞**です。

● 11は，**There is no use〔point / sense / good〕in ～ing**で「～することにおいて，有効性が存在しない」となります。このときのuse [júːs]（ユーズ[z]でなくユ**ース**[s]）は名詞で「有効性」という意味。また，前置詞inの後なので，この～ingは分詞構文ではなく**動名詞**！　原則，前置詞の後には，名詞的なものが来るはずですね。意訳すれば「**～することは無駄だ，～しても意味が無い**」です。

基礎編

7 Itの構文の超基礎

次の英文の構造を意識し，内容を理解せよ。また理解した内容を日本語で表せ。

1．It is important that he knows the fact.

2．It seems important that he knows the fact.

3．It is of importance that he knows what occurred to me.

4．It is of importance that the man who is standing right in front of the door knows what occurred to me yesterday.

NOTE

3．□occur 起こる
4．□right ちょうど

和訳

1．彼が真実を知っているということが重要だ。
2．彼が真実を知っているということが重要であるように思われる。
3．彼が私の身に起きたことを知っているということが重要だ。
4．ドアのすぐ前に立っている男が，昨日私の身に起きたことを知っているということが重要だ。

1・2 構造

● S の位置に it を見た瞬間に**仮主語構文**を予測しましょう！ ➡公式 52 it が後の that 節の内容を指すのではないかと考えてみるのです。仮主語構文と最終決定するためには，that が**従属接続詞**であることを確認する必要があります ➡公式 27。素早く that のカタマリ内側の文型をチェックしましょう。he knows the fact「彼がその事実を知っている」は **S′V′O′** で完全な文成立！ ゆえに that は従属接続詞で，that のカタマリ全体は巨大な**名詞のカタマリ** ➡公式 28 ですから，真 S になることができます。これで仮主語構文と最終決定できたわけです。

● なお，1・2 の英文中の that の判定に関して言えば，「that の前に先行詞になりうる名詞が無いので，この that が関係代名詞になる確率は 0 %。ゆえに従属接続詞の that である確率が高い」といった考え方でもよいでしょう。「先行詞」について確認しておくと，関係代名詞の that の左方向には，先行詞と呼ばれる名詞が必ず付くはずです。例えば，This is the book (**that** I bought yesterday). における the book が that の先行詞にあたります。今回の英文には，このような先行詞になれる名詞がない，ということです。

● 2 の seems は ➡公式 12 より，**be 動詞兄弟**で **SVC 文型**をとることができます。1 の英文の is が seems に変形されただけです。構造上は 1 と 2 は全く同じなのです。2 の英文の方が難しく見えてしまうのは，見慣れていないだけでしょう。**S is C**「**S** ↗

対訳 1・2

1. [彼が 真実を 知っている ということ]が 重要 だ。

S′ O′ V′ 従接 真S C V

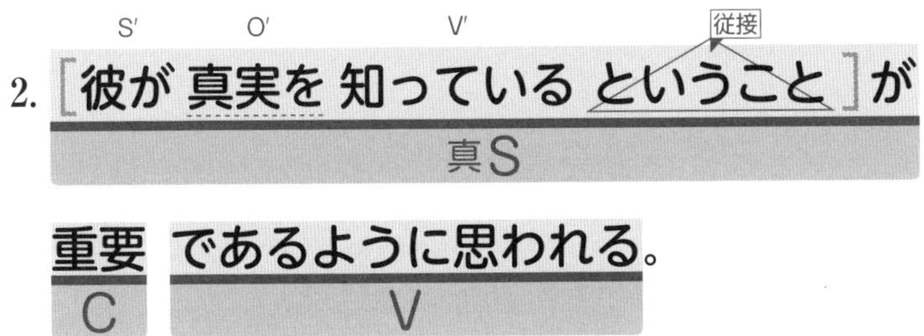

↗ は C である（断言する・言い切るようなイメージ）」が，S seem C「S は C であるように思われる」に変身することで，少し言い回しがソフトになっているのです。

3・4 構造

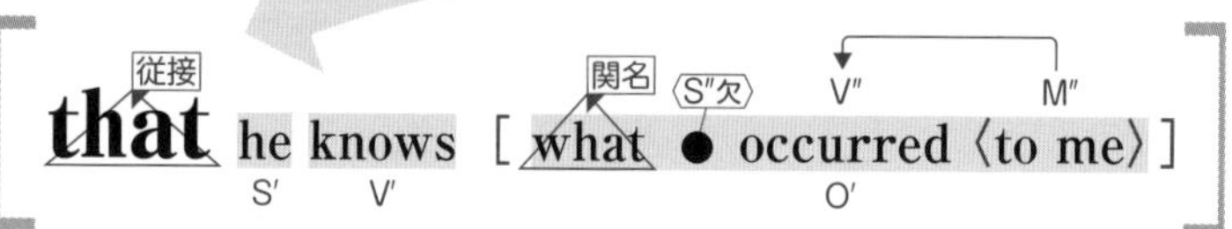

4. It is of importance [that the man …].

仮S V C 真S

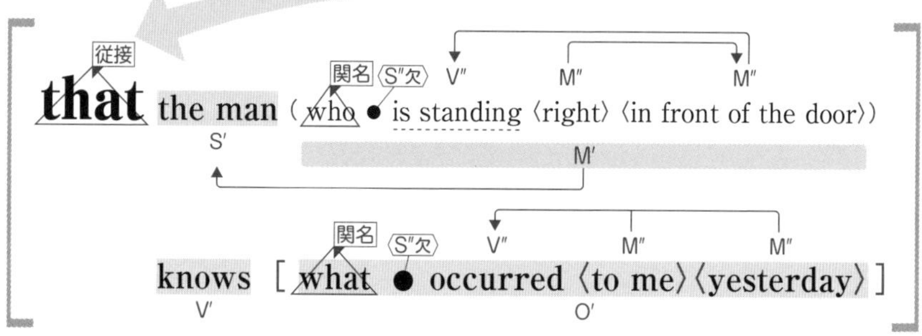

● **be 動詞の後の「前置詞＋名詞」は C に昇格**です ➲公式 37。3 と 4 も，C の部分が変形されているだけで，構造は 1 や 2 と同じということです。

● **of importance** は**「重要性をもっている」**で，つまり「重要である」ということ。形容詞 important と同じ意味になります。

● 3 から見ていくと，that のカタマリ内側の **knows＝V′** の先には **what の名詞のカタマリ** ➲公式 28 があります。このカタマリを **knows に対する O′** と考えます。↗

対訳 3・4

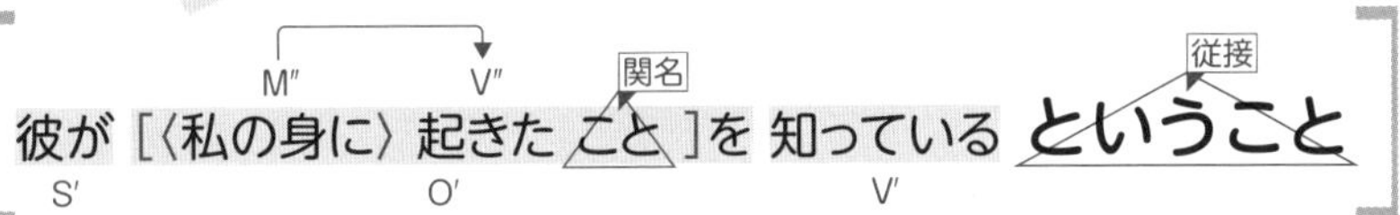

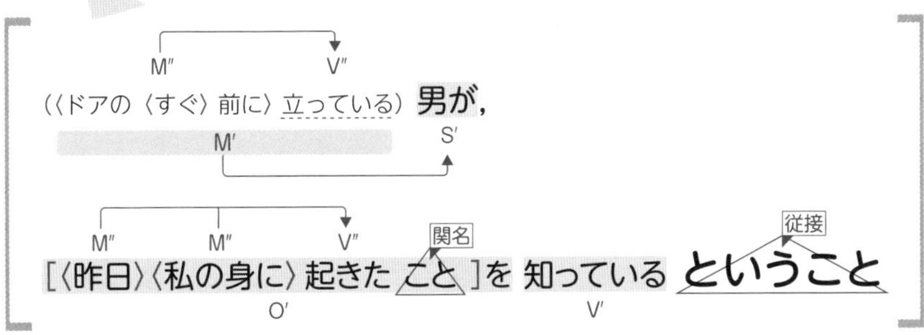

↗ what の内側は，いきなり **occurred＝V″** からスタート。つまり S″ が欠けています ➔公式 26。本文の what はこの欠けた S″ を補う働きもしているのです。occurred は**「出現・発生」の意味をもつ完全自動詞**なので O″ も C″ も後に来ません ➔公式 13。後に何か来るとしたら M″。to me は「前置詞＋名詞」で M″ です。なお，what のカタマリは，that のカタマリの中にあるので，分析する際に，that のカタマリ内側の **S′V′O′** と区別しやすいように **S″V″M″** という印を付けています。

● 4 は 3 に比べるとやや複雑ですが，まず who は △ でカタマリを開きます。

● **who** は**人について具体的に説明する M のカタマリ**をつくります。**is standing** は現在進行形でまとめて **V″**。「ドアの前のところに立っている」＝「ドアの前のところにいる（＝存在する）」ということですから，**「存在」の意味をもつ完全自動詞** ➡公式 13 の is standing の先には O″ も C″ も来ないはずですね。来るとすれば文型上，お飾りの M″ だけです。**who のカタマリ内側は V″ 1 回** ➡公式 6 ですから，knows は who のカタマリの外です。knows の手前で who のカタマリは閉じられています。

● knows の先には **what の名詞のカタマリ** ➡公式 28 。このカタマリを **knows に対する O′** と考える。以下は，3 の英文と同様です。

基礎編

8 注意すべき It の構文

次の英文の構造を意識し，内容を理解せよ。また理解した内容を日本語で表せ。

1．It took him ten minutes to reach the station.

2．It is no use giving her any advice.

3．It is difficult for her to read the book.

4．It is worth while to read the book.

5．It is getting warmer and warmer day by day.

NOTE

4．□ worth while 価値がある（今は worthwhile と 1 語の形容詞のようにしてつづる場合が多い）

和訳

1．彼が駅までたどり着くのに 10 分かかった。
2．彼女にいくら助言しても無駄だ。
3．彼女がその本を読むことは難しい。
4．その本を読むことは，（その時間をかけるだけの）価値がある。
5．日ごとにだんだんと暖かくなっている。

● It は to reach … のカタマリを指す，**仮主語構文**➡公式 52。

● **take** は「**S は O_1 から O_2（＝時間）を奪う**」です。「奪う」というのは「与える（＝give）」の反対の意味。なお，「反対の意味をもつ動詞は同じ文型になることがある」というのは英語の大事な法則性です（p. 40 発展 6 参照）。

---

2 構造

● 仮主語構文の It は ing（動名詞）がつくるカタマリを指すこともあります。

● is（＝be 動詞）の後の **no use** は **C** です。意味は「有効性がゼロだ」＝「**(それをしても）役に立たない，無駄だ**」となります。基礎編 6 の英文 11（→ p. 66）のように否定語 no を use にかかる M として分析することもできます。

● giving のカタマリ（＝動名詞句）の内側にも文型あり！ ➡公式 4 ですね。give は O を 2 コとることができます➡公式 14。giving になっても ing のカタマリ内側で (O) を 2 コとるのです。

対訳 1

(O) (V)
駅に たどり着くことは 彼から 10分を 奪った。

真S | O_1 | O_2 | V

意訳 彼が駅までたどり着くのに10分かかった。

対訳 2

$(O)_1$ $(O)_2$ (V)
彼女に たとえどんな助言でも 与えることは 無駄 だ。

真S | C | V

意訳 彼女にいくら助言しても無駄だ。

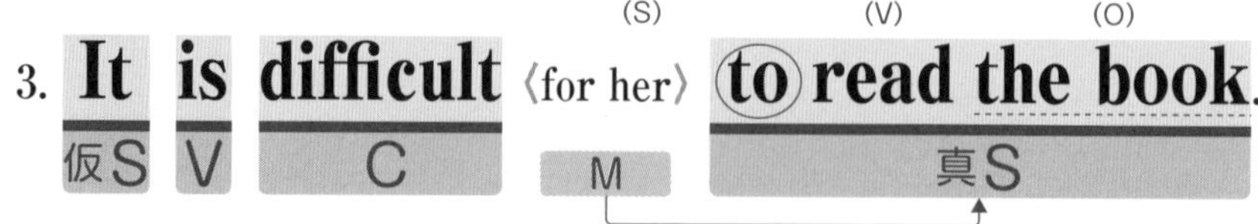

(V) (O)

4. It is worth while to read the book.

仮S V C 真S

● 3・4とも全体の構造は **SVC** で，It が to read the book の**不定詞のカタマリを指す仮主語構文**です。

● 3の不定詞の前方の **for ～** は**不定詞の意味上の主語**と呼び，「～は・が」と訳します。

● 3と4で異なる点は，C の部分が少し難しいということです。「前置詞＋名詞」は M になることが多いのですが，be 動詞の後では C に昇格することがあるのです ➔公式 37 。↗

5 構造

● **天気・天候**について語るとき，**主語を it** であらわします。

● **get** は ➔公式 12 で **SVC 文型**になることができるのです。直後に C になれる形容詞 warm が来ていますから，SVC 文型の get で「～になる」の意味です。 ↗

対訳 3・4

(S) (O) (V)

3. 〈彼女が〉 **その本を 読む(こと)は** **難しい**。

M → 真S　CV

(O) (V)

4. **その本を 読む(こと)は,**

真S

その時間をかけるだけの価値が **ある**。

C　V

↗ worth「～の価値がある」は前置詞です。while は名詞で「時間」という意味。**worth while** は「**前置詞＋名詞**」で「**時間の分の価値がある，時間をかけるだけの価値がある**」となり，これが「様子・状態」の C になっています。

●また，4 の文では，真 S になっている不定詞のカタマリを，動名詞のカタマリに変えることも可能です（p. 80 発展 12 参照）。

対訳 5

〈日ごとに〉 **だんだんと暖かく** **なっている**。

M → V　C　V

↗ ●「**比較級＋and＋比較級**」で「**だんだん（と）～，ますます～**」の意味になります。

●get の判断の仕方ですが，もし，「～を手に入れる」なら，SVO 文型なので，後に O すなわち名詞が来るはずです。また，get が「到着する（移動）」の意味なら，SV

文型なので，get は完全自動詞になり，後ろには O も C も来ないはずで，来るとしても M でしょう ➡公式 13。そして，get には SVO_1O_2 文型で「S は O_1 に O_2 を取ってきてやる」（=S は O_2 を取ってきて，O_1 に与える）という，give のように後方に O が 2 コ付く用法があります。さらには，SVOC 文型で使う get も存在し，「S は O に C させる」と訳します。本文の get の後方に O になれそうな名詞がないので，SVO / SVO_1O_2 / SVOC のいずれにもなることができないのです。

発展　12. worth while の用法

本講の英文 4 では，真 S になっている「不定詞のカタマリ」を「動名詞のカタマリ」に変えることも可能です。以下で，不定詞と動名詞のそれぞれのカタチを確認しておきましょう。意味はほぼ同じです。

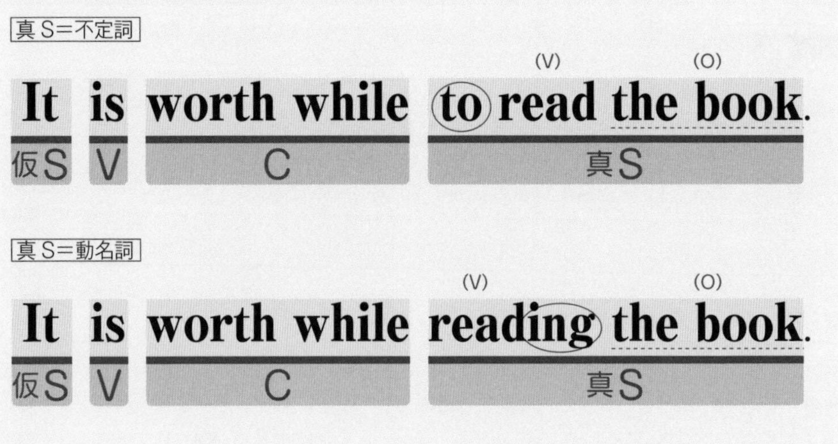

基礎編

9 注意すべき「そうじゃない方」の be to

次の英文の構造を意識し，内容を理解せよ。また理解した内容を日本語で表せ。

A president's hardest task is not to do what is right, but to know what is right.

リンドン・ジョンソン大統領 1965年1月4日一般教書演説より

和訳

大統領の最も困難な任務は，正しいことを実行することではなく，何が正しいのかということを知ることなのである。

英文構造

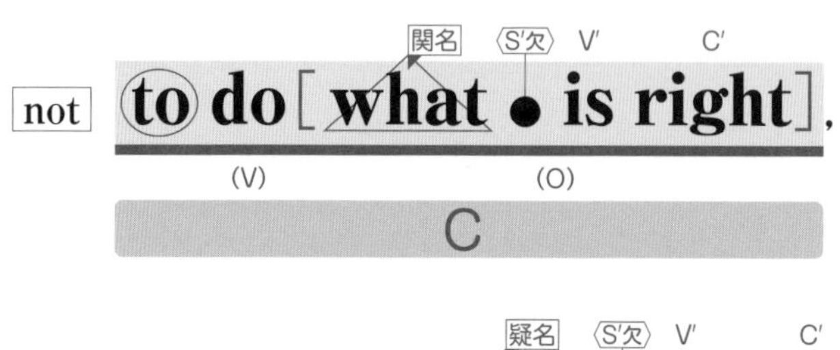

● is が全部で 3 つあります。主節の V は 1 つめの is です。それ以外の is は左方向に what があるので，△ のカタマリ内側の V'（＝レベル 2）になってしまいます。

● 先頭の A … task が S，is が V です。be 動詞ですから **SVC 文型**を予測し ➔公式 12，to do … の**不定詞のカタマリ**が C です。

● さらに not を見たら，but を探してみる！ **not *A* but *B*** の構造になっていますね ➔公式 48。このとき，***A* と *B* の部分が文法上共通点のあるもの**（＝文法上同じカタチ）になるのが原則です。今回の英文では，to do … と to know … ということで共に不定詞のカタチになっています。

● 最後に，不定詞にもツッコミを入れろ！ 不定詞のカタマリ内側にもミクロ文型あり ➔公式 4 です。to do は「行うこと」で，この **do** にレベル 3 の（**V**）の記号を付けます。次に「何を？」にあたる（O）を探すと，ちょうど，**what のカタマリ**があるので，これを（**O**）とすればよいのです。

● この what は，**関係代名詞**と考えれば「正しい**こと**を行う」となります。一方で，疑問詞と考えれば「**何が**正しいのかを行う」となり，ここでは少し訳がヘンですね。ですから，この英文の what は関係代名詞として処理することにします。 ↗

対訳 英文

大統領の最も困難な任務は,

S

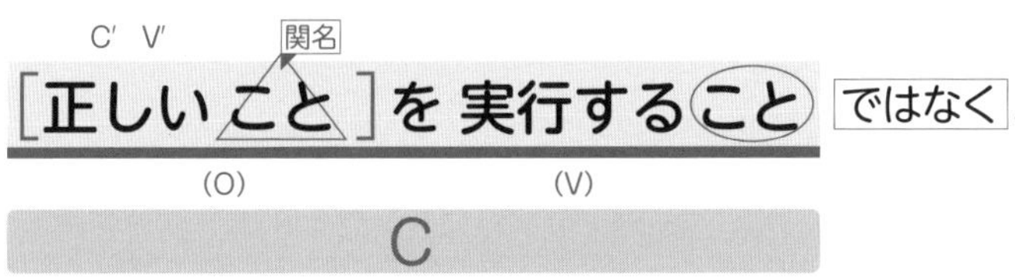

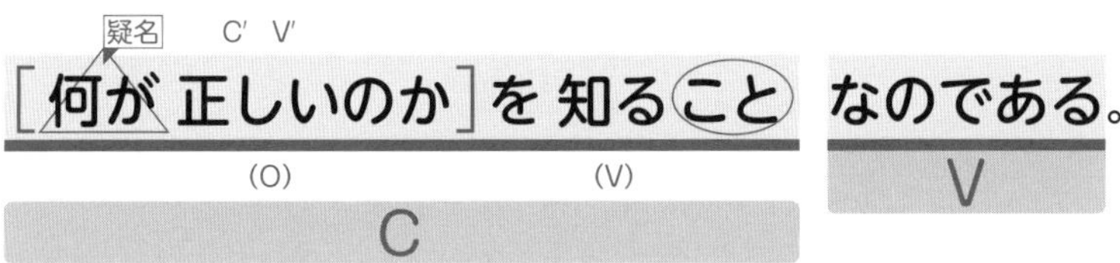

↗ ● to know の不定詞のカタマリ内側にもミクロ文型がありますね。**know** に（**V**）と付けて，**what のカタマリ（＝名詞節）**を（**O**）とします。

● この what を関係代名詞と考えると，「正しいことを理解する」となり，一方で，**疑問代名詞**の what とすると「**何が正しいのかを理解する**」となります。what が「もの・こと」という意味の関係代名詞か？「何」という意味の疑問代名詞か？ どちらになるのかは，前後関係から判断するしかありません。場合によっては，どちらでも解釈可能ということもありえます。

● 今回の前後関係を考えて，この文のイイタイコトをまとめると，「世の中で既に正しいと決まっているような<u>**こと**</u>を行うのは，それほど難しくはない。一方で，世の中で<u>**何が**</u>正しいのかが，まだわかっていないときに，それを理解することこそが，本当に難しいことなんだ」といったような感じでしょうか。but の後は，内容から「まだ何が正しいかがわかっていない」という「わからない・不明」のニュアンスを込めて疑問代名詞の what で解釈し，「何が正しいかを理解すること，知ること」となります。

● 今回の英文で，**be to *do*＝be to 助動詞構文**を思い出した人はいるでしょうか？
be to 助動詞構文は，**❶未来・予定・運命**「～することになるだろう」，**❷義務**「～しなければならないのだ」，**❸可能**「～する能力があるのだ」をあらわすことができます。

助動詞のイメージ

He is to arrive tomorrow.「彼は明日到着する予定です」
S まとめてV M

このとき，He と arrive には「彼自体が到着する」という主語・述語の関係が成立している点に注目！

● ちなみに今回は，be to＝助動詞にはならず，SVC 文型で解釈します。be to 助動詞構文になるか，または，SVC になるかの判別は次のようになります。

S の位置に来る名詞と to *do* のアイダで
「名詞自体が〜する」という **主語・述語関係**が
- **成立** ⇒ **be to 助動詞構文**
- **不成立** ⇒ **SVC 文型**

● 本文では，S の位置の名詞と to do … に注目すると，「task（任務）自体が do（実行する)」というのは，少しヘンですね。つまり，名詞と to do … とのアイダで**主語・述語関係が不成立**ということになり，今回は，be to ＝助動詞にはならないことがわかりますね。

発展 13. be to *do* が SVC になるときの頻出パターン

be to *do* が SVC になるときの頻出パターンは，ある程度決まっています。以下のものを覚えておきましょう。

be to *do* を SVC 文型で解釈し，to *do*=C と考えるパターン

□ The aim is to *do* 「目的は，〜することである」
S V C

□ The purpose is to *do* 「目的は，〜することである」
S V C

□ The objective is to *do* 「目的は，〜することである」
S V C

□ The plan is to *do* 「計画は〜することである」
S V C

□ The mission is to *do* 「使命は〜することである」
S V C

□ The solution is to *do* 「解決策は〜することである」
S V C

□ The alternative is to *do* 「直前で述べたことの代わりの選択肢は〜することである」
S V C

基礎編

10 完全自動詞の王様 — matter の最重要ポイント

次の英文の構造を意識し，内容を理解せよ。また理解した内容を日本語で表せ。

1．It matters how old you are.

2．It is this point that matters.

3．What matters is that we are having a good time now.

4．All that matters is that we are having a good time now.

和訳

1．君の年齢が重要だ。
2．この点こそが重要だ。
3．重要なことは，我々が今楽しい時間を過ごしているということだ。
4．重要なことは，我々が今楽しい時間を過ごしているということだけだ。

● 文頭の it を見た瞬間に，「仮主語構文ではないか？」と考え，後ろに**名詞のカタマリ**（＝**真** S）を探します ➔公式 52 。➔公式 28 より**疑問詞** how のカタマリが名詞のカタマリです。it が how のカタマリを指しているのです。 ↗

2 構造

● 1 と同様に，文頭に it が見えますが，今回は仮主語構文ではなく**強調構文**です。

● it is と that をまずは頭の中で消去してみると，残る部分は **this point matters** だけです。**this point は名詞で S，matters は完全自動詞で V**。だから O も C も無しで文型コンプリート。SV の 2 つの中心要素で完全な文として扱うことができるのです。このようにいったん it is と that を消去してみて，それ以外の残った部分だけでも，完全な文が成立したときに，**強調構文**になっていると判断することができます ➔公式 53 。なお，強調構文については，基礎編 14（→ p. 111）で詳しく取り上げていますので，そちらを参照してください。

対訳 1

S′ 疑副 C′ V′

［君が どれほどの 年齢 である か］が 重要だ。

真S V

意訳　君の年齢が重要だ。

● matter の重要ポイントは，次の通りです。

❶名詞の matter「問題」よりも，動詞の matter のほうが試験では狙われる！
❷動詞 matter のコアの意味「**重要な働き（作用）をする**」を覚えよう！　多くの単語集で「重要だ」となっているのは，コアの意味を意訳している。
❸ matter は「働く・作用する」の仲間なので，work や act と同じ，**完全自動詞**になる➡公式13。O も C も無し，**SV だけで完全な文**とみなせ！

対訳 2

この点 こそ が 重要だ。

S V

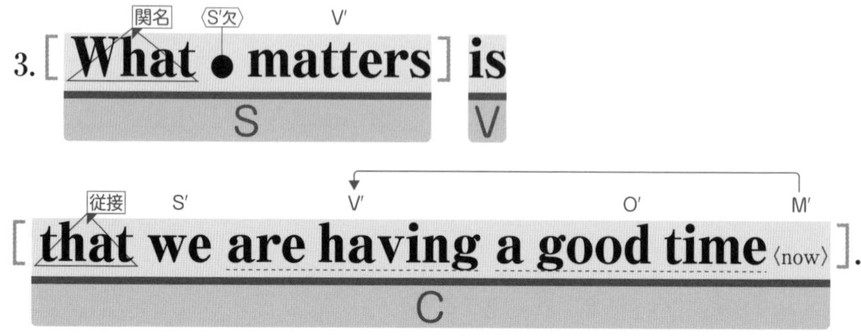

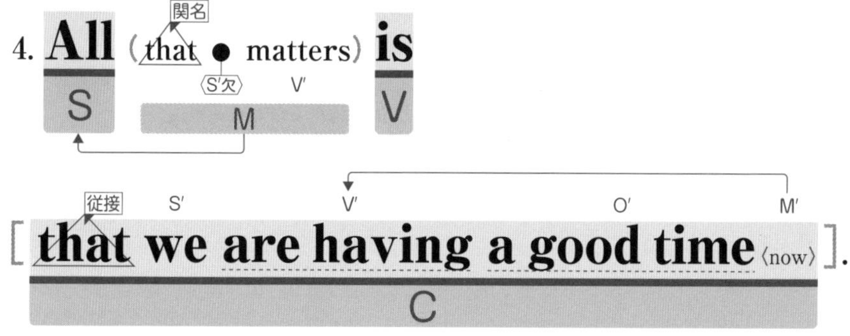

● matters is という並びを見て，「matters は名詞で S になり，is が V」と考える人がいますが，それはマチガイです。もし matters が S ならば，V は is ではなく are になるはずです。

● まず，3 の what は △ でカタマリを開きます。➲公式6 より，△ カタマリ内側の V' は 1 回ですから，**matters** がカッコの内側の **V'**。これ以上，△ 内側の V' の数を増やせないので，**is** はカッコの外へ出し，**V** とします。is は be 動詞なので後に C が来るはず ➲公式12。**that のカタマリ**が C ですね。

● この that の内側は，having の ing に注目！ ing の左側に，時制をもった be 動詞（＝are）があるので，**are having（＝現在進行形）**でまとめて 1 コの V' ➲公式9。have「(時間を) 所有する→過ごす」は，➲公式2 の「上記以外」のパターン。だか ↗

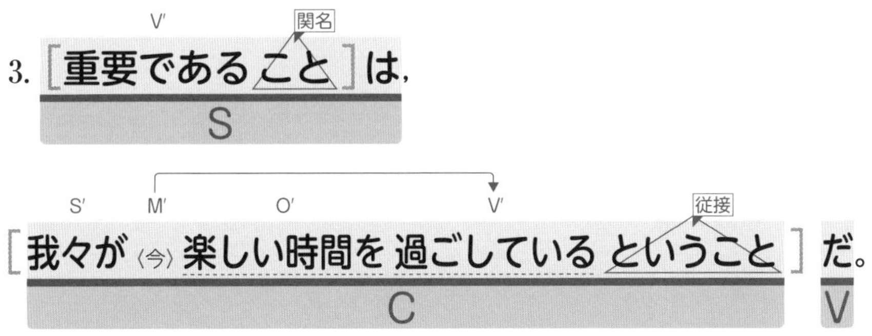

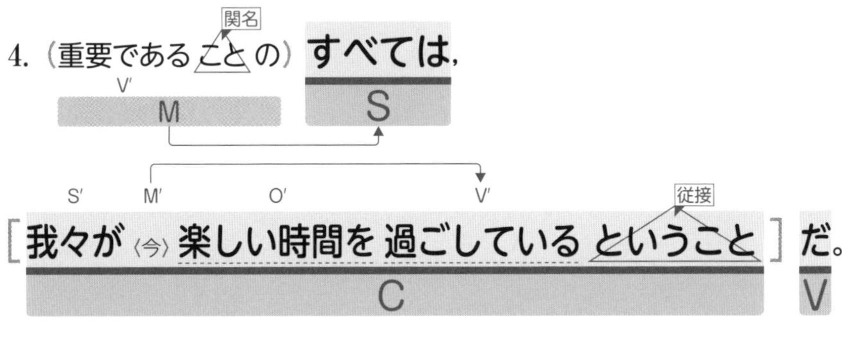

意訳　重要なことは，我々が今楽しい時間を過ごしているということだけだ。

↗ ら，SVO 文型になっている確率が高いと予測を立ててみましょう。**we を S′**，**are having を V′**，**a good time を O′** で「**我々は楽しい時間を過ごしている**」と考える。予測通り SVO がそろい，完全文になったので，that は**従属接続詞**で「**〜ということ**」と訳します ➲公式 27 。

● 4 も後半は，3 と同様の構造です。違いは S の部分。all the boys のように使われているとき，all は名詞を説明する形容詞です。しかし今回のように**後に名詞がないときは**，**all 自身が名詞**で S，直後の that から △ のカタマリ開始。

● that のカタマリ内側は，**matters** でいきなり **V′** から始まったので，S′ にあたる単語がないようです。S′ 欠落であることがわかりますね。ゆえに今回の that は**関係代名詞**です ➲公式 27 。

● カタマリ内側のV′は1回 ➔公式6 ですから，mattersは内側でV′，**is**は**カタマリの外側**，**つまり主節のV**となります。is（＝be動詞）に後続する**thatのカタマリ**は**C**です。このあたりの構造は3の英文と全く同じですね。**英語の構造パターンは有限**なのです。頻出の英文構造のパターンをしっかり納得したうえで，何度も復習し，英文を覚えてしまうほどに繰り返し音読すると，それと同じ構造やよく似た構造を，瞬時に見抜けるようになります。

● ちなみに，**all**は直訳すると「すべて」ですが，「**だけ**」と意訳することができるのです。「私が欲しいものの**すべて**はお金だ」は「私が欲しいのはお金**だけ**だ」と言っても，根本的にイイタイコトは同じですね。本文も「重要であることの**すべて**は…ことだ」は「重要なことは…**だけ**だ」と意訳できるのです。

基礎編

11 群動詞とは？

次の英文の構造を意識し，内容を理解せよ。また理解した内容を日本語で表せ。

1．I waited for you.

2．I waited for you to smile.

3．I have nothing to do with the matter.

4．You took care of me in many ways when I was in Tokyo.

和訳

1．僕は君を待っていた。
2．君が笑顔になるのを待っていた（＝待ち望んでいた）。
3．私はその件に一切関与していない。
4．君は，僕が東京滞在中に色々と世話をしてくれたね。

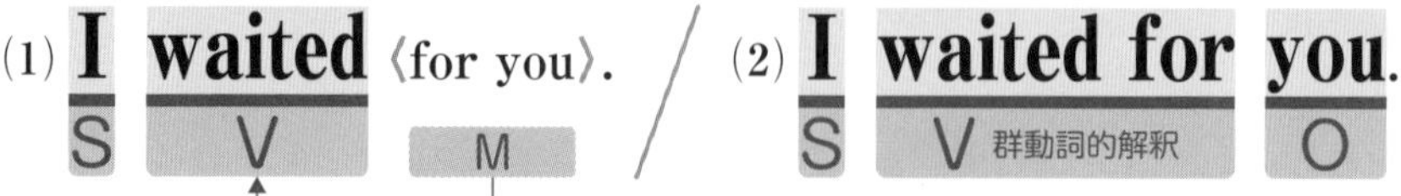

● (1)例えば，「父が駅前で私を**待っていた**」は，「父が私を求めて（＝私のために）駅前に**いた（＝存在していた）**」と考えてもイイタイコトはほぼ同じです。ここから wait は「**存在**」の意味をもつ**完全自動詞** ➔公式 13 で，O も C もとらないと考えてください。〈for＋名詞〉の部分は，**前置詞＋名詞＝M** とみなし，**V にかかる副詞**として分析します。これは通常の品詞分解です。 ↗

2 構造

● 2 の英文では，1 と少し状況が変わってきます。

> ❶「wait for＋名詞」の右方向に **to *do*（＝不定詞のカタマリ）**がある。
> ❷「for＋名詞」の名詞と to *do* とのアイダで「**主語・述語関係**」が成立する。
> →上記 2 つの条件を両方とも満たすとき，wait for は**群動詞的分析法**を必ず採用し，**SVOC 文型**として解釈する！

● この英文は，❶ to smile とあり，❷「あなたが笑顔になる」で主語・述語の関係が成立。上記条件を 2 つとも満たすので，群動詞的分析法で，かつ，SVOC 文型で分析しなくてはいけません。

● この英文は，「君が笑顔になる状況を待ち望んでいた」という意味ですが，究極的に ↗

対訳 1

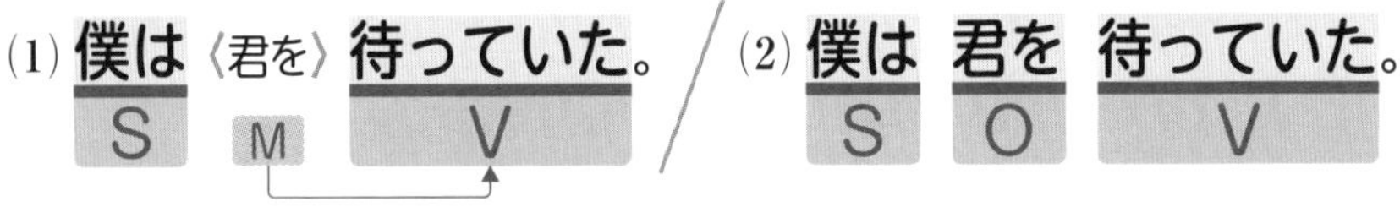

↗ ●(2)この英文には，もう1つ別の分析法があります。「**完全自動詞＋前置詞＝1コの他動詞**」と考えます。前置詞の後には，名詞が来るはずで，その**名詞**を O として分析します。こういったとらえ方を**群動詞（＝句動詞）的分析法**といいます ➜公式 20。

対訳 2

私は，君が 笑顔になる 状況を待っていた。

(S)：君が　(V)：笑顔になる

S：私は，　O：君が　C：笑顔になる　V：状況を待っていた。

意訳　君が笑顔になるのを待っていた（＝待ち望んでいた）。

↗ は「君を笑顔にさせたい」ということなのです。つまり wait for … to *do* は「**S は…が～するように促す**」「**S は…に～させる**」，つまり get O to *do* のような「作為」の意味に近いので，**SVOC 文型**をとれるのです ➜公式 15・16。

否

(2) I have nothing to do with the matter.

S V 群動詞的解釈 O

● (1) I＝S，have＝V，nothing＝O で**主節完成**。それ以外の部分は M。これは通常の分析。「その問題に関して・するべきことを・私は・何ももたない」が直訳。そこから「**その問題には，私は関係がない**」と意訳できるのです。

● (2)一方で，もう１つ別の解釈は以下の通りです。「**have＋nothing＋to do＋with**」までで，**まとめて１コの他動詞**として分析します。そして前置詞 with の後には名詞が来るはずなので，その名詞を他動詞に対する O として分析します。これも**群動詞的分析法**です。今回の場合は **have … with＝他動詞 V**，**the matter＝O** となります。**前置詞 with** の意味は「**関連・関係**」で，**nothing** は「**全くない**」という**強い否定**をあらわしているので，**S have nothing to do with ～**「**S は～と全く関係をもたない（＝関係がない）**」と訳せば OK です。

● この英文は，(1)のような通例の分析法でも，(2)のような群動詞的分析法でも，どちらを採用しても OK。ただし，リーディングで速度を上げて読んでいるときに，意味 ↗

対訳 3

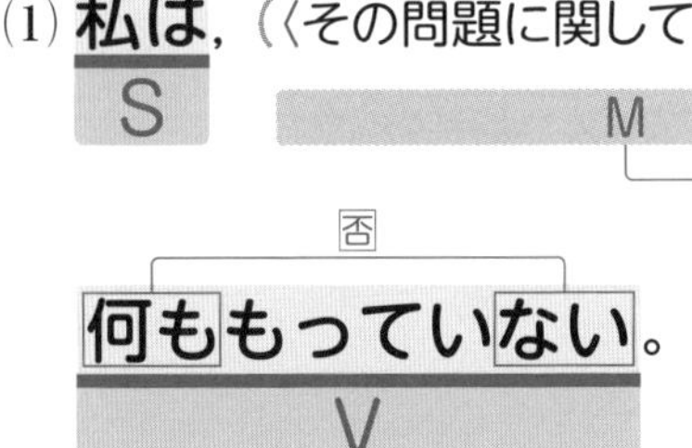

意訳　私はその件に一切関与していない。

意訳　私はその件に一切関与していない。

↗ さえわかればよい，と言った状況では，(2)の群動詞的分析法のほうが少し速く処理できるでしょう。

● 品詞分解においては「どのように分析すればよりわかりやすいか」が大切です。(1)も(2)もどちらの分析法も正しいのです。自分にとってわかりやすい分析法を採用すればOKですよ！

4 構造

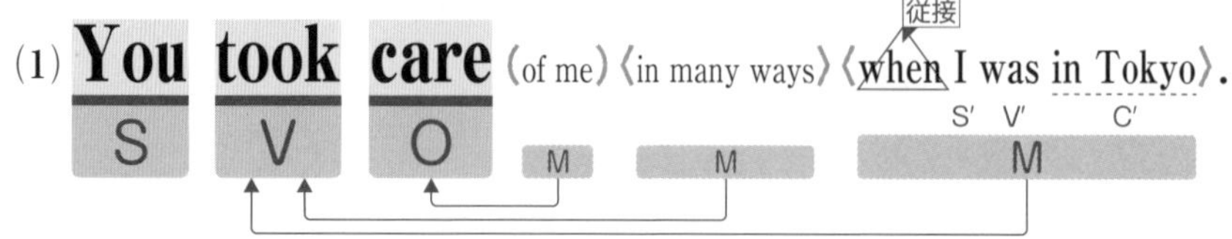

● (1) **take** を **V**，**care** を **O**，**of me** を **M**，これ以降も M と考えます。これは通常の分析法です。「君が・私に関する・世話を・引き受けた」が直訳で，「**君が私の世話をしてくれた**」と意訳して OK。

● (2)もう 1 つ別の分析を試してみましょう。動詞から前置詞まで，つまり **take care of を 1 コの他動詞**と解釈し，前置詞 of の後の**名詞 me** を **O** として分析するのです。これも**群動詞的分析法**の一種です。

● もちろん(1)の分析でも(2)の分析でも，英文の内容＝イイタイコトは同じです。

対訳 4

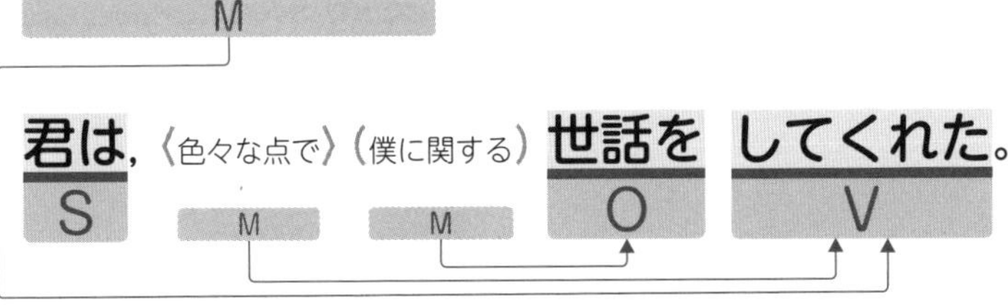

意訳　君は，僕が東京滞在中に色々と世話をしてくれたね。

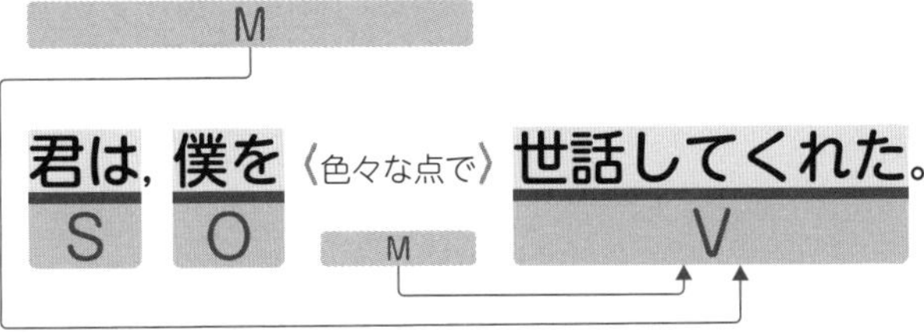

意訳　君は，僕が東京滞在中に色々と世話をしてくれたね。

基礎編 11

発展　14. (1)通常分析法と(2)群動詞的分析法の受身文の違いに注意

(1)通常分析法と(2)群動詞的分析法は，「どちらを採用してもいい」と先の解説で述べましたが，受身文に変形されたときだけは要注意!!　(1)を採用するか，(2)を採用するかで，最終的にできあがる文が，違うカタチになってしまうという重要なポイントがあります。

(1)を受身文に変形した場合

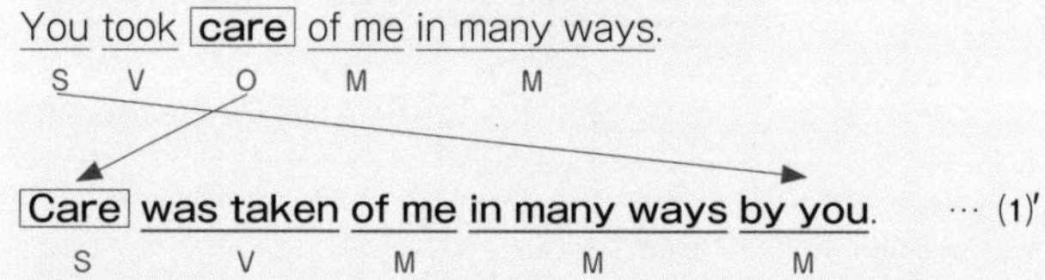

意味は，「あなたによって・世話が・私に関して・多くの点で・なされた」です。

(注) なお，care を主語にした受身文では，通例 good care や proper care などのように，care に修飾語が付きます。

(2)を受身文に変形した場合

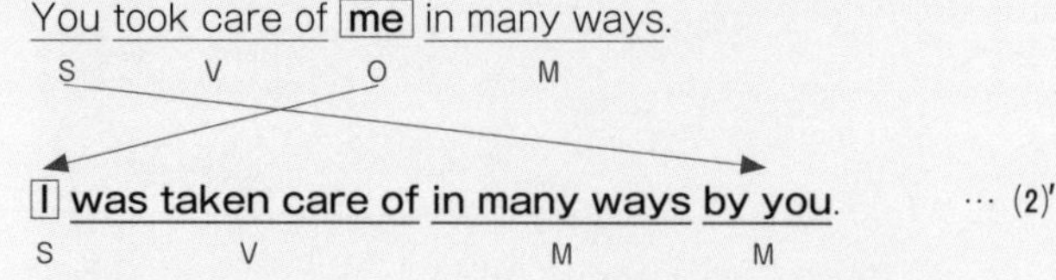

意味は「あなたによって・私は・多くの点で・世話された」となりますが，(1)′も(2)′もイイタイコトは同じです。

このように受身文になっても，意味の上では違いはありません。しかし，(1)′と(2)′の英語のカタチの違いはしっかりチェックしておきましょう！

基礎編

12 3cmめり込んだ「前置詞＋which」

次の英文の構造を意識し，内容を理解せよ。また理解した内容を日本語で表せ。

1．We have been living in a Paper Age, in which almost all information is kept on paper.

2．I have three brothers, two of whom live in Tokyo.

3．We stayed at that hotel yesterday, the owner of which I have known for years.

和訳

1．我々はずっと紙の時代に暮らしてきた。そして，そういった時代には，ほぼすべての情報が紙の上に保存されている。
2．私には3人の兄弟がいて，そのうちの2人が東京で暮らしている。
3．我々は，昨日，あのホテルに滞在していたのですが，そのホテルのオーナーのことを私は長年知っています。

We have been living 〈in a Paper Age〉,

S V M

(in which 〈almost〉 (all) information is kept 〈on paper〉).

前+関名

M′ M′ S′ V′受 M′

M

a Paper Age の補足説明

● いかなるカタマリにも入らない，外側の **V＝have been living** です。➡公式7 より，have been … を見たら，真っ先に V の印を付けましょう。ただし，左方向に △（＝関係詞／従属接続詞／疑問詞）があり，△ のカタマリ内側に入りそうなら，主節の V から 1 ランク落として従属節の V′ の印を付けます。本文は，have been living の左方向には △ が無いので，主節の V で OK です。

● また，living は，**have been**（＝現在完了）という「**時制をもった be 動詞**」が付いているので，原則上は**進行形の ing** と考えてください ➡公式9。名詞のカタマリ（＝動名詞），形容詞のカタマリ（＝分詞の形容詞用法），副詞のカタマリ（＝分詞構文）をつくる ing ではありません。have been living（＝現在完了＋進行形），これで 1 コの V とカウントしてください。なお，and などの等位接続詞によって「V and V」のパターンになっていないので，V の数はこれ以上増えません。**主節の V は 1 コ**だけです ➡公式6。

● 主節に，O も C もとらない**完全自動詞**の live ➡公式13 があることから，主節は **SV** の**第 1 文型**となり，これで主節コンプリートとみなします。いったん完全な文が成立したら，**主節以外はすべて M** になるので，**in a Paper Age**（＝前置詞＋名詞）は**副詞句**で，**V にかかる M** となります。

● in which 以降も M のカタマリです。**前置詞＋which** を見た瞬間に，➡公式32 を意識しましょう！　前置詞の in をカッコの内側に入れて，ここから，巨大な M のカタ ↗

対訳 1

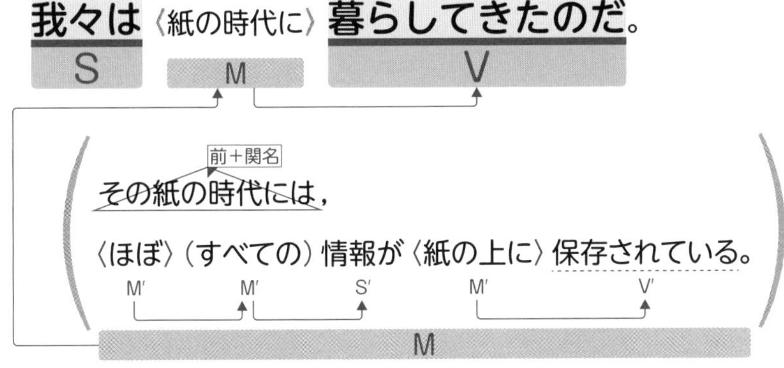

意訳　我々はずっと紙の時代に暮らしてきた。そして，そういった時代には，ほぼすべての情報が紙の上に保存されている。

基礎編 12

↗ マリがスタートします。「**前置詞＋which**」**のカタマリ内側の従属節は，完全文になる** ➔公式 26・32 ので，「完全な文が来るはずだ！」と展開を予測しながら読み進めていきましょう。

● カタマリ内側の従属節は，以下のようになっています。

受身文なので O′ なしオーケー！ **受身は，もとの文型から O マイナス 1 コ**ですね ➔公式 11。本文の keep は前後の単語の意味から内容を考えてみると，「(情報などを）保存・保管する」で，もともと SVO 文型で用いられるような，O が 1 コだけ付く他動詞になっている可能性が高いようです。この keep が，**be 動詞＋kept「保存される**」という受身になり，もともと 1 コだけ付いていた O がなくなるのです。

●「前置詞＋関係代名詞」などの M のカタマリ（＝形容詞句・節／副詞句・節）が，主節と同じ長さ，あるいは主節よりも長いときは，この M のカタマリが，左方向にある名詞（＝**先行詞**）**の補足説明**や**重点情報**になることがあります。こういったとき，日本語訳の上では，**2 文に切って解釈**します。**適当なつなぎ言葉**（そして・だから・なぜかというと・つまり…）を入れたり，関係詞に**先行詞を代入**したりして訳します。ここでは「… **そして**，**その紙の時代**には…」となります。

2 構造

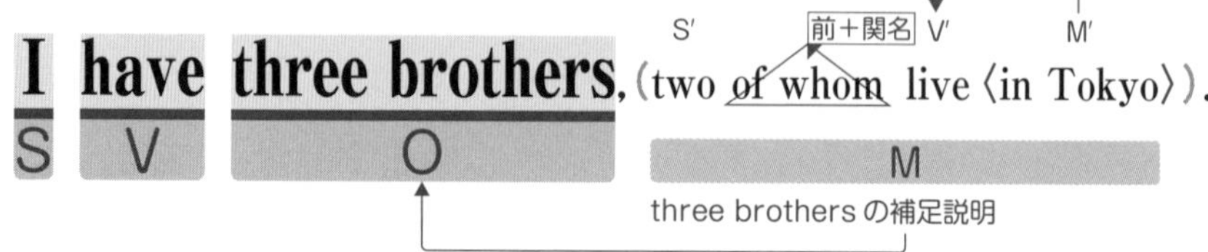

● **主節 V=have。** 主節は「**S が O をもっている**」の have によって，**SVO 文型**で完成。こういったときの have の根本の意味は「S のテリトリーの中に O が入っている」ということです。「S には O がある・いる」のように意訳しても OK です。ここまでで主節が完成。それ以外の部分は M のカタマリになるはずです ➡公式 2 。ゆえに，今回の英文は，two から M のカタマリが始まっていると考えてみましょう。

● ここで ➡公式 33 の「**前置詞＋whom が右にめり込む構造パターン**」をイメージしてください。簡単な英文では，「前置詞＋whom」は，M のカタマリの先頭に置かれるのですが，本文のように，M のカタマリのスタート地点から右方向にずれる場合があるのです。

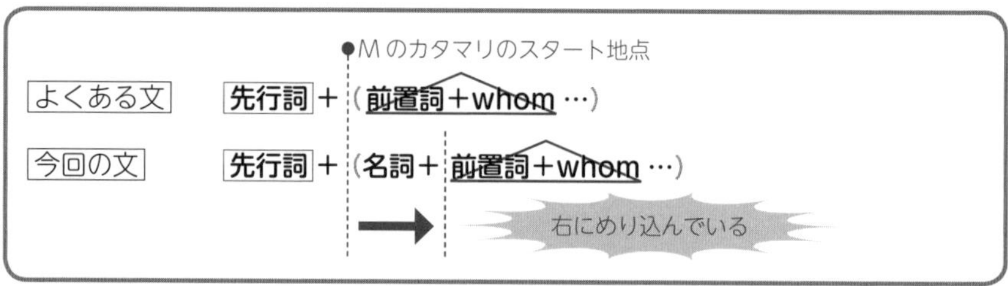

● 今回の英文の場合は，of whom がカタマリのスタート地点から右にめり込んでいます。数量詞 two は，カッコの内側です。数量詞はもともと形容詞ですが名詞になれます。したがって，ここの two を名詞と考えて S′ とすることができます ➡公式 25 。カタマリ内側の従属節の中で名詞 two に文型上の働き S′ を与えてやれば，内側は完全な文になり，➡公式 32 と矛盾しませんね。なお，two が「2 人の兄弟」or「2 人 ↗

対訳 2

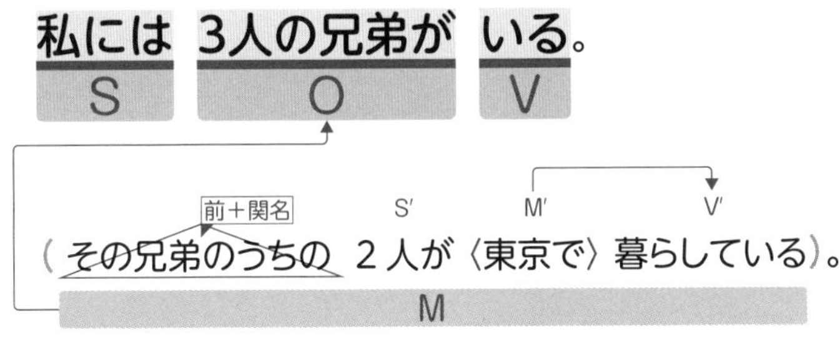

意訳　私には3人の兄弟がいて，そのうちの2人が東京で暮らしている。

↗ の先生」or「2つのリンゴ」or「2冊の本」…，どれになるかは，文脈で決まるのです。

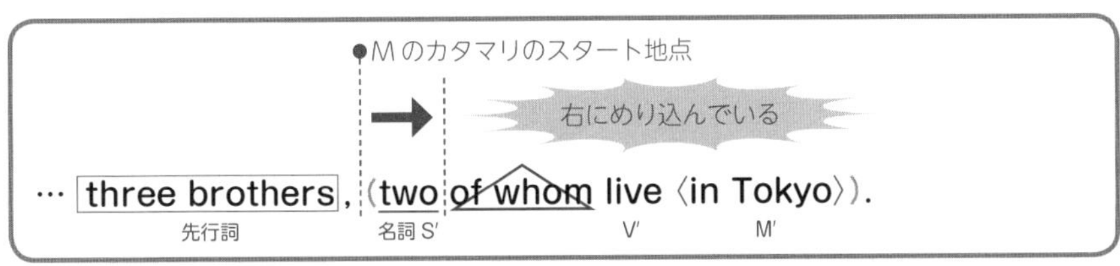

● また，**関係詞を含むMのカタマリ**が修飾している**左方向にある名詞（＝先行詞）**は **three brothers** です。本文の先行詞が，意味上「モノ」ではなく「人」なので，この英文は of which ではなく，of whom を使っているのです。

3 構造

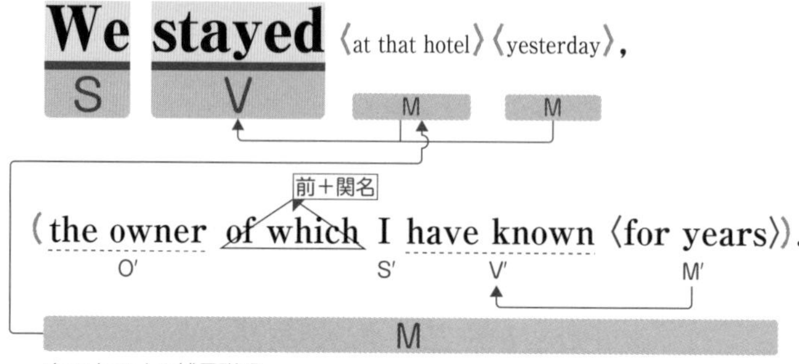

● **主節の V＝stayed** です。まずは，**「存在」**の意味をもつ**完全自動詞**として考えてみましょう。We stayed で完全な文です ➔公式 13。よって，ここから先は M が来るはず！

● **at that hotel＝M** ですが，stayed at …「…に滞在していた」となり，意味上つながっています。筆者は，stayed を書いた後で，滞在していた場所について詳しい説明を付けようとして，at … を M として置いたのですね。動詞に説明を加える働きなので，at … は**主節の V にかかる副詞句**と判断できます。

● **yesterday** は 1 語で**時間の M**。yesterday は**「過去時制を示す印」**だから，過去形の V である stay**ed**「滞在して**いた**」にかかっているのです。以上，ここまでが，主節の V と意味的につながっていると判断できます。

● ここで，**「主節と M のカタマリの切れ目」**に注意！ カンタンな問題では，カンマで切れ目を教えてくれています。しかし，実際の英文にはカンマが無いときもあります。そのときは，主節の品詞分解を詳細に行い，「構造上，また意味上でも，どこまで主節がつながっているか」を考えて，主節が終わったところで従属節のカッコを開くことになります。「**カンマで切れ目が示されていないときは，主節の品詞分解と意味判断で切れ目を自力で発見せよ！**」という考え方をマスターしてください。

● 今回の英文では，次の図のように of which からカタマリをスタートさせると，マ ↗

対訳 3

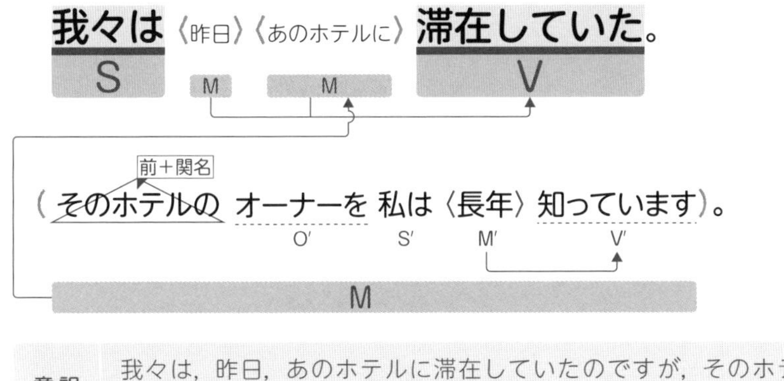

意訳　我々は，昨日，あのホテルに滞在していたのですが，そのホテルのオーナーのことを私は長年知っています。

↗ チガイになってしまいます。

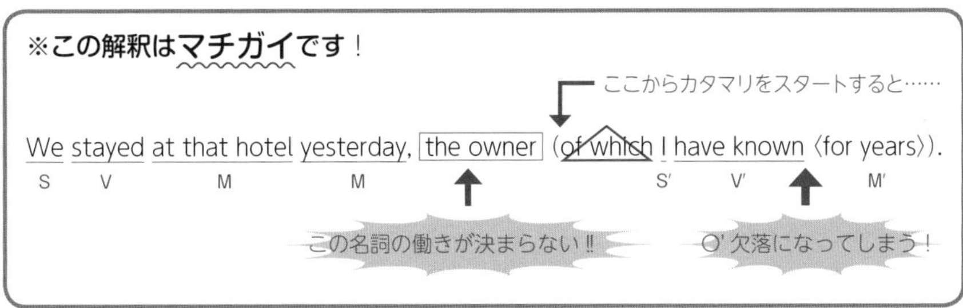

● 上記に示したとおり，「前置詞＋which」で，前置詞を中に入れてカタマリを開くと，of からカタマリを開くことになります。こうするとカタマリ内側の従属節が I＝S'，have known＝V'，for years＝M' となり，V' に対する O' が欠けた**不完全な文**になってしまいます。ここで ➡公式 32 との矛盾が起きます。**「前置詞＋which からスタートするカタマリ内側の従属節は，必ず完全な文になる」**というルールがあります。上記では，完全な文になっていないので，公式との矛盾が起きています。つまり，この解釈は文法上マチガイであるということです。

● また，of からカタマリを始めると，主節でもトラブルが発生してしまいます。上記の主節部分を見てください！ カタマリ外の the owner という名詞が，主節における働きが決まらないまま放置されています ➡公式 23。名詞には 7 つの働きのどれかを必ず与えてください ➡公式22 。この名詞の「7つの働き」はしっかり暗記！ 品詞分解をしてみて，**「名詞の働きが決まらない」ときは，それまでの解釈が間違っている**可能性があります。見方，とらえ方（＝分析法）を，これまでと変えてみる必要があるわけです。

● 以上より，今回は，前置詞からカッコを始めるのをやめて， ➡公式33 の「前置詞＋which が，従属節のカタマリ内側で，右にめり込む構造パターン」の分析を採用します。こうすることで，主節と従属節において，すべての名詞に働きが与えられ，構造上正しい解釈になりました。訳してみても，自然な日本語になっていますね。

基礎編

13 「関・接・疑」の2連続

次の英文の構造を意識し，内容を理解せよ。また理解した内容を日本語で表せ。

New information about diet shows us that what many people think is incorrect.

（センター本試験）

和訳

ダイエットについての新しい情報が，我々に，多くの人が信じていることが正しくないということを示している。

英文構造

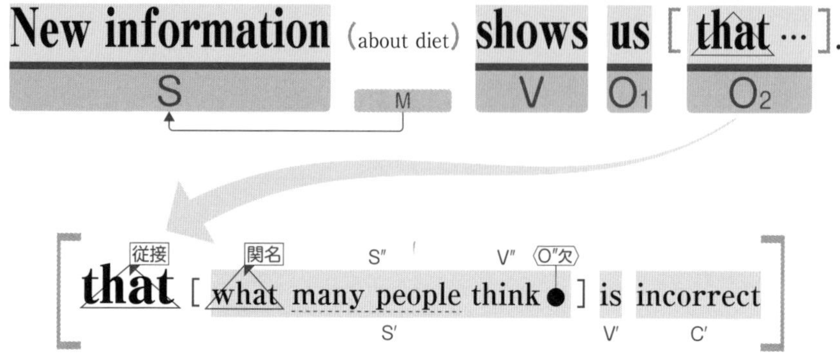

● **show** は **SVO_1O_2 文型**になることができます ➡公式14 。**us が O_1，that のカタマリが O_2** になっています。➡公式28 より，that は名詞のカタマリをつくる可能性あり，ですね。

● 英文の中心は，次のようになります。

> <u>New information</u> … <u>shows</u> <u>us</u> [<u>that S′ V′ …</u>].
> 　　S　　　　　　　V　O_1　　O_2
> 「新たな情報が・我々に・[…ということ] を・示している」

● 次に，that のカタマリの内側に目を向けてみましょう。**what のカタマリは think まで。**is は what のカタマリ内側に入れてはいけません。➡公式6 の V の数の法則より，what のカタマリ内側の V″ は 1 コです。what から数えて **1 つ目の動詞 think が what のカタマリの内側 V″** になり，**2 つ目の動詞 is は what のカタマリの外側**になります。なお，本文の what のカタマリは，従属節（＝that のカタマリ）の中の従属節なので，分析する際は，that のカタマリ内側の **S′V′C′** と区別しやすいように **S″V″** という印を付けておきます。 ↗

対訳 英文

［… ということ］を 示している。

O2 V

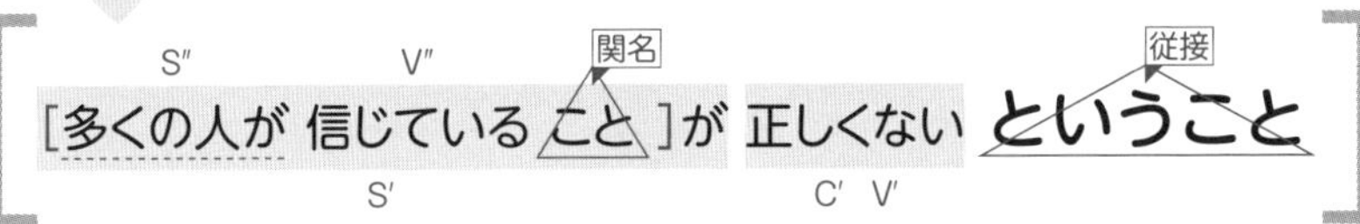

that what many people think ● is incorrect

S′ V′ C′

「多くの人が信じていること が・正しくない・ということ」

● what は，➡公式 26 より，カタマリ内側で名詞が1コ欠落するはずです。しつこいようですが1コです。英文の中心要素の名詞（＝主語／目的語／補語）が，関係代名詞によって 2 コ欠落することはありません。本文は，SVO 文型をとる think「(日ごろから) S は O と信じている」がもとのかたちで，そこから O が欠落した，と考えることができます。SVOC 文型をとる think「S は，O が C だとみなす」や SV 文型をとる think「S が思考する，頭を働かす」ではありません。think は文型によって意味が少し違う場合があるので要注意です。

●「that と what が連続しているところがよくわからない。なんだかモヤモヤするな～」という人はいませんか？ このモヤモヤを解決するには，**「英文構造の『階層の差』を明確に意識せよ！** ➡公式 1 」という読解脳をつくるために極めて重要なポイントを押さえる必要があります。日本語で，that「ということ」と what「こと・もの」の違いだけを考えてもダメなのです！

基礎編 13

✓ **thatの働き**

文全体の最も大きな階層（＝レベル1）である**主節**の show に対する，巨大な **O_2 のカタマリ（＝名詞のカタマリ）**をつくる**従属接続詞**の that。

✓ **whatの働き**

従属接続詞 that のカタマリ内側で，主節よりもワンランク小さな階層（＝レベル2）である**従属節**の is に対する，**S′のカタマリ（＝名詞のカタマリ）**をつくる what。

● 本文においては，**that がつくる名詞のカタマリは主節の O にあたるので主節レベル**（＝レベル1）で働いています。そして，**what がつくる名詞のカタマリは従属節の S′ に相当するので従属節レベル**（＝レベル2）で働いています。つまり，**それぞれが働いている世界・次元が全く異なる**のです。節の階層（＝レベル）が根本的に異なっていることに注目してください。

基礎編

14 強調構文の超基礎と応用

次の英文の構造を意識し，内容を理解せよ。また理解した内容を日本語で表せ。

1．In a homeschooling situation, it is often the mother that is in charge of the children's education.

（北海道大学）

2．It is not work that kills, but worry.

NOTE

1．□homeschooling ホームスクーリング　□situation 状態　□charge 責任
2．□worry 名心配

和訳

1．ホームスクーリングの場合，母親が子どもの教育を担当することが多い。
2．身を滅ぼすのは勤労ではなく心労だ。

1 構造

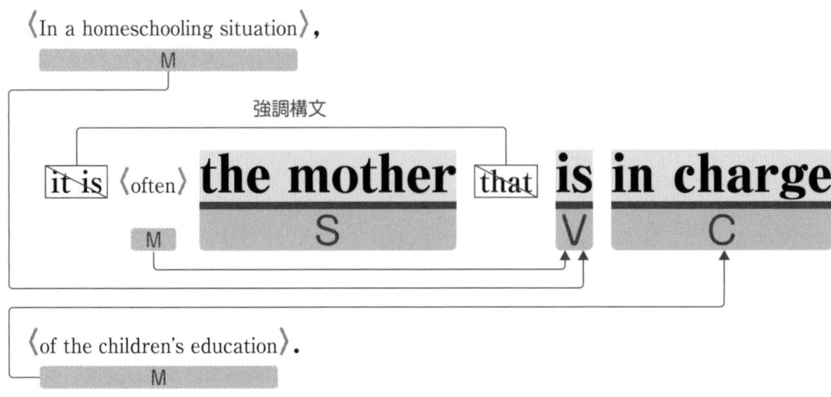

● it is … that ～ で「仮主語構文だ！」と最初に思ってしまった人は，読解脳に新たな理論を注入し，バージョンアップする必要があります。it is と that を見た瞬間，下記のポイントがアタマに浮かぶようにしてください。

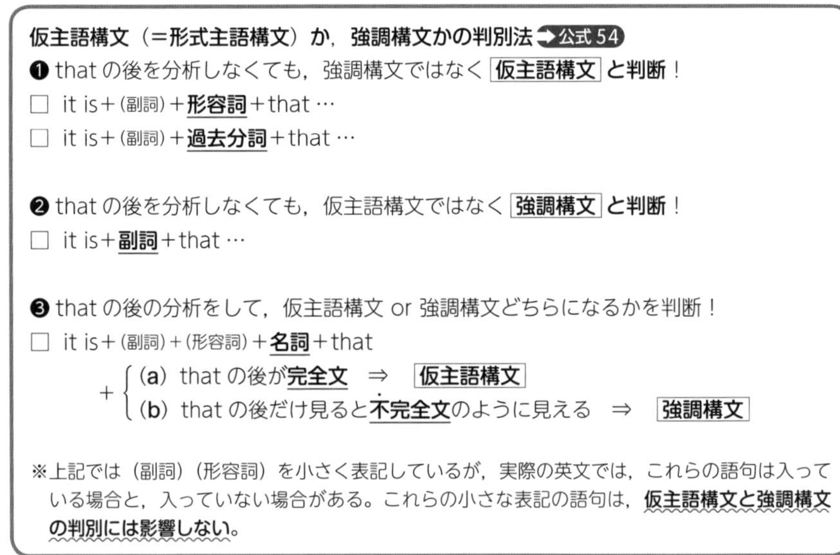

仮主語構文（＝形式主語構文）か，強調構文かの判別法 ➡公式 54

❶ that の後を分析しなくても，強調構文ではなく **仮主語構文** と判断！

□ it is＋(副詞)＋**形容詞**＋that …

□ it is＋(副詞)＋**過去分詞**＋that …

❷ that の後を分析しなくても，仮主語構文ではなく **強調構文** と判断！

□ it is＋**副詞**＋that …

❸ that の後の分析をして，仮主語構文 or 強調構文どちらになるかを判断！

□ it is＋(副詞)＋(形容詞)＋**名詞**＋that

＋ (a) that の後が**完全文** ⇒ **仮主語構文**

＋ (b) that の後だけ見ると**不完全文**のように見える ⇒ **強調構文**

※上記では（副詞）（形容詞）を小さく表記しているが，実際の英文では，これらの語句は入っている場合と，入っていない場合がある。これらの小さな表記の語句は，**仮主語構文と強調構文の判別には影響しない。**

● 本文は it is と that のアイダに，the mother という名詞が挟まっていることから，↗

対訳 1

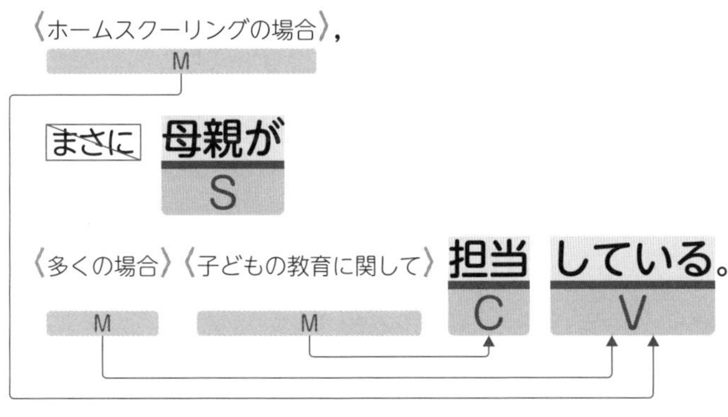

意訳　ホームスクーリングの場合，母親が子どもの教育を担当することが多い。

↗ 上記の❸のパターンです。

● ❸の判別法は that の後を分析する必要があります。that の後は is in charge of the children's education となっています。分析すると **is＝V，in charge＝C，of … education＝M** となっており，**S がないので不完全文**のように見えますね。ですから，(b) のパターンで**強調構文**と判断します。

● なお，in charge は「前置詞＋名詞」ですが，直前に be 動詞があるので C と分析できます ➡公式 37。

● 強調構文では，it と is と that の 3 ワードは品詞分解上 M の扱いです。強調構文では it にも is にも that にも S / V / O / C の記号を入れてはいけません。「**強めの語句は品詞分解上 M の扱いである**」を意識しましょう ➡公式 38。強めの意味をもつ強調構文の it，is，that の部分はすべて M のようなイメージで考えておけばよいでしょう。

2 構造

● it is と that があるので，仮主語構文か，強調構文かを見極めます。本文は，p. 112 で紹介した判別法の❸のパターンです。ここでは，that の後が完全な文になっていませんね！ that の直後から分解したときに，いきなり kills という V からスタートしていますから，どう見ても S が無い…。つまり that の後が不完全文。ちなみに仮主語構文の場合，that が出てくると，「真 S にあたる名詞節をつくる従属接続詞 that があり，この that のカタマリ内側は完全な文になるはず」です。今回は完全な文になっていないので，この解釈はダメ。したがって，本文は，it is … that ～ の**強調構文**です。

● さらに，強調構文をネイティブスピーカーが文章中で用いるときには，ある隠れた法則性があります。「**強調構文は，二項対比の文脈で用いられることが多い**」のです。例えば，**not *A* but *B***「***A* でなくて *B* だ**」(「国立じゃなくて私立だ」「文系じゃなくて理系だ」など）といった「**二項対比を強く暗示する表現**」**と強調構文が，セットで出現する**ことが極めて多いのです。このようなセットを「**共起関係**」と呼びます。強調構文だけ，not *A* but *B* だけ，を単独で勉強するよりも，共起関係を意識しながら，**it is not *A* but *B* that … V …**「**…するのは *A* ではなく *B* だ**」といったカタチで覚えておくほうが実戦的です。

● that の後が不完全文であること，さらに not *A* but *B* 構造が使われていること，以上の 2 点より，本文は，仮主語構文ではなく強調構文であると断定できます。

● さらに，**お決まりの表現の一部が切り離されてしまうパターン**，つまり，**遊離現象**に注意です。構文集で覚えた定型表現のように，「not *A* と but *B* がいつもくっついて出てくる」というのは思い込みです。こういった固定観念を打破して，柔らかく，しなやかな思考力を身につけることが必要です。英語には，「**文末（方向）焦点化の法則**」があり，筆者が強調したいと思った情報をできる限り文末方向で述べるという傾向があります ➔公式 49。コミュニケーション上，最後に聞いた話が聞き手の心の中に最も強く印象に残るものです。本文では，もとの英文 It is not *A* but *B* that … V … の but *B* の部分を，聞き手の心に残るようにするため，文末方向に移動して，↗

対訳 2

身を滅ぼす（V） のは 勤労（S_A） ではなく 心労（S_B） だ。
否

↗ It is not *A* that … V … , but *B* となっています。これによって not *A* と but *B* の位置が遠くに離れてしまい，構造が見抜きにくくなってしまっているのです。

● It is … that ～ を取り除いてみると，**work kills** で **SV 文型**が成立します。**kill(s)** は，もともと**他動詞の「～の身を滅ぼす」**で SVO 文型だったものが今回は**自動詞化**しているのです。このような「**他動詞の自動詞化**」が起きたときは，本来 O の位置には，不特定多数の人やモノがあったのですが，意味上それほど重要ではない，また前後の文脈から自明性が高いと筆者が判断した場合，省略されることがあります。今回は，「work ではなく worry こそが，（あらゆる）人の身を滅ぼす」が直訳です。「(あらゆる）人」という O にあたる情報が消えてしまい，kills が自動詞化しているのです（p. 116 発展 16 の❼参照）。

発展 15.「対比」という強調構文のウラの意味

統計によると，「対比」の文脈で強調構文が使われる頻度は高いと言われています。実際，試験でも，以下のような「対比」や「対比を暗示する熟語」と強調構文がセットでよく出題されています。

1．*A* と *B* を対比（*B* に焦点）

□ It is **not *A* but *B*** that …「…なのは ***A* でなく *B*** だ」
　＝It is **not *A*** that … , **but *B***
　※ *B* を特に強調したい場合は文末へ移動する。
□ It is **not only *A* but also *B*** that …「…なのは ***A* だけでなく *B* も**だ」
　＝It is **not only *A*** that … , **but also *B***
　※ *B* を特に強調したい場合は文末へ移動する。
□ It is **not so much *A* as *B*** that …「…なのは ***A* というよりむしろ *B*** だ」

2．*B* と *B* 以外の対立（*B* に焦点）

アピールしたい方（＝*B*）を「限定」し，その他のものと対比している。
□ It is **this *B*** that …「…なのは**この *B*** だ」
□ It is **the *B*** that …「…なのは**まさに *B*** だ」
□ It is **only *B*** that …「…なのは ***B* だけ**だ」

発展　16. 他動詞・前置詞の後に目的語がない!?　考えうる原因は8つ

他動詞なら後に目的語Oが続くはず…なのに，他動詞の後にOがない!?　前置詞の後に名詞（＝前置詞の目的語）がない…!?　なぜだ???　その原因は次のことが考えられる。

❶ 受身文（＝be動詞＋～ed）になっているから

（注）get＋～edやremain＋～edなどのbe動詞が変形した受身に注意！

❷ 一見すると過去形のVっぽいが，実はVではなく，直前にbeingが省略された過去分詞のMで，形容詞や副詞として働いているから

❸ 目的格の関係代名詞の後だから＝△のカタマリの内側でOが欠落している

❹ 不定詞の形容詞用法（＝名詞にかかる不定詞のカタマリ）になっているから

不定詞の形容詞用法（＝名詞にかかる不定詞のカタマリ）は，原形より右側で，名詞が1コ不足しているように見えるが文法上OK。下の図解の●の位置で，名詞が不足しているように見えるが，もともと●の位置にあった名詞が前方へ移動したと考えるとよい。

㋐ the book（名詞） to read（M） ●　「読むための・読むべき本」

㋑ the house（名詞） to live in（M） ●　「住むための・住むべき家」

㋐の場合は，もともとread the book，㋑ではlive in the houseとなっていたが，それぞれ，名詞が前方に移動してしまったのである。

※ただし，不定詞の形容詞用法でも，次の特別な3パターンでは，これまでのように原形より右側で名詞が不足しているように見えることはない！

例外1 決まった熟語：the reason to do it「それをする理由」/ the right to do it「それをする権利」/ the way to do it「それをする方法」

例外2 派生語からの変形：the ability to do it「それをする能力（それをすることができるということ）」/ the willingness to do it「それをしようとする気持ち（それをしようという気があるということ）」

例外3 かかる名詞と原形のアイダで，隠れた（S）と（V）の関係が成立するとき：
the friend to help me「私を助けてくれる友人」/ the matter to be discussed「議論される問題」

❺ 難易などを表す形容詞＋to *do* の「タフ構文」になっているから

English is difficult for us to study.　英語は，私たちが学ぶ点で難しい。

≒ It is difficult for us to study English.　私たちが英語を学ぶことは難しい。

❻ 非仮主語（S）＋be（V）＋worth ～ing（C）「Sは～されることの価値がある」の構文になっているから

※この構文のときの～ingは特別に受身の意味をもつのでOをとらない。

The museum（S） is（V） worth visiting（C）.　その美術館は訪問される価値がある。

❼ 他動詞が自動詞化しているから（＝「あらゆるもの・色々なもの」のOや，前後の文脈からわかりきったOが省略されていると考える）

例えば，eatはまずは他動詞と考え，SVO文型で攻める。どうしてもOを発見できないときは，他動詞が自動詞化したと考え，「あらゆるもの・色々なものを食べる」＝「食事をする・（全般的に）モノを食べる」と訳す。

❽ 前置詞が一語の副詞に変化してしまったから ➡公式41

基礎編

15 試験中に緊張していても「倒置」に気づく方法 ― MVS / CVS 構文

次の英文の構造を意識し，内容を理解せよ。また理解した内容を日本語で表せ。

1．Smooth runs the water where the brook is deep.

William Shakespeare, *Henry IV*

2．Out of the mouth comes evil.

3．Next to natural resources comes the political ability to put them to use.

4．Uneasy lies the head that wears a crown.

William Shakespeare, *Henry IV*

NOTE

1．□brook 小川

3．□put *A* to use *A* を使用する

和訳

1．川が深いところでは，水は，穏やかに流れるものだ。／能ある鷹は爪を隠す。

2．口から災いが出てくる。／口は災いのもと。

3．天然資源の次に，それを使うための政治的能力が存在する。

4．王冠をいただく頭に安眠は無い。

● **主節の V=runs** です。is は左方向に where があり，カタマリ内側の V′ です。次に主節の S の判定ですが，先頭の smooth は副詞で，S にはなれません。**副詞**とは，**副える詞**です。水戸黄門は天下の副将軍（あくまでも「副えもの」），生徒会の副会長（副会長は会長の「補佐」）もメインではありませんね。smooth「穏やかに」は runs「流れる」ときの状況を詳しく説明するので，**runs にかかる M** です。英文の中心の S になれるのは名詞！ **S=the water** です。

● この文は主節において**語順移動**が生じています。S の **the water をより強調するために文末方向**に置いています。S を最後の方に移動することで，読む人の記憶に残りやすいようにしている，あるいは，**S=新情報**であることを読者にアピールするために書き手が語順移動を行ったとも考えることができます ➡公式 49 。 ↗

2 構造

● **主節の V=comes** です。前置詞＋名詞＝M が原則です ➡公式 37 。be 動詞兄弟があれば C に昇格することはあっても，S になることはありません。よって，冒頭の **Out of the mouth は M**。S にあたるものは evil です。前置詞が付かない名詞を S としてください。 ↗

対訳 1

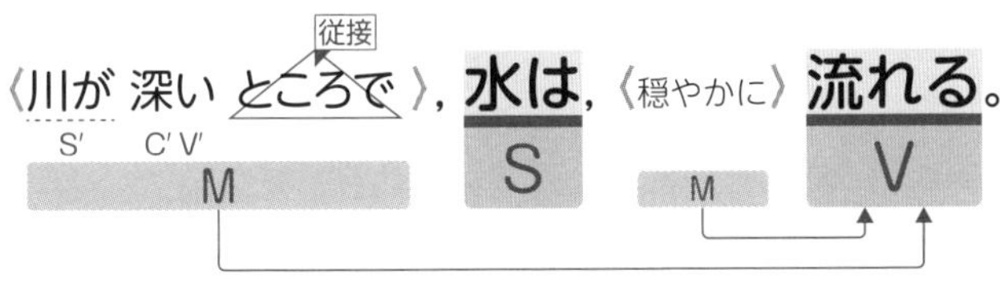

意訳　能ある鷹は爪を隠す。／優れた才能は見せびらかさず目立たないようにしている。

●また，「移動・存在・出現」などの意味をもつ完全自動詞（本文では run）が使われるとき，SV 文型で，O も C も付きませんが，M は付きますね ➔公式 13 。その **M が文頭**に出て，**M+V（移動・存在・出現）+S** という語順になることが多いのです！

●もう 1 つのポイントが **where** です。左方向に the place などの名詞（＝先行詞）はありませんね。この where は関係副詞ではありません！　実は，where には下記のように従属接続詞の用法があるのです ➔公式 35 。

S V … 〈where S′ V′ ～〉 / 〈Where S′ V′ ～〉, S V … 「〈～するところで〉, …」

対訳 2

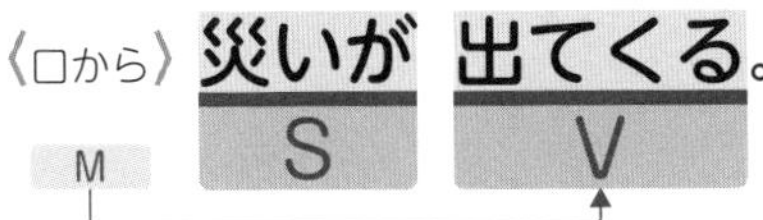

意訳　口は災いのもと。

●SV 文型で，comes が「移動」または「出現」（come は「現れる」のように訳して OK）の意味をもっています。O も C もなしで，out of … という M が付いていますので，1 の英文と同じ構造パターンであることがわかりますね。このとき，語順移動が生じ，**M+V+S** という語順になることがあります。これは，S を強調したい，S＝新情報であることをアピールするなどの理由があるためです ➔公式 49 。

3 構造

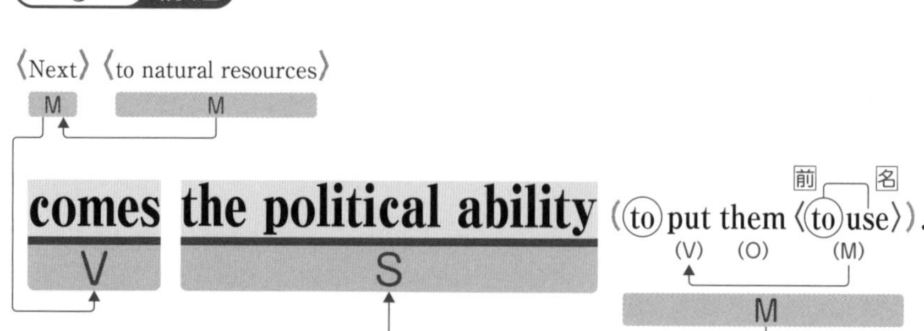

● **主節の V=comes** です。Next は「次に」という順番を示す副詞で，「モノやヒトの名前」を示すコトバ=名詞ではありませんね。つまり S にはなれないのです。natural resources も前置詞の to が付いているので S にはなれません。**S になれる名詞**は，**the political ability** しかありませんね。

● comes は，「移動」「出現」の完全自動詞になる可能性をまずは考えてみましょう。↗

4 構造

● **主節の V=lies** です。「**〜のままである**」という意味の lie は be 動詞兄弟で **SVC 文型**になることがあります ➲公式 12。lie は，O も C もとらない **SV 文型**で，「存在」を表し，「**S がいる・ある・横たわる**」と訳す場合があります。本文は，文頭の **Uneasy** が**形容詞で C** です。形容詞は単独で S にはなれません。「様子・状態」を示す形容詞があることから，今回は **SVC 文型**の lie と判断します。↗

対訳 3

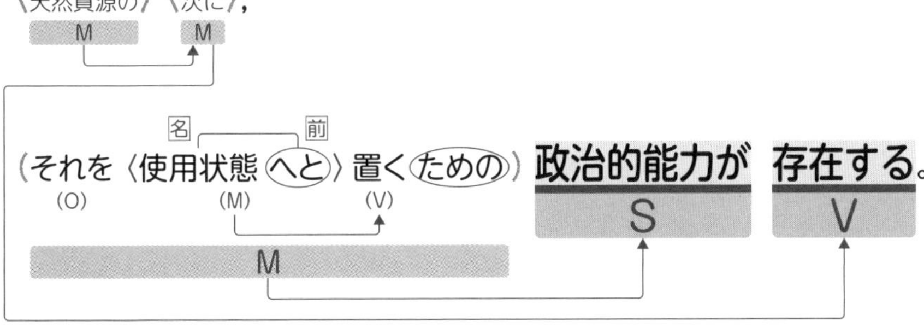

意訳　天然資源の次に，それを使うための政治的能力が存在する。

↗ 中心はSVのみ ➡公式13。それ以外の要素はすべてMということになります ➡公式2。訳も違和感がないので，この分析で正しいようですね。

● **put *A* to use** は，「*A* を使用状態へと置く」「*A* を用途に向ける」が直訳。意訳して，「***A* を使用する**」とします。このフレーズで出てくる use は名詞で「使用されること，使用状態」の意味です。to は前置詞です！

対訳 4

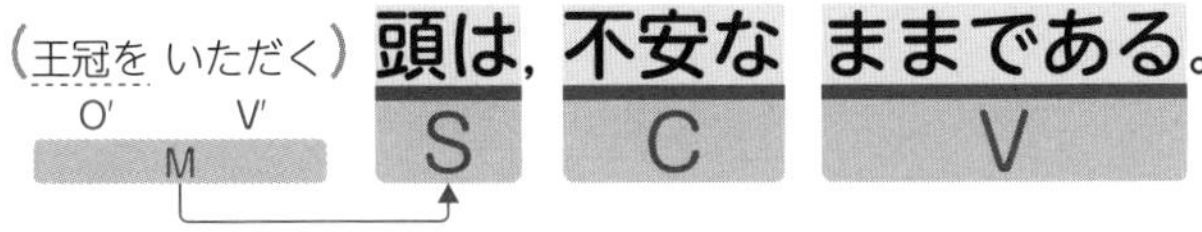

意訳　王冠をいただく頭に安眠は無い。

↗ ● SVC 文型は，C +S+V という語順移動が発生することも多いです。書き手が「感動・驚き・落胆など，**プラスイメージかマイナスイメージのキモチ（C にあたる部分）**を一刻も早く読み手に伝えたい！」という感覚で，C を思わず最初に書いてしまい，C が文の先頭方向に出てくることがあるのです。

● さらに，英語の音声上の特徴として，「**『強・弱・強』というパターンを繰り返す**」という法則性があります。SVC 文型の V にあたる単語は，ほぼ be 動詞。be 動詞は「です・ます」の意味で，S や C と比べると，それほど重要な内容ではありません。最悪，be 動詞の音が相手に聞こえなくても，S と C の部分さえ聞こえれば，イイタイコトは伝わります。そこで，通例，**be 動詞＝V は弱い発音**，**S と C は強い発音**となります。

● 前ページで解説した **C＋S＋V** の語順移動だと，発音上，**強＋強＋弱**となってしまう…。英語の音声上，**強・弱・強**とサンドイッチになったほうが英語としてより美しい，わかりやすいと考えた場合，筆者は，**C＋S＋V** をさらに語順移動させ，**C＋V＋S** とするのです。

● 重要な情報である C と S を強く発音します。ただし，重要な情報を連続で並べると，情報量が重すぎて，コミュニケーション上，聞く方にとって大きな負担となる恐れがあります。ですから重要な情報の C と S のアイダに休憩ゾーンとして，弱い情報の be 動詞＝V を置いて，C＋V＋S という**倒置**になっているのです。さらに，この語順移動にすると，やはり，文末焦点化の法則により，SVC の通常の語順で表現した場合よりも，S の情報がより強調されるでしょう➔公式 49。

● that の後は，いきなり **wears＝V′** から始まっているので，**S′ 欠落の関係代名詞**です。カタマリ内側（that よりも後）で，欠落した S′ を補う働きもしている，**主格の関係代名詞 that** です。カタマリの内側で S′ 欠落＝**主語**欠落だから，**主格**の関係代名詞ですね。ちなみに，主格の関係代名詞は一部の例外を除き省略できません。「関係代名詞はいつでも省略できる」と誤解してしまっている人も多いので，今後は省略できるパターンと省略できないパターンをしっかり意識していきましょう。

基礎編

16 語順移動が起こるメカニズム — OSV 構文

次の英文の構造を意識し，内容を理解せよ。また理解した内容を日本語で表せ。

1．What you have, hold.

2．Exactly what her father is really like Nancy cannot tell Tom.

3．What you do when you are drunk, you must pay for when you are sober.

4．What his own doings led to he had seldom a chance of discovering.

William Somerset Maugham, “Miss King.” *Ashenden*

NOTE

3．□ pay for ～ ～の償いをする　□ sober 酔っていない，しらふの
4．□ seldom めったに～ない

和訳

1．あなたがもっているものを保持せよ。／今もっているものを手放すな。
2．彼女の父が実際どんな感じの人間であるかということを，ナンシーはトムに正確に伝えられない。
3．酔ったときにしたことに対して，しらふのときに償わなくてはいけない。
4．彼の行動がどんな結果に行き着いたかを知る機会を，彼はほとんどもたなかった。

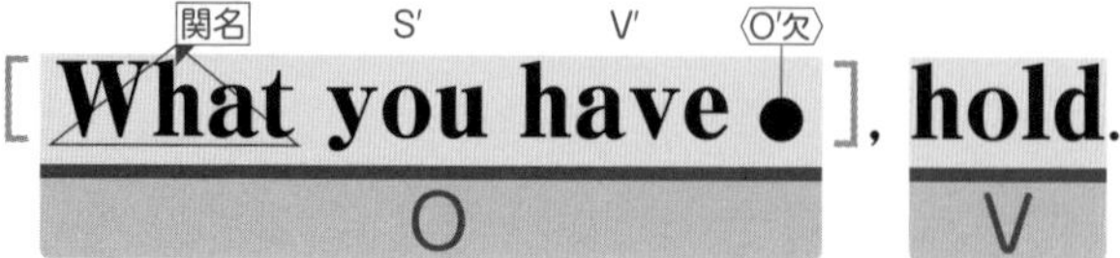

●**what** を見たら △ を付け，カッコを開きます。➡公式28 より，**名詞のカタマリ**（**＝名詞節**）になる可能性を考えてみましょう。カッコを開いたら，「カタマリ内側に V' 1 コ。カタマリ外側に主節の V 1 コ」という「**V の数の法則**」を意識しましょう ➡公式6。[What you have] で，「あなたが（今）もっているもの」となります。hold をカッコの内側に入れてはいけません！ カタマリ内側は，and（**＝等位接続詞**）が無い限り，V' の数は増えないのです。また，hold をカタマリの内側に入れてしまうと，カタマリの外側の V＝主節の V がなくなってしまうのでダメ！ **hold** は，カタマリの外へ出して**主節の V** にしてください。

●ここで，hold に対する S が無いことに気づきましたか？ what のカタマリが hold に対する S になっている可能性は，構造上ありえますが，訳してみると，「[あなたが（今）もっているもの] が保持する」となります。少しヘンな訳ですね…イイタイコトがよくわかりません。「モノ・コト」を示す what のカタマリが hold に対する S になる，という解釈は，what のカタマリがいくら名詞節であり，構造上は S になれるとしても，意味的には成り立つ可能性が本文の場合は低いようです。もっと自然な日本語訳になるような別の解釈を考えることにしましょう。

●すると，今回の主節の V＝hold には，S が無い！ S が無い英文とは？？？ そう，**命令文**です。動詞の原形で「(あなたが) ～しなさい」という命令文は，本来あるはずの you という S が消えているのです。命令文においては，自明性が高いので，いちいち you を書きません。今回はこの解釈を採用してみます。

●主節の文型をまとめます。本来は you（人間）＝S ですが，命令文のため省略。V が hold。hold「保持する」に対して当然「何を？」のツッコミを入れると，右方向には O はない。左方向に，文中での働きが決まっていない名詞のカタマリ [What you have] があるので，これを O とする。つまり，この英文は，**O+S+V** という語順移動が生じているのです。 ↗

対訳 1

S′ V′ 関名

［あなたが もっているもの］を 保持せよ。

O V

意訳 今もっているものを手放すな。

❶ もとの文

You should hold［what you have］. 「君は今もっているものを保持すべきだ」
S V O

⇓ 自明性が強い You should〔You must〕が省略

❷ 命令文

Hold［what you have］. 「今もっているものを保持せよ」
V O

⇓ O が左方向に移動する語順移動が発生

❸ OSV 構文

［What you have］, hold. ← **本文はコレ**
O V

● 今回，我々はいきなり上記の❸を見せられているのですが，「なぜ O である what のカタマリが左方向に移動したのか？」ということを考察しない限り，この問題を本当の意味で理解したことにはなりません。別の問題にも応用させていくために，根本原理を理解しましょう！ 実は，基本に立ち返れば難しくありません。

［what … V′ …］
＝the thing(s)＋(which … V′ …)「…するモノ・コト」

上記の通り，what 節には，**the** thing(s) が含まれています。ここで指示語の the「その～」に注目！ what は，文法上，**指示語の the を含む旧情報**の扱いとなるわけです。旧情報は左方向（＝前方）に動き，OSV といった語順移動が起こることがあります➔公式 49。

● ちなみに，この OSV の語順移動は，強制的なものではありません。これを「任意語順移動」と呼びます。旧情報を左方向へ移動したほうが「わかりやすい，読みやすい」と書き手が思ったとき，書き手の任意で行われる語順移動なのです。ですから，上記の❷の書き方も，語順移動させた❸の書き方もどちらも正しいのです。OSV の語順移動は，書き手のキモチで行われることがあるが，決して強制的なものではない，というポイントをしっかり押さえておきましょう。

発展 17. 自然な日本語訳にするためのポイント

「肯定・否定」は，英米人と日本人で感覚がずれている場合があります。例えば，アメリカでは撮影所の看板に「スタッフだけですよ！」と書いてあります。一方で，日本では同じ内容が「関係者以外立ち入り禁止！」と書かれてあることが多いでしょう。どちらの言い方でも根本的にイイタイコトは同じです。

本講の 1 の英文だと，hold を「～を保持せよ！」と言っても，肯定・否定をひっくり返して「～を手放すな！」と言っても根本的にイイタイコトは同じですよね。後者の訳のほうが日本語としては自然な感じがするので，意訳としてこの訳を採用しています。

2 構造

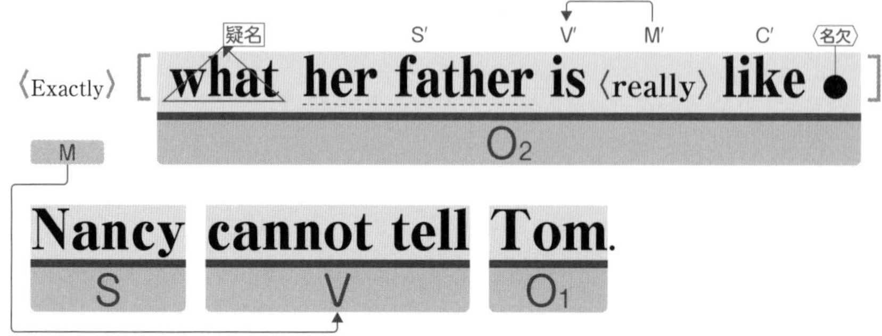

● **主節の V＝cannot tell** です。助動詞 can が付いているので優先的に V や V′ を付けます ➡公式 7 。ちなみに is は左方向に what があることから △ のカタマリ内側の V′ です。

● **tell** は ➡公式 14 より，**SVO₁O₂** で攻めてみます。Tom が O₁ ですが，O₂ にあたる名詞は右方向にはありません。左方向には副詞 exact<u>ly</u> と real<u>ly</u> がありますが，これは文の主要素にはなりません ➡公式 40 。

● ここで what に △ を付けて分析してみます。what からカタマリが始まり，**is** は **内側の V′** です。is の右方向に like が見えますが，すでに is が V′ ですので，この like は V′ ではありません。勝手に V′ を 2 コにしないように！ **V の数の法則**を意識しましょう ➡公式 6 。and などの等位接続詞が無いので V′ の数は増えないのです。なお，➡公式 7 からも「is の勝ち！ like の負け！」と判断できるので，is が V′ と判断できます。

● is が V′ で be 動詞なので，右方向に C′ を探してみます ➡公式 12 。ここで **like** を V′ ではなく，**前置詞**と考えれば，**前置詞＋名詞＝C′** になり，うまく分析できそうですね。通例，前置詞のカタマリは M になりますが，左方向に be 動詞がある場合は C になることがあるというポイントを確認しておきましょう ➡公式 37 。

● 前置詞 like とセットになる名詞（＝前置詞の目的語）が本文には見当たりません。これをどう説明するか？ そう，➡公式 26 です。「what のカタマリ内側は名詞が 1 ↗

対訳 2

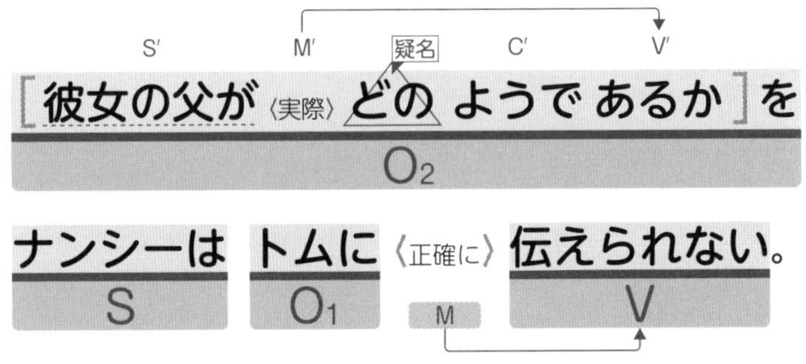

意訳 彼女の父が実際どんな感じの人間であるかということを，ナンシーはトムに正確に伝えられない。

↗ コ欠落」です。1と2の英文ともに，**whatの内側で名詞が1コ欠けた不完全な文**になっている点に注目！ 以上でwhatの内側の従属節（＝レベル2）は分析完了です。

● 再び，文全体を俯瞰（ふかん）で眺めてみましょう。… [what …] Nancy cannot tell Tom. となっています。先ほど確認したように，tellはOが2コ来るはずですから，**Tom ＝O_1，[whatのカタマリ] ＝O_2** と考えればうまく説明がつきますね。

● そして，O_2＝ [whatのカタマリ] は，**the** things which … に等しいので，the「その～」という指示語を含んだ旧情報であることから，左方向に移動して，S＋V＋O_1＋ $\boxed{O_2}$ が，$\boxed{O_2}$**＋S＋V＋O_1** という，任意の語順移動が生じているのです。これを「SVOOがOSVOになる」などという結果だけを丸暗記する勉強は非常にマズイです。コミュニケーションを開始して，いきなり新しい情報を言うと，相手はまだ受け入れ態勢ができておらず，ビックリして聞き逃してしまう恐れがあります。まず文頭の語の始まりの部分では，相手と共通して理解している内容（＝旧情報）から述べていく方が相手に伝わりやすいと筆者が考え，このような語順にしたのでしょう ➔公式49。

● 最後に，プラスαの知識を！ exactlyはwh-で始まる語とセットで用いられることが多く，難関大では頻出ポイントです ➔公式44。これは，ネイティブスピーカーがよく使うリアルな英語です。疑問詞や関係詞と共起するexactlyを覚えておきましょう。exactlyは主節のVにかけて訳します。

3 構造

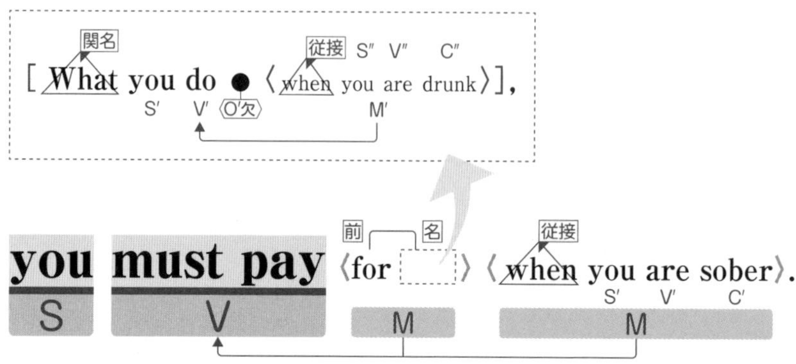

● **主節の V＝must pay。** do や are はすべて左側に従属接続詞や関係代名詞の △ が付いていることからカタマリ内側の V′ / V″ です。いかなるカタマリにも入らない，カッコの外＝主節の V は must pay です。

● **S＝you** です。V の左方向に名詞が 2 つあるときは，**V に近い方を優先的に S と考えてみましょう。** ここでは，先頭の［What …］ではなく，まずは you の方を S として考えてみます。you must pay で **SV** です。ここで，左方向に働きが決まらない［What …］**＝名詞節** ➲公式 28 があることに注目します。

● pay がとる文型の可能性は，「完全自動詞（＝SV）の確率 50%，他動詞（＝SVO / SVO_1O_2）の確率 50%」です。これは言い換えるならば「pay は O をとらない確率 50%，O をとる確率 50%」ということです。一方で，for ですが，本文では右方向に文が来ていないので，等位接続詞の for「というのも…だからだ」の用法ではありません。よって，今回の for は，**前置詞の for** と言えます。これはつまり，今回の for は「100%，後に名詞を伴う（＝前置詞の目的語が来る）はずだ」ということになるわけです。 ↗

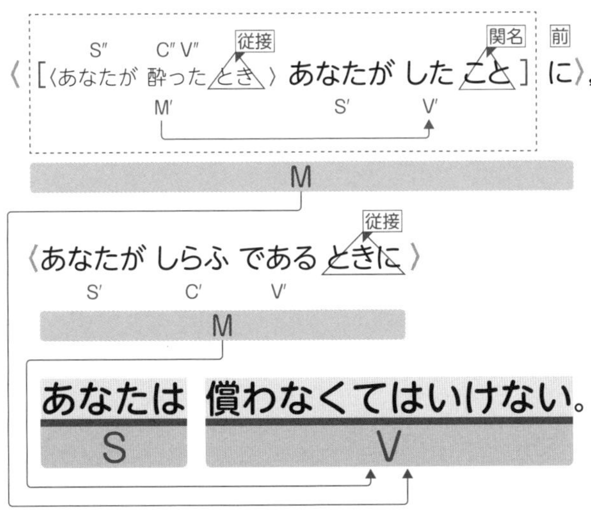

意訳　酔ったときにしたことに対して，しらふのときに償わなくてはいけない。

↗ ● 以上より，「(自動詞 or 他動詞が決まらない) pay の後に目的語をとる確率：50%」と「前置詞の for の後に目的語をとる確率：100%」を比べたときに，後者の方の確率が高いわけですから，本文の場合，理屈が通るようにするためには，「**pay は完全自動詞で，主節は SV 文型になる**」「**前置詞 for の目的語（＝名詞）が付くはず！**」という判断に至ります。

● **前置詞 for**「**〜に対して**」の後に来るはずの**目的語**が，左方向にある，働きが決まっていない**名詞＝［what …］**です。本来，この what のカタマリは，for の後にあり，**pay for［what …］**で「**［…したこと］に対して償う**」という意味になります。［what …］は原則 the things which と等しく，旧情報です。**旧情報は，前の文に引っ張られるようにして，左方向（＝前方）に置かれやすい** ➜公式 49 という，英語の情報のナガレにより，語順移動が起こったのです。

● pay は「償う，割に合う，見合う」という意味で，O も C も来ない完全自動詞になることがある点は頻出ポイントです。

> Honesty doesn't pay.　「正直は割に合わない」
> S　V

4 構造

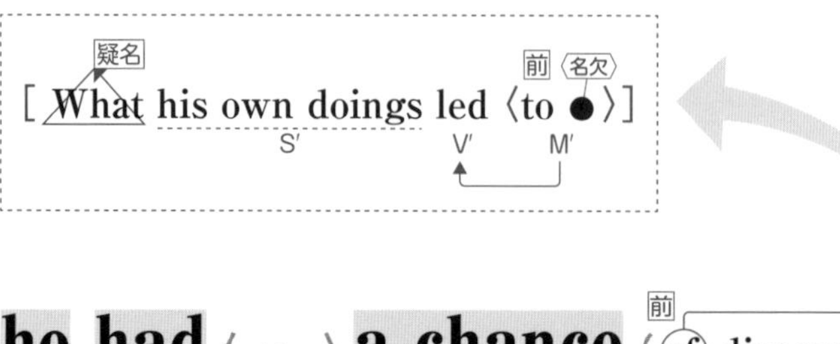

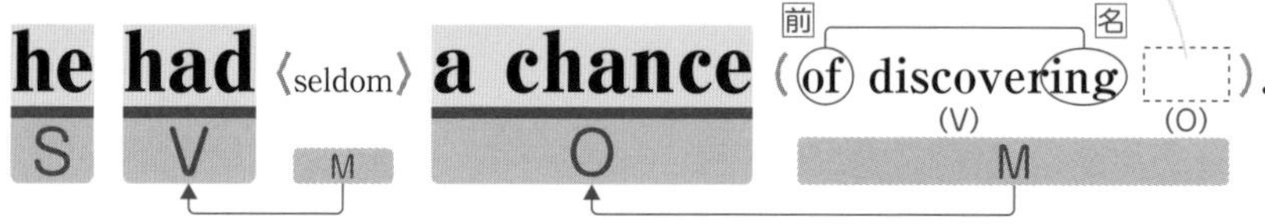

● **主節の V＝had** ですね。led は，左方向に what があるので，△ のカタマリ内側の V′ です。**doings** は，所有格 his の後なので**名詞**です。**discovering** は，前置詞の目的語になっているので，これも**名詞の働き（＝動名詞）**です。**ing は単独で V や V′ にはなれません** ➔公式 9 。

● 主節 V＝had に対する **S** は **he** です。V に近い方の名詞をまずは S と考えるのでしたね。**he had a chance＝SVO 文型**で，主節完成です。seldom は頻度回数の副詞で M。

● of＋discovering … の部分は，**前置詞＋(動)名詞で M** と考えます。ここで，➔公式 4 より ing のカタマリに，**「発見すること」** ⇒ **「何を？」** とツッコミを入れます。動名詞 discovering にもミクロ文型があることを意識しましょう。準動詞は（V）の記号で分析します ➔公式 1 。常に，英語の文型のレベルの違いを意識してください。ひとくちに動詞と言っても，主節 V と従属節 V′ と準動詞（V）の 3 つのレベルがありますからね。

● 本文では，discovering の動名詞に対する（O）が右方向に見当たりません。ここで「(O）がない…」とあきらめないように。文中で働きが決まっていない名詞が残っていますね！ そう，what のカタマリです。**動名詞 discovering の（V）に対する（O）**になっているのが，文頭の **what のカタマリ**だったのです。what のカタマ ↗

対訳 4

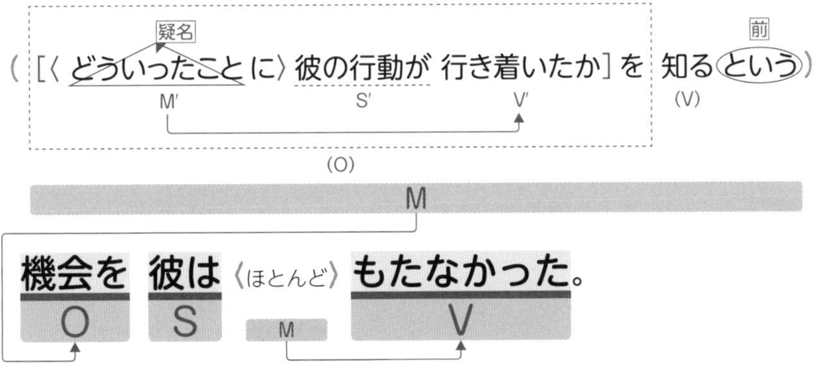

意訳　彼の行動がどんな結果に行き着いたかを知る機会を，彼はほとんどもたなかった。

↗ りは，the things which … に等しく，指示語 the「その～」のニュアンスを含む旧情報で，これが左方向（＝文頭方向）に動くような語順移動が生じているのです。何度も繰り返しますが，この（O）が前に出る語順移動が行われるかどうかは，任意ですから，筆者のキモチ次第なのです。

● 最後に what の内側の従属節の話を少しだけしておきましょう。

上記が基本のカタチで「**S 自身が 名詞 に至る，（最終的に）到達する**」と訳します。このときの **lead は完全自動詞**で，to は前置詞です。「**what のカタマリ内側で名詞が 1 コ欠落する**」➡公式 26 より，本文では，前置詞 to の後にあるはずの名詞（＝前置詞 to の目的語）が欠落しているのですね。本文は他動詞の lead「S が～を導く」ではありません。

● ➡公式 26 を再度チェック！ カタマリ内側の名詞が 1 コ欠落です。この公式の特に「1 コ…」という部分が重要です。つまり，「what のカタマリ内側で名詞が，2 コ欠落することはありえない」のです！　単に「what の後は不完全な文が来る！」という暗記はやめましょう。「不完全な文」の定義があいまいな人が多いのですが，これでは困ります。原則，**不完全文とは，「名詞が 1 コ欠落した状況」**を言うのです。今回，lead を仮に他動詞と考えてしまうと，lead に対する O と，前置詞 to に対する O と，合計 2 コの名詞が what のカタマリ内側で欠落している，という誤った解釈に行き着いてしまうのです。what により，名詞が 2 コ欠落するということはありえない！　ゆえに，今回，lead は他動詞ではなく，完全自動詞として理解せざるをえないということになりますね。

基礎編

17 the 比較級の超基礎

次の英文の構造を意識し，内容を理解せよ。また理解した内容を日本語で表せ。

1．The more windows we have, the more light gets in.

2．The richer they are, the more likely are they to be affected by tax changes.

3．He should be all the more careful about health as he is an old man.

NOTE

2．□likely ありそうな　□affect ～に影響する　□tax 税

和訳

1．たくさん窓があると，その分だけより多くの光が入ってくる。
2．金持ちであるなら，その分だけ，税制の変化による影響を受けやすい。
3．彼は老人であるから，自分の健康に関してそれだけより注意しなくてはいけない。

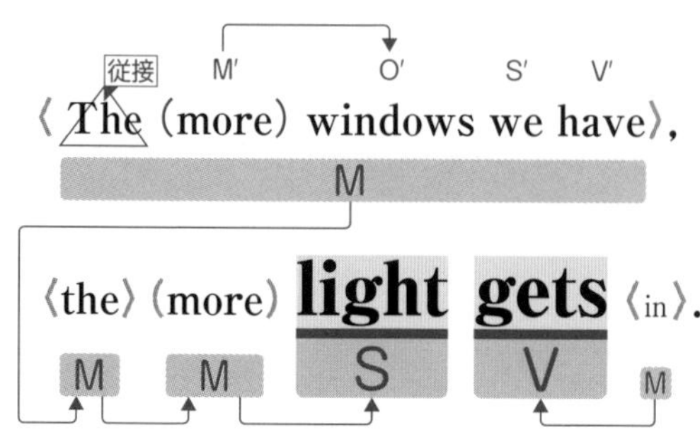

● 〈The 比較級＋… V′ …〉, the 比較級＋～ V ～ . は，**前半が従属節**，**後半が主節**です。冒頭の the は関係副詞という学説もありますが，入試レベルでは従属接続詞の働きと考えると理解しやすいでしょう。意味は「**〈…すれば〉それだけより～**」です。

● 本文では，前半の The more windows we have が**従属節**で〈If …〉**に等しい**です。SVO 文型の have は「S のテリトリーの中に O が（入って）いる・ある」が根本の意味。さらに不特定の we / you / one などが S になっているときは，それを無理に訳す必要はありません。「~~我々のテリトリーの中に~~**より多くの窓があるなら**」となります。

● もとの独立文をイメージすると次のようになります。

● 上記のもとの文の形容詞 many を，比較級 more に変形して，先頭に移動させます。このとき，形容詞が名詞にかかっている場合（以下，略して「けい・かけ・めい」と呼ぶ），形容詞と名詞を離さないように注意しましょう。最後に従属接続詞のように働く the（≒if）を付ければ，従属節（＝主節を修飾する M のカタマリ〈副詞節〉）の完成です！

↗

対訳 1

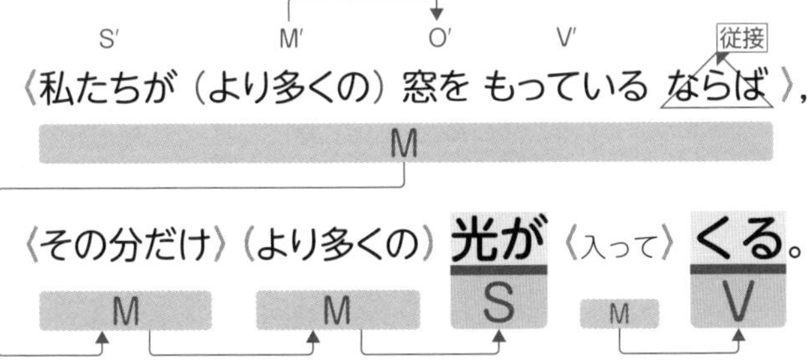

意訳 たくさん窓があると，その分だけより多くの光が入ってくる。

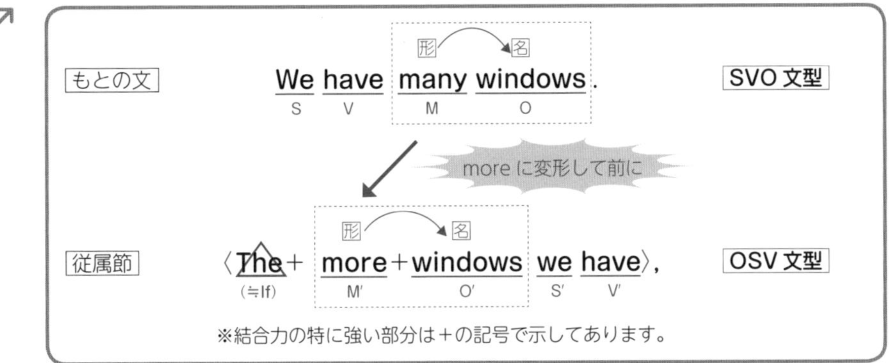

文法上，「the＋比較級」の結び付きも強いです。また先ほど説明した形容詞 more＋名詞 windows の部分「けい・かけ・めい」の結び付きも強いのです。こういった箇所は，文法上の結合力が強く，これらの単語が離れ離れになることはめったにありません。結果的には，O が左方向へ移動し，OSV の語順移動が生じます。

● ここからは，後半部分＝主節を分析していきます。後半の **the** は**指示副詞**で「**それほど・それだけ**」の意味で，前半の従属節の内容を指しています。まずは，the 比較級構文に変形される前の，もととなる独立文のカタチをイメージしてみます。例えば，次のような英文を思い付いてもよいでしょう。

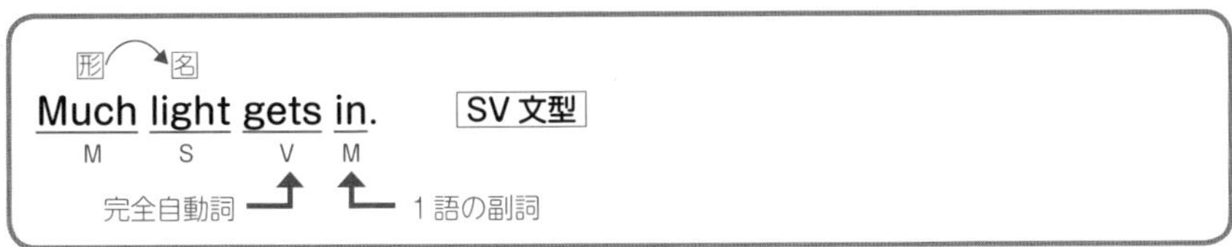

● 基礎の勉強で大事なので一応言っておくと，light「光」は不可算名詞です。数を 1 つ，2 つとカウントすることはなく，量で測るものなので，こういったとき，形容詞は many ではなく much を用います。ただし，これを比較級に変形すると，more になります。many の変形も，much の変形も，共に more を使うのです。

● 本文の get には，目的語になれそうな名詞がないので，SVO 文型の get「S が O を手に入れる」の用法ではない。また「様子・状態」を示すワード（おもに形容詞など）も右側に無いので SVC 文型の get「S が C になる」➔公式 12 の用法でもなさそうです。O（＝名詞）が 2 コ来る SVOO 文型の get「S が O_1 に O_2 を手に入れてあげる（相手にモノをあげる give 型）」でもない。今回の get は **「移動する・到着する」の意味の get で完全自動詞** ➔公式 13 。よって，文の中心は SV のみ。もし何か説明が付くとしたら M です。

● get の直後の in は，もともと「前置詞＋名詞」で使われ，in＋our room や in＋our house などのようになっていました。しかし，「名詞の自明性が高い」あるいは「具体的に 1 つの名詞であらわしにくい」と筆者が感じたとき，前置詞の後の名詞が消え，残った**前置詞が 1 語の副詞**になってしまうのです ➔公式 41 。なお，get in の訳は，副詞の意味が重くなり ➔公式 42 ，in をあたかも動詞であるかのように「入る」と訳し，それに対し動詞 get の意味は形骸化してしまい，ほぼ訳に出てきません。「入る」と訳せば，get がもつ「移動」のニュアンスも感じられますね。

● 後半部のカタチが理解できたところで，「the 比較級構文」にしてみましょう。形容詞の much を比較級 more に変形。さらに直前に指示副詞の the を付けます。これをこの節の先頭の位置へ移動します。ただし，この英文は，変形前の段階から much が先頭にあったので，もとの文と語順はそれほど変わっていません。

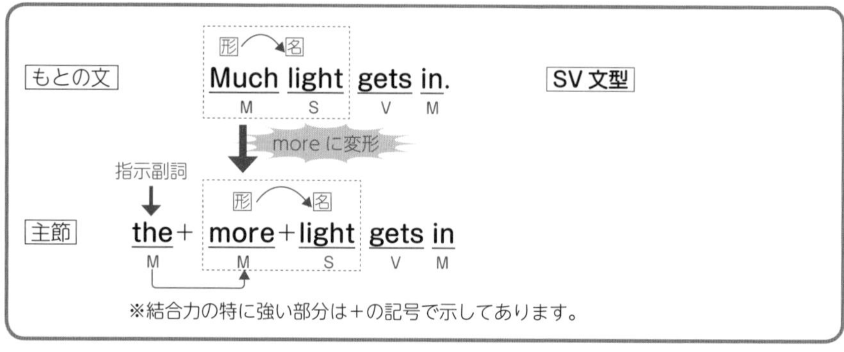

主節の the は「それだけ」の意味の副詞で，比較級 more にかかっています。more light（もとは much light）の「けい・かけ・めい」の部分も離さないように！

発展　18.「The 比較級… , the 比較級～ .」の注意点

構造パターンの注意点を以下にまとめました。確認しておきましょう。

❶ the 比較級の右方向に，それぞれ対応する動詞がある。

〈 The 比較級＋… V′…〉, the 比較級＋～ V ～ .

the 比較級の右方向に動詞　　the 比較級の右方向に動詞

❷**前半が〈従属節〉，後半が主節**のパターンが原則！

※例外的に，前半＝主節・後半＝従属節になるパターン

It becomes the colder, 〈the higher you climb〉.
(It = S, becomes = V, the = M, colder = C, 〈the higher you climb〉= M; the = M′, you = S′, climb = V′)

「〈高く登れば〉，それだけもっと寒くなる」

前半が主節　　後半が〈従属節〉

～ V ～ the 比較級，〈 the 比較級＋… V′…〉.

ココに注目　the 比較級の左方向に V が来ている！：❶に矛盾

このパターンでは前半の the は従属接続詞にはならない。もし従属接続詞なら，節の先頭にあるはず。つまり，このパターンでは，従属接続詞の働きをする the は後半の方。

❸原則，**前半部分の the が従属接続詞**の働きで，意味は **if「…すれば」**と訳す。

❹**後半部分の the は指示副詞**で，意味は **so「それほど，それだけ」**と訳す。

❺従属節と主節の両方，あるいは，どちらか一方で，be 動詞の省略が多い。

〈The older you become〉, the more difficult working in the fields ~~will be~~.

「年をとれば，畑での仕事が，それだけよりきつくなるだろう」

＝「年をとればとるほど，畑仕事がきつくなるだろう」

❻従属節と主節の両方，あるいは，どちらか一方で，it is の省略が多い。なお，このときの it は漠然と状況を指し，不自然なら訳さなくても OK。

〈The sooner ~~it is~~〉, the better ~~it is~~.

「早いなら，それだけ良い」＝「早ければ早いほど良い」

❼従属節と主節の両方，あるいは，どちらか一方で，**5 文型の語順移動（＝OSV / CSV など）や倒置（＝疑問文の語順）**が起こることがある。

2 構造

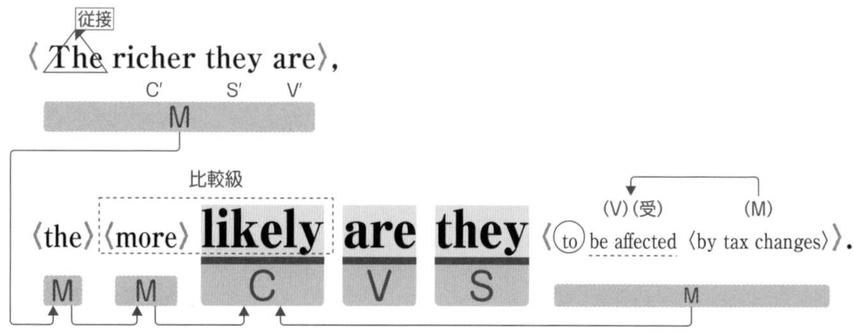

● 1の英文と同じ「〈The 比較級＋… V′ …〉, the 比較級＋～ V ～.」の構造パターンです。このときは，「**1つめの the＝従属接続詞，2つめの the＝指示副詞**」としてとらえ，まずは前半が従属節，後半が主節のように考えてみましょう。

● 従属節がもとの独立した文から「the 比較級」に変形するプロセスは以下の通りです。変形後は CSV という語順移動のカタチになります。意味は「**彼らが金持ちであるなら**」です。

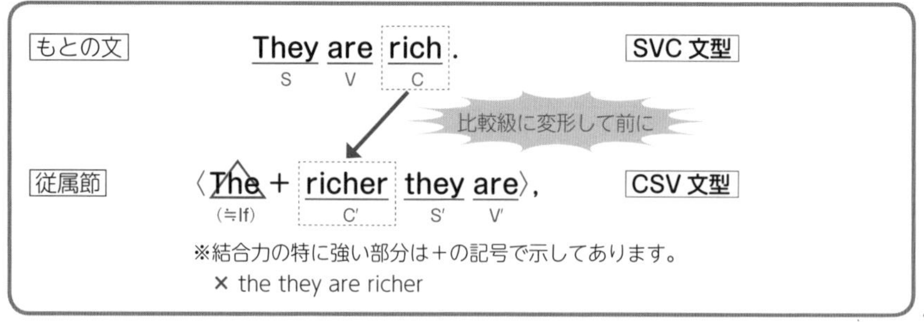

対訳 2

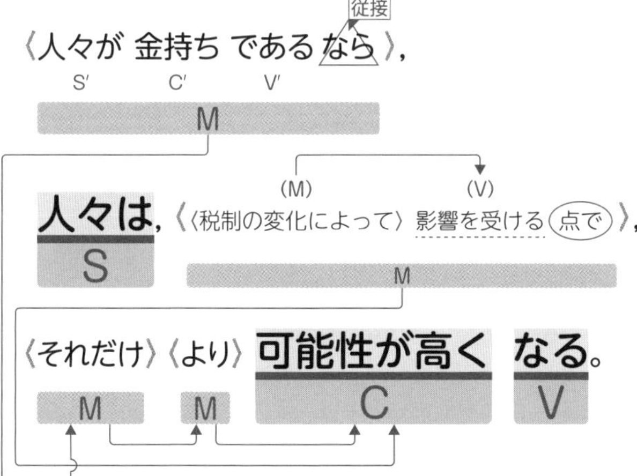

意訳　金持ちであるなら，その分だけ，税制の変化による影響を受けやすい。

● では，次に後半の主節部分を見てみましょう。

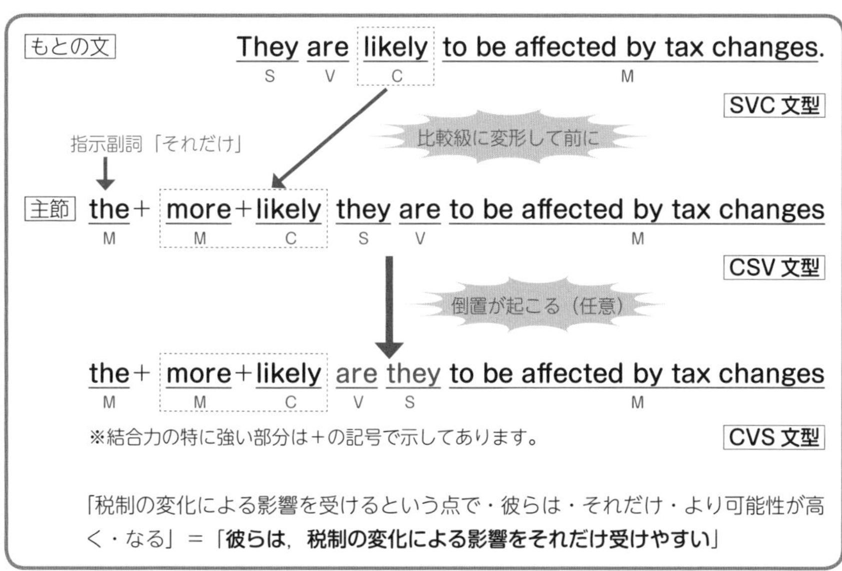

↗ ● the more likely＝「the＋比較級」の部分は文法上の結合力が特に強いです。また，more likely でひとかたまりの比較級とみなすので，この部分も結合力が強い。以上より，the more likely が丸ごとくっついて，前方に移動するのです。

● 本文の **likely「可能性が高い」**は形容詞です（likely は -ly が付いていますが，形容詞になることもできる点に注意）。likely の右方向に to *do* を M のカタマリ（＝不定詞の副詞用法）として後続させます。likely「可能性が高い」と，大まか（漠然的・抽象的）に述べて，その後で「どういった点で，どんな事柄において（可能性が高いのか？)」についての「具体説明」を to *do* のカタチで付加します。**「抽象→具体」**という英文の情報のナガレを意識しましょう ➔公式 49。なお，「大体の意味がわかればよい」という状況では，**be likely to（be＋形容詞＋to）**で，まとめて１コの助動詞のようにとらえて「〜だろう」と訳しても OK です ➔公式 18。「〜する可能性が高い」と言っても，「〜するだろう」と言っても根本的にイイタイコトはほぼ同じですよね。ただし，今回のように，「the 比較級構文」など，複雑な文の変形に関わってくる場合，「be likely to でまとめて１コの助動詞」のようなとらえ方をしないほうがよいでしょう。特に最初のうちは，多少細かくても，「likely という形容詞に to *do* の M が修飾している」といったような品詞分解をしてしっかり理解すべきです。

● 次に，they are to be affected の are to に注意！　これは be to 助動詞表現ではありません。they **<u>are</u>** likely **<u>to</u>** *do* …「彼らは…する（という）点で可能性が高い＝彼らは…するだろう，しやすい」という表現がもともと存在し，その likely が the more likely に変形して左の方向へ移動して they **<u>are to</u>** *do* … の部分が放置されているのです。今回の are to は，いわば，「the 比較級構文変形後の残骸」であって，「予定・義務・可能…」などの特別なニュアンスをもつ be to 助動詞構文（→ p. 83・84）ではありません！　また，不特定の人をあらわす they は訳さなくても OK です。

● 最後に 発展 18（→ p. 139）で取り上げた注意点を確認します。

> ❼従属節と主節の両方，あるいは，どちらか一方で，**5 文型の語順移動や倒置**（＝**疑問文の語順**）が起こることがある。

5 文型の語順移動とは，この場合，従属節の… richer they are … 部分，主節の… likely they are … 部分の「CSV」のことを言っているのです。一方で倒置とは，何のことでしょうか？　実は，they are の部分が，あたかも**疑問文の語順**のように変

形され **are they** となることがあります。？マークがないので，正式な疑問文ではありません。**肯定文のままで訳してください。**こういった現象を「**倒置**」と言い，**文頭に否定の副詞や副詞 only が置かれた場合**などでは，**強制的**にこのような倒置が起こり ➡公式 50，今回の the 比較級構文においては，**任意**で倒置が起こります。「任意」とは，「倒置するかどうかは書く人次第」ということ。我々がもし書く立場なら，ライティングでわざわざこんな面倒な倒置文を書く必要はありません。しかし，リーディングで出てきたときに読めるようにしておくべきです。

3 構造

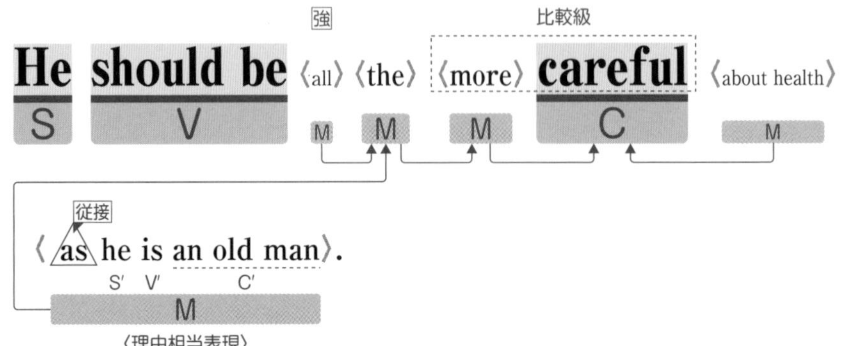

● (all)＋the＋比較級＋理由相当表現という構造パターンです。the 比較級が 2 コあった 1・2 の英文と違い，この 3 の英文は，the 比較級が 1 コだけ！「**the 比較級が 1 コだけの場合は，その the は『それだけ』の意味になる**」と覚えてください。つまり，副詞 so とほぼ同じ意味となります。

● **as he is an old man**「彼は老人であるので」が「**理由相当表現**」にあたる部分。as は理由の意味をもつ従属接続詞です。ちなみに as のカタマリ内側は，欠落なしの S′V′C′ の完全な文になっています。

● 主節の **all the more careful** が「**(all)＋the＋比較級**」にあたる部分。**all** は**強調語句**で副詞 M の働きをするが ➡公式 38，省略されることも多いので注意が必要です。また，原則的に careful のような二音節以上の長い単語は，「more＋形容詞／副詞の原級」でひとかたまりの比較級と考えます。ここでは more careful のカタチでひとかたまりの比較級です。

対訳 3

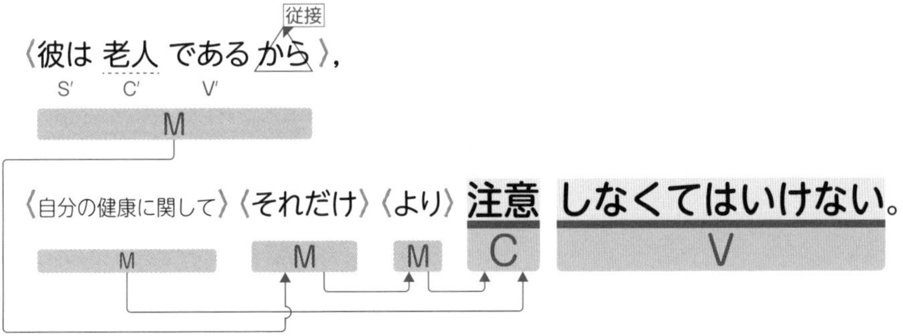

〈彼は 老人 であるから〉，
S′ C′ V′
M

〈自分の健康に関して〉〈それだけ〉〈より〉注意 しなくてはいけない。
M M M C V

発展 19.「(all)＋the＋比較級＋理由相当表現」の注意点

英文 3 と同じ構造パターンで次のような文があります。

〈理由相当表現〉 all はない！

〈If you leave soon〉, you will get there the earlier.
S′ V′ M′ S V M M M

「〈君が・すぐに・出発するなら〉，**それだけ**・早く・そこに・着くでしょう」

〈If you leave soon〉の「従属節のカタマリ＝副詞節」が，「理由**相当**表現」にあたる部分です。ここで，「理由**相当**表現」という言い方をわざわざしているのは，because や as などの「**厳密に理由をあらわす語句**」が使われていないことも，実際の英文ではありえる，ということです。

上記〈If you leave soon〉では，if が使われており，これは厳密にいえば「条件」です。しかし，「早く出発する」ことによって，「早く到着するだろう」といったように，2 つのデキゴトの間には**因果関係**を感じ取ることができますね。ゆえに，「原因・理由」に近いということで，「理由**相当**表現」と言っているのです。

「(all)＋the＋比較級＋理由相当表現」では，(1)「**強め」のキモチをあらわす all が消えることが多い**こと，(2)**理由相当表現が〈if 節〉や〈when 節〉などに変形されることがある**という 2 点に注意しましょう。

実戦編

13 日間（8～20 日目）での完成を目指してください。

20 日目は，実戦編 17 に卒業試験のつもりで取り組みましょう！

	日　付	講　義	ページ
8 日目	／	実戦編　1	p. 148
		実戦編　2	p. 154
9 日目	／	実戦編　3	p. 160
		実戦編　4	p. 166
10 日目	／	実戦編　5	p. 174
		実戦編　6	p. 184
11 日目	／	実戦編　7	p. 188
		実戦編　8	p. 194
12 日目	／	実戦編　9	p. 202
13 日目	／	実戦編 10	p. 212
14 日目	／	実戦編 11	p. 222
15 日目	／	実戦編 12	p. 228
16 日目	／	実戦編 13	p. 236
17 日目	／	実戦編 14	p. 244
18 日目	／	実戦編 15	p. 252
19 日目	／	実戦編 16	p. 260
20 日目	／	実戦編 17 （卒業試験）	p. 270

実戦編 1

次の英文の構造を意識し，内容を理解せよ。また理解した内容を日本語で表せ。

[1]In a few days I had grasped the main principles on which the hotel was run. [2]The thing that would astonish anyone coming for the first time into the service quarters of a hotel would be the fearful noise and disorder during the rush hours.

George Orwell, *Down and Out in Paris and London*

NOTE

□grasp ～を理解する　□principle 原則　□astonish ～を驚かす
□service quarters 調理場　□fearful 恐ろしいほどの　□disorder 混乱
□rush hour 混雑時間

和訳

2，3日経つと，私はそれに基づいてホテルが運営されている主要な原則を理解してしまった。ホテルの調理場に初めて入った人が誰でも驚くことは，立て込んだ時間の恐ろしいほどの騒音と混乱であろう。

構造のシンプル化

第1文

… **I** **had grasped** **the main principles** ….

S　V　O

私は　主要な原則を　理解してしまった。

S　O　V

第2文

The thing … **would be**

S　V

the fearful noise and disorder ….

C

ことは　恐ろしいほどの騒音と混乱　であろう。

S　C　V

第1文 構造

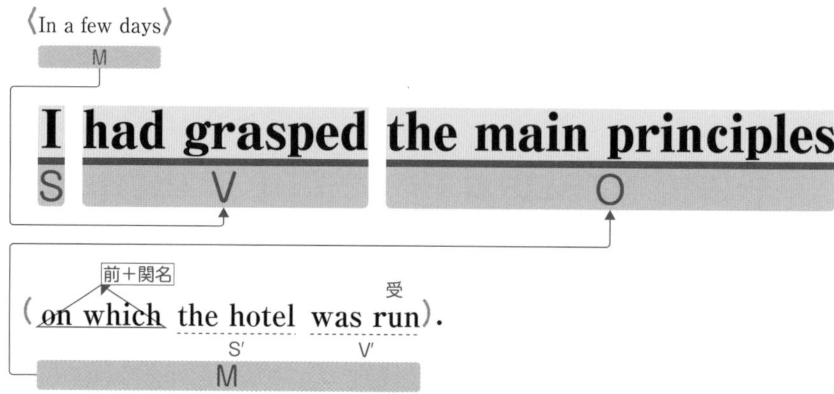

● **主節の V は had grasped**（＝過去完了形）。was run の左方向に on which があるので，△ を付けます ➔公式 32 。この was run はカタマリ内側の V′ です。

● 前置詞＋which で始まるカタマリ全体は，左方向の名詞（＝先行詞）にかかる**形容詞節**です。本文における先行詞は the main principles となります。

● on which で始まるカタマリ内側については，もともと，The hotel was run **on the main principles**.「そのホテルは，**主要な原則に基づいて**運営されていた」という英文があり，主節の名詞（＝先行詞）と同じ **the main principles の部分が which に変形**し，さらに**前置詞 on がそれと結合して on which となった**のです。on which で 1 つの △ としてとらえてください。これが前方へ移動し，カタマリ（＝節）をつくっています。

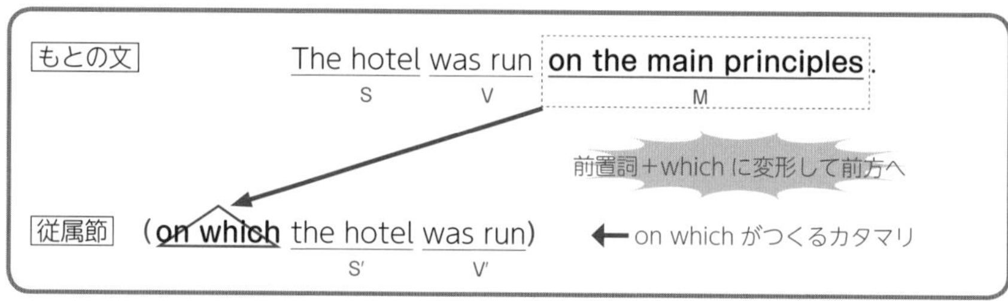

● run は「S 自身が走る」という意味で用いる場合は，「S 自身の空間移動」となり，↗

対訳 第1文

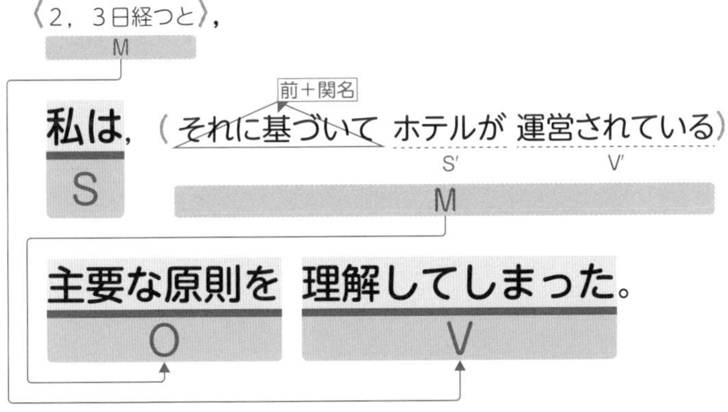

実戦編 1

↗ O も C もとらない完全助動詞となります ➔公式13 。しかし，本文の run は，「**S が組織やお店を走らせる＝経営する**」という意味で，O をとる**他動詞の run** です。これが**受身**になっています。つまり，もともとは SVO 文型で，run に対する O が1コあったのですが，受身になったことで品詞分解上は O が消えてなくなってしまっているのが本文ということです ➔公式11 。

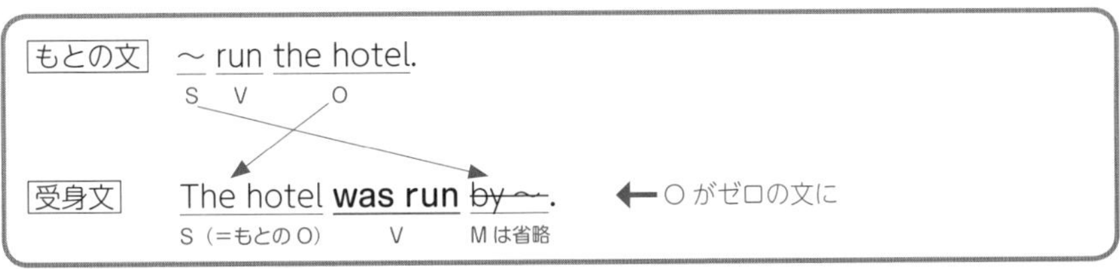

上の図を見てわかるように，受身文にすることで，もとの文の O だった hotel が S になってしまったので，もとの文では V の直後にあった O がなくなってしまったように見えるわけですね。

第2文 構造

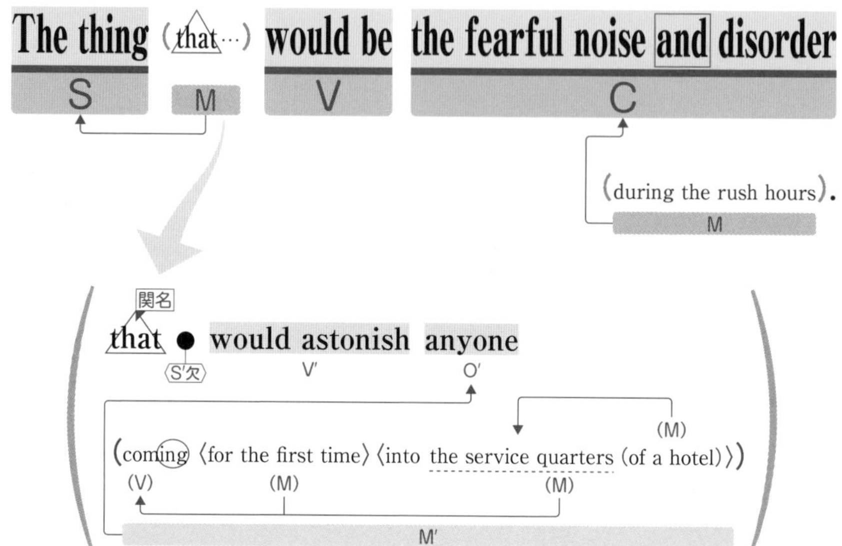

● **主節のV=would be** です。主節は **SVC 文型**になっています。that の △ のカタマリ内側の V' は and などの等位接続詞がない限り，1コですから **would astonish はカタマリ内側の V'**，would be はカタマリ外側の主節の V と判断します ➔公式6。

● that のカタマリ内側の従属節の文型を見ると，that の直後に，いきなり V' が置かれていることから，△ の内側の文型で **S' 欠落の不完全な文**になっているとわかり，that は**関係代名詞**と判断します ➔公式27。関係代名詞の that のカタマリ（＝形容詞節）には，左方向に先行詞と呼ばれる名詞があり，訳出の際は，その名詞に，関係代名詞 that のカタマリをかけてやればいいのです。

● coming … は，**左方向に時制をもった be 動詞**（**is・am・are・was・were・has been など**）**が付いていない**ので，進行形ではありません ➔公式9。単独使用の ing となり，この coming … は V や V' にはなれません。この ing は，カタマリ（＝句）をつくる目印の働きをしています ➔公式3。coming … のカタマリが，anyone という名詞にかかっており，形容詞 M' のカタマリになっています。ing のカタマリが**名詞にかかる修飾語**になっているとき，これを**分詞の形容詞用法**と呼びます。 ↗

対訳 第2文

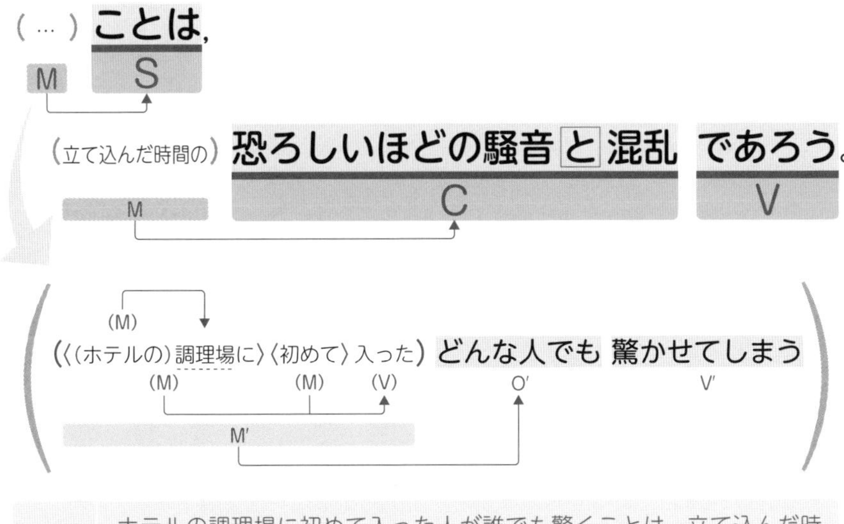

意訳	ホテルの調理場に初めて入った人が誰でも驚くことは，立て込んだ時間の恐ろしいほどの騒音と混乱であろう。

● ing があるので，カタマリ内側のミクロ文型を確認 ➡公式4 。come は「**移動**」**の完全自動詞**なので（O）も（C）もなし ➡公式13 。よって，for the first time も into the service quarters of a hotel も coming にかかる（M）です。

● なお，coming のカタマリを C′ と考え，that のカタマリ内側を S′V′O′C′ 文型と解釈した人がいるかもしれませんが，その読み方は，今回はマチガイ！ astonish「〜を驚かす」が，SVOC 文型をとり，「作為・認識」のイミをもつ V ではないからです。

実戦編 2

次の英文の構造を意識し，内容を理解せよ。また理解した内容を日本語で表せ。

Andrew Zolli and Ann Marie Healy say in their book *Resilience* that defining resilience more precisely is complicated by the fact that different fields including engineering, emergency response, ecology, psychology, and business use the term to mean slightly different things.

（早稲田大学文化構想学部）

NOTE

□ resilience 復元力　□ precisely 正確に　□ complicate ～を複雑にする
□ field 分野　□ include ～を含む　□ engineering 工学
□ emergency response 緊急対応　□ ecology 生態学　□ psychology 心理学
□ term（ある種の）言葉　□ slightly わずかに

和訳

アンドリュー＝ゾッリとアン＝マリー＝ヒーリーが，共著書『レジリエンス（復元力）』の中で述べているのは，工学，緊急対応，生態学，心理学，そして商業を含む様々な分野がそれぞれこの言葉を微妙に異なったものを指すのに用いているため，復元力とは何であるかをより正確に定義することは難しくなっている，ということだ。

構造のシンプル化

Andrew Zolli and Ann Marie Healy …
S

say … [**that** …].
V　　　O

アンドリュー＝ゾッリとアン＝マリー＝ヒーリーが,
S

…ということを　述べている。
O　　　V

※O＝従属節のシンプル化

defining resilience…　is complicated 〈by the fact that…〉
S′　　　V′　　　M′

復元力を定義することは　…という事実によって　難しくなっている
S′　　　M′　　　V′

Andrew Zolli and Ann Marie Healy

S

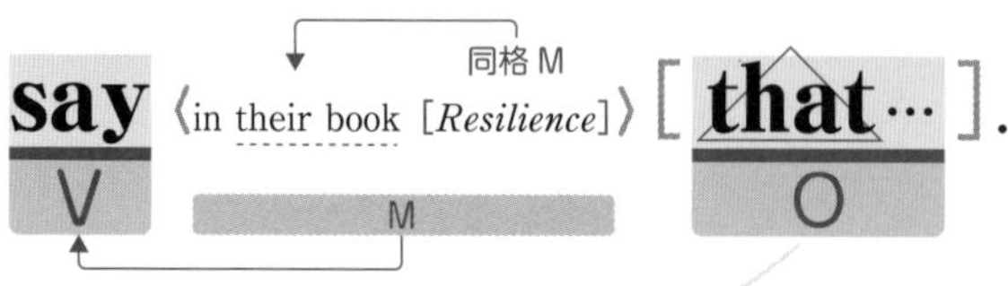

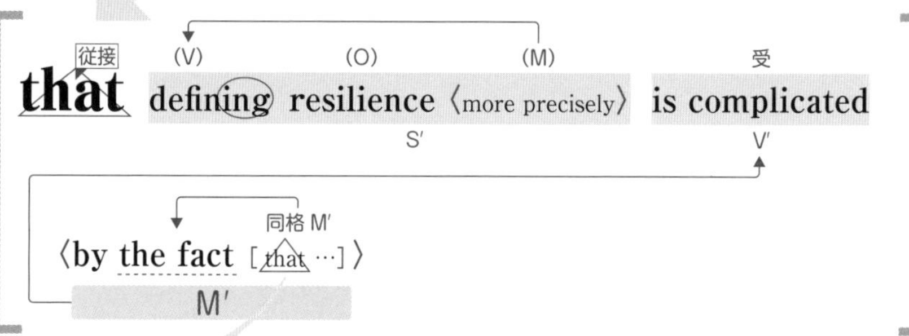

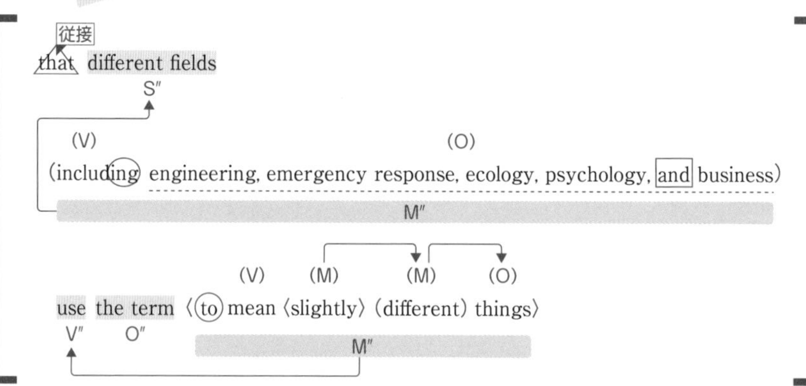

対訳 英文

アンドリュー＝ゾッリとアン＝マリー＝ヒーリーが，
S

同格 M
〈共著書［『レジリエンス（復元力）』］の中で〉 ［…ということ］を
M O

述べている。
V

同格 M′
〈［… という］事実によって〉，
M′

(O) (M) (V)
復元力を〈より正確に〉定義することは 難しくなっている
S′ V′

従接
ということ

(O) (V)
（工学，緊急対応，生態学，心理学，そして 商業を 含む） 様々な分野が
M″ S″

(M) (M) (O) (V)
〈〈微妙に〉（異なった）ものを 指す ために〉，この言葉を 用いている という
M″ O″ V″ 従接

意訳 アンドリュー＝ゾッリとアン＝マリー＝ヒーリーが，共著書『レジリエンス（復元力）』の中で述べているのは，工学，緊急対応，生態学，心理学，そして商業を含む様々な分野がそれぞれこの言葉を微妙に異なったものを指すのに用いているため，復元力とは何であるかをより正確に定義することは難しくなっている，ということだ。

● **主節の V=say** です。V と O の遊離現象に注意！ ➡公式 36 in their book *Resilience* は，副詞句 M で，挿入句です。say に対する **O=［that のカタマリ］** と考えればうまくいきます。ただし，この that が本当に**名詞節をつくることができる従属接続詞の that であるかを確かめる**必要があります。

● that のカタマリ内側の従属節でも，まずは V′ の発見を！ **is complicated**（**=受身**）**が V′** ですね。これより**左方向に S′** があるはずです。**defining resilience more precisely「復元力をより正確に定義すること」**のカタマリを S′ と考えます。ing がカタマリ（=動名詞）をつくる目印になっており，**define (V)+resilience (O)**「復元力を+定義すること」というレベル 3 のミクロ文型が，ing のカタマリ内側に存在しているのです。ここで注意すべきは，動名詞のカタマリ内側の（V）―（O）のツナガリを勝手に切って，resilience だけを S′ と考えてはいけない，ということです。ing のカタマリにもツッコミを入れて，defining「定義すること」⇒「何を？」⇒ resilience「復元力を」と考えてください ➡公式 4。

● 従属節は，**defining resilience more precisely (=S′) is complicated (=V′) の受身文で**，**完全文**です。先ほどの that は従属接続詞である確認がとれましたね ➡公式 27。以上より，主節が「アンドリュー = ゾッリとアン = マリー = ヒーリーが，［…ということ］を述べている」という意味になることが確定します。

● **by the fact=M′**，後方の **that のカタマリも M′** です。the fact that の部分は，いわゆる**同格の that** の構文で，the fact の中身・内容について具体的に説明しています ➡公式 31。日本語訳を答案に書いて提出する必要がない場合は，内容だけがわかればよいので「**復元力を定義することが，ある事実によって，複雑化してしまった。そしてその事実の内容とは…ということだ**」と，左から右へ英語の順番通りに読み進めていけばよいのです。

● この同格の that にも △ を付け，カッコを開きます。**V″=use「～を使う」**で，**左方向に S″** を，**右方向に O″** を探してみることにしましょう。**different fields=S″** で，**the term=O″** となり，**S″V″O″ の完全な文**が成立したので，**この that も従属接続詞**と判定できますね ➡公式 27。

● 最後に，記述式問題で和訳が求められたときに，自然な日本語訳にするためのポイントを説明しておきましょう。まず，is complicated=V′ と by the fact=M′ では，M′ の方を先に訳します。英文の中心である主語／動詞／目的語／補語と，補足説明の修飾語では，**補足説明を先に訳したほうが，日本語ではわかりやすくなります。**日本人の脳は目の前の具体的な情報（＝修飾語）をまず先に言語化するという発想を生みやすいので，「補足説明（＝具体）からまず先に！」が和訳の原則になります。

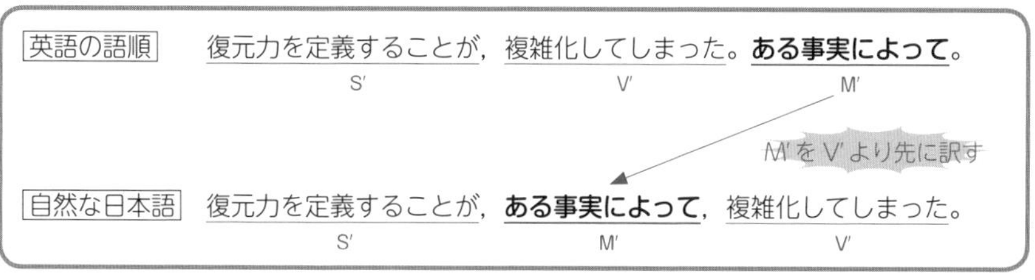

● 次に by the fact＝M′ と［that …］＝M′ で，**M の 2 連続**になっている部分は，**後ろの M′ から先に訳します**。この that のカタマリは，the fact の内容を説明するのでより詳しい M′ ということになります。より詳しい M′ の方を先に日本語にします。ですから，［that …］＝M′ を by the fact よりも先に訳して「［**…という**］**事実によって，複雑化してしまった**」となります。

実戦編 3

次の英文の構造を意識し，内容を理解せよ。また理解した内容を日本語で表せ。

Whatever the motivations may be, commercializing such events and locations, especially those connected with the recent past, is considered by others to be insensitive and unethical.

（北海道大学）

NOTE

□ whatever （たとえ）～がどんなことであっても　□ motivation 動機
□ commercialize ～を商業化する　□ connect ～ with … ～を…と関係づける
□ recent 最近の　□ insensitive 鈍感な　□ unethical 非倫理的な

和訳

動機が何であれ，そのようなイベントや場所，特に最近の出来事に関連したものを商業化することは，無神経で非倫理的と考える人もいる。

構造のシンプル化

… **commercializing such events and locations** …
S

is considered … **to be insensitive and unethical**.
V C

そのようなイベントや場所を商業化することは
S

無神経で非倫理的であると 考えられている。
C V

英文構造

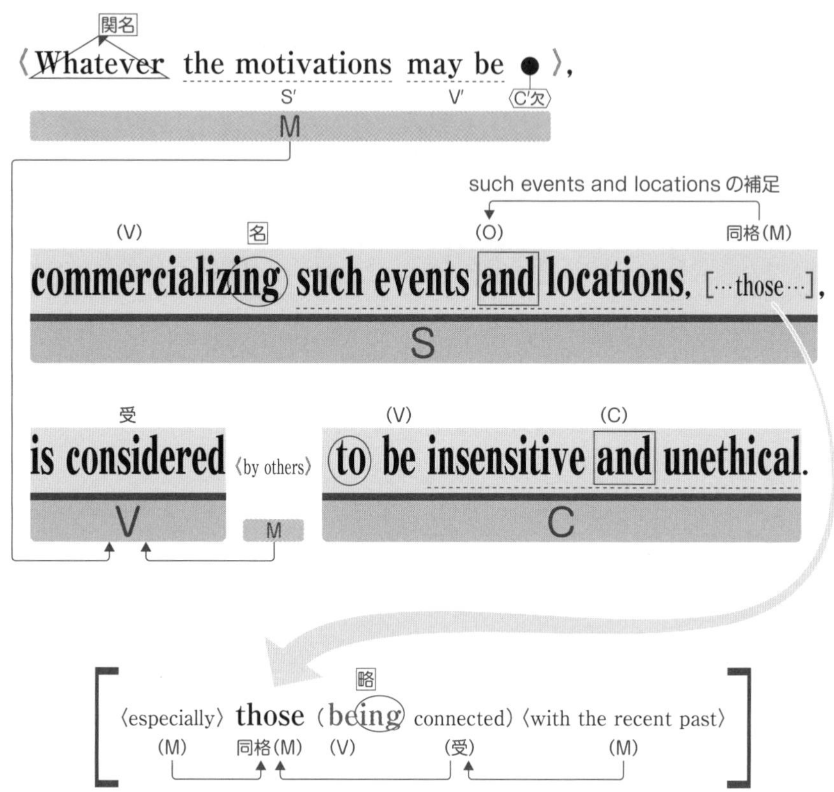

● **主節のV=is considered** です。is が付いているので，優先的にVかV'になるというルールですぐに判断できます ➡公式7 。may be は左方向に Whatever があり，△ のカタマリ内側に入るのでV'（=従属節）です。全体を見て … V … and ~ V ~ のように，and によって主節のVが増えるような状況も見当たらないので，主節のVは1コだけ。動詞の数の法則を意識しましょう！ ➡公式6

● **Whatever**（=複合関係代名詞）が付くカタマリは，名詞節になる確率 50%，副詞節になる確率 50%です。主節（特にV）によって，whatever 節の働きが決まります ➡公式29 。whatever がつくるカタマリが，名詞節になるか副詞節になるかを決 ↗

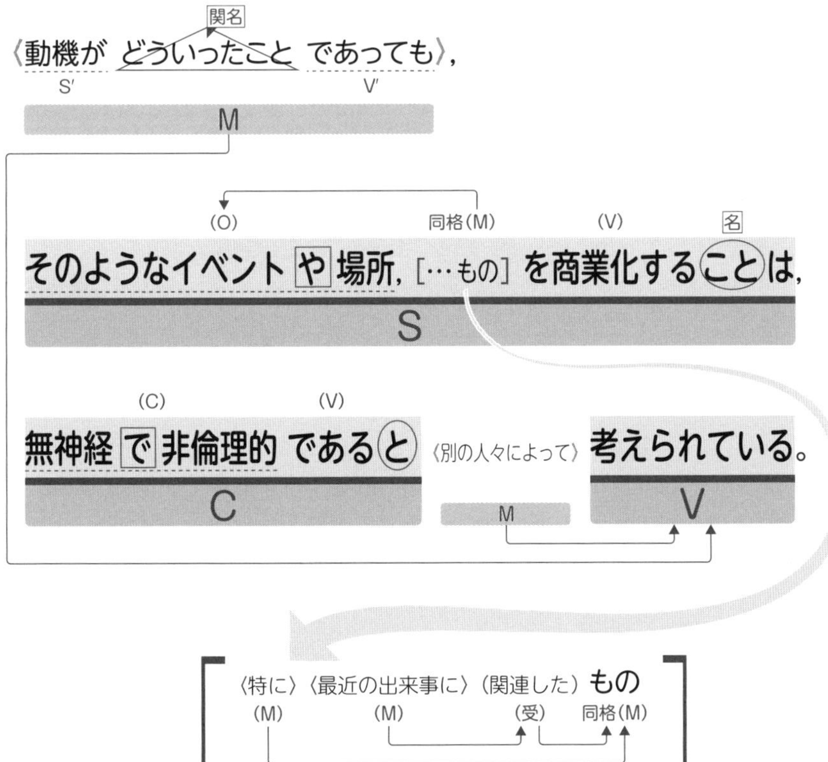

意訳	動機が何であれ，そのようなイベントや場所，特に最近の出来事に関連したものを商業化することは，無神経で非倫理的と考える人もいる。

↗ めるためには，whatever のカタマリの外の V である，主節の V に注目してください。主節の V と構造がしっかり決まったあとで，whatever のカタマリについて考えていくという手順を踏んでいきます。原則的に主節の分析からスタートするようにしましょう。

● したがって，まずは主節から詳しく見ていきます。**主節の S＝commercializing …「…を商業化すること」**（＝動名詞句）です。

● カンマで挟まれた especially those … の部分は，直前の名詞 such events and

locations の言い換え（＝同格）の（M）になります。especially は「特に」と訳しますが，根本的な働きは「この後で，具体化するぞ！」の目印です。especially の後には，同格 M が続くことが多いのです。

● **is considered** は，「**認識されている**」という意味で「**認識」の SVOC 文型の受身**になっているので，この先の展開は，「O が 1 コ消えて，C が残る」というパターンになる可能性があるわけです。さらに先を見ると，**by …＝M** です。そして「**to be ＋形容詞**」という不定詞の句が見えてきますね。「認識」の「**V＋O＋to be …**」という構造パターンで，**to be …＝C** と分析するのです ➔公式 17。本文では，これが受身になり，O マイナス 1 で，C だけが残ったカタチになっているのです ➔公式 11。

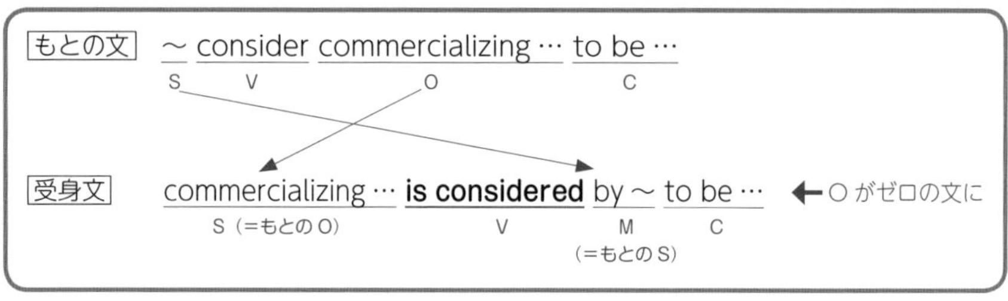

● 以上より，**主節は，構造的に矛盾なく成立している完全な文**です。consider に O が無いのは，受身形だから，という説明も合理的です。

● 主節が完全文ですから，これ以上，主節レベルで名詞（のカタマリ）が増えても行き場がありません。つまり，S，O，C のどれにもなれないのです。いったん主節が完成したら，それ以外の部分は M のカタマリと考えるので ➔公式 2，whatever のカタマリは，今回は名詞節ではなく，**M のカタマリ**，すなわち**副詞節**ということになります。

whatever のカタマリの 2 パターン

［whatever … V′ …］＝［**名詞節**］「… V′ …すること（もの）は（が）何でも」

〈whatever … V′ …〉＝〈**副詞節**〉「（たとえ）何を（が）… V′ …しようとも」

● さらに，上級レベルのテクニックとして，**〜ever 節の内側で V′ が見当たらないときは，may be が省略されていることが多い**という知識もチェックしておきましょう。つまり本文の場合，may be が省略され，whatever the motivations といったようなカタチで出題されることがあるのです。これこそが難関大学の英文！ あらゆる可能性を想定して，このレベルまで事前にしっかりと準備しておけば，赤本を使った過去問演習もスムーズに進むはずです。

実戦編 4

次の英文の構造を意識し，内容を理解せよ。また理解した内容を日本語で表せ。

[1]Cyprus, the third largest and third most populous island in the Mediterranean Sea, has recently been called a ‘Treasure Island’. [2]It seems quite appropriate that this historically and geographically blessed island is referred to that way.

（早稲田大学文化構想学部）

NOTE

□populous 人口の多い　□Mediterranean Sea 地中海　□treasure 財宝
□quite 全く，至極　□appropriate 当然の　□historically 歴史的に
□geographically 地理的に　□blessed 恵まれた　□refer to～ ～に言及する

和訳

キプロスは地中海で三番目に大きく，また三番目に人口が多い島であり，最近は「宝島」と呼ばれている。この歴史的にそして地理的にも恵まれてきた島がそのように呼ばれるのは至極当然のことのようである。

構造のシンプル化

第1文

Cyprus … **has** … **been called**
S V

a 'Treasure Island'.
C

キプロスは 「宝島」と 呼ばれている。
S C V

第2文

It seems … **appropriate** [**that** …].
仮S V C 真S

…ことは 当然のこと のようである。
真S C V

第1文 構造

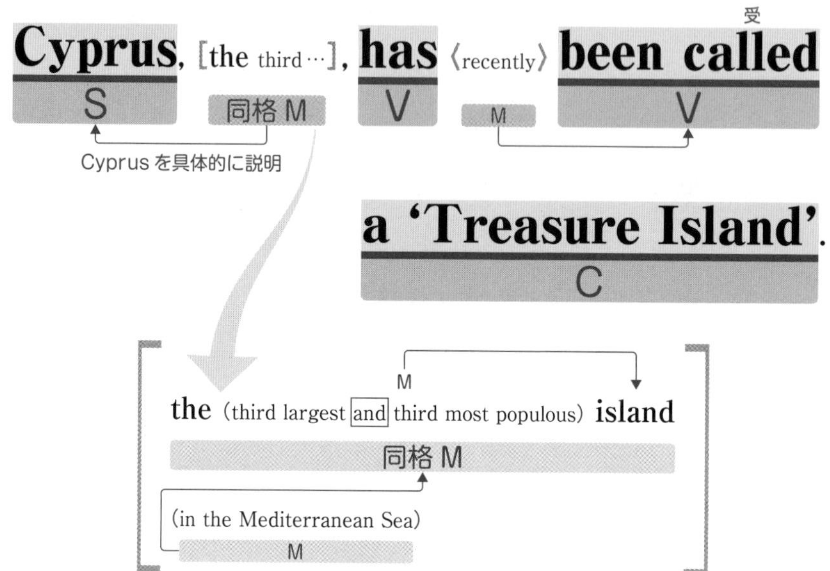

● **主節の V＝has … been called** です。△が無いので，この英文中には，従属節の文型は存在しません。主節のみの英文です。

● call は「…を～と呼ぶ」が直訳です。例えば，「いつも校庭にやって来るかわいい**猫を**，その外見から**『シロ』と呼ぶ**…」といったときに使いますが，そのネーミングから，その猫を，生徒がどのように認識しているかがわかりますね。つまり，「**(名前を付けて）呼ぶ」という動詞（＝call / name / refer to）は，「認識」の動詞の仲間**ということになるのです。「認識」の動詞の仲間は **SVOC 文型**をとることができます ➔公式15 。よって，call は，もとは SVOC 文型で，**call＋O＋C「O を C と呼ぶ」**となります。しかし，本文は受身になっているので，O が消え，C だけが残っているのです ➔公式11 。

● Cyprus に「, the … island（＝カンマ＋名詞)」が続き，同格 M になっています ➔公式22 。同格は，その先にさらに M が付くことが多いです。今回も the … island の同格 M に，さらに in …（＝前置詞句）の M が付いています。また，the から名詞 island までを 1 つのまとまりとしてとらえてください ➔公式24 。the と island のアイダに挟まれた third … populous は M で，等位接続詞 and が，third ↗

対訳 第1文

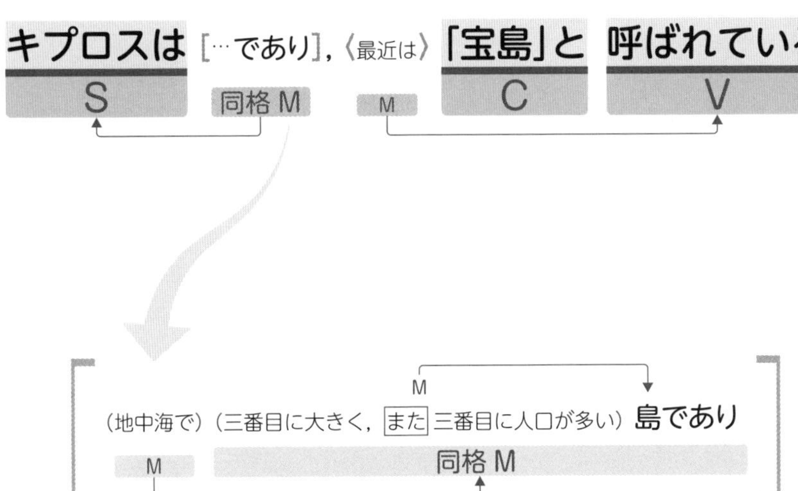

実戦編 4

↗ largest と third most populous を結び，両方とも名詞 island にかかる形容詞的 M になっています。

● 日本語訳は，同格 M が Cyprus の具体的説明になっていることが採点者に伝わる答案ならば，次の❶～❸のどれでも OK！ 究極的にイイタイコトが同じなら正解と考えて OK です。

> ❶**キプロスは**，地中海で三番目に大きく，また三番目に人口が多い島であり，最近は**「宝島」と呼ばれている。**
> ❷**キプロスは**，地中海で三番目に大きく，また三番目に人口が多い島であるが，**「宝島」と**，最近は**呼ばれている。**
> ❸地中海で三番目に大きく，また三番目に人口が多い島である**キプロスは**，最近，**「宝島」と呼ばれている。**

第2文 構造

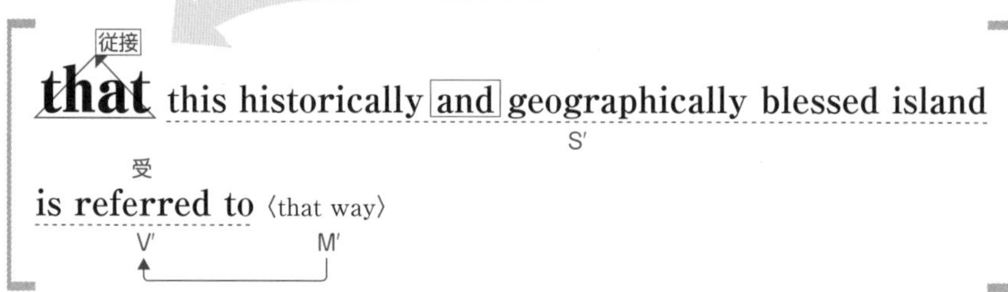

● **主節の V=seems** です。seems は ➲公式12 より，**SVC 文型**をとることができます。seems の直後に**形容詞 appropriate** が見えるので，これを C にすれば構造上は理屈が合うわけです。

● また，冒頭の It を見たときにも，素早く反応！「これが仮 S になっているのではないか？」と考えてください ➲公式52 。It=仮 S なら，この後に真 S になるような，名詞のカタマリになれるものが続くはずです。この文では，that が後方に見えますね。この that が従属接続詞になってくれれば，この that から始まるカタマリを名詞節として解釈し ➲公式28 ，このカタマリを真 S とすることができます。

● that のカタマリ内側の従属節が，名詞の欠落がない完全な文だと判断できれば，この that は従属接続詞であることの最終確認がとれます ➲公式27 。したがって，ここからは that の内側を見ていきましょう。

● refer to は，refer だけでは完全自動詞で，前置詞 to が付いています。基礎編 11（→ p. 91）で学習したように，品詞分解上のルールで，「**完全自動詞＋前置詞＝まとめて1コの他動詞**」というとらえ方，つまり**群動詞的分析法**がありましたね ➲公式20 。「リーディングで頻繁に出てくるフレーズなので，毎回細かく分析せずにスピードアップして読みたい」という場合に，この分析法を採用するとよいでしょう。今回も **refer to＋名詞「名詞を話題にする，言及する」**という頻出フレーズが登場しているので，群動詞的分析法を使ってみることにします。refer to で，まとめて1コの ↗

対訳 第2文

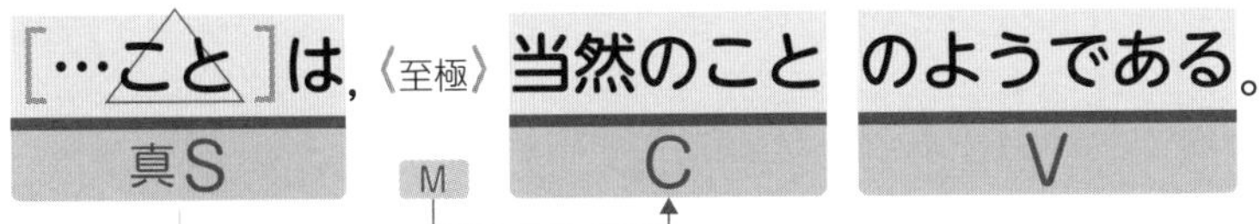

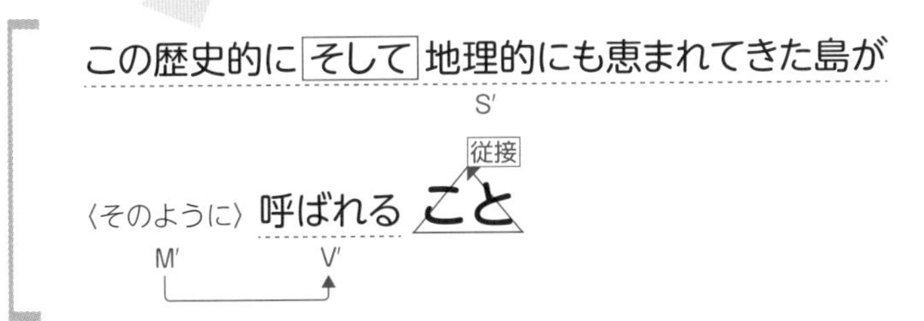

↗ V（＝他動詞）, 前置詞 to の後に来る名詞を, 他動詞に対する O として理解すると, SVO 文型のカタチになるわけです。

● 本文は, さらにこのカタチが受身形になっていることに注意が必要です。

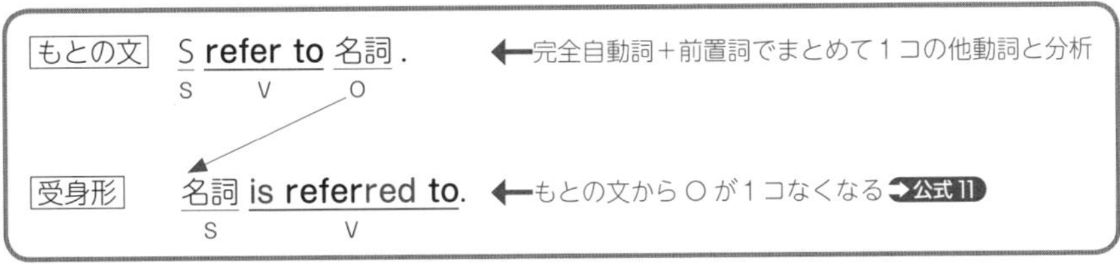

上記の通り, 受身文では to の後の名詞が消えていることに注目！ この名詞は, 群動詞的分析法により, O として分析していた名詞ですね。この名詞が受身形になることで消えているわけです。ここまで解説したポイントは,「群動詞がさらに受身形になったら, どういった構造パターンになるか」という, 少し細かいですが, とても重要なポイントですから, 瞬時に見抜けるようにしっかりマスターしていきましょう。

● 最後に, that way の部分を説明します。一見, 名詞のように見えますが, ここは, **in that way「このようなやり方で, このようにして」**という**前置詞＋名詞＝M の in が消える構造パターン**です。in が消えて that way となり, 単なる名詞のように見えていますが, 前後の品詞分解の状況によっては, that way だけで副詞＝M になる場合があるのです。本文の is referred to という部分の前置詞 to の後に,「なぜ名詞が無いのか？」については，先ほど「群動詞の受身」というポイントを解説しました。きちんとした文法上の理由があって名詞が消えているのでしたね。受身によってＯ（＝名詞）が１コ消える現象については，「欠落」とは言わないので，この従属節は完全な文とみなしてください。そして，欠落無しの完全文＝文型コンプリートなので，これ以降に付く要素はすべてＭになるはずです➔公式２。だから本文の that way は，目的語ではなく，副詞Ｍ′として解釈します。

● 以上より，that の内側が完全文という確認もとれましたので，that は従属接続詞で，that 以降は名詞のカタマリになっており，真Ｓの働きをしているという読み方で間違いはなかったとわかります。

発展　20. 名詞が副詞化するパターン

本講第２文の that way のように，前置詞なしで，もともと名詞だったものが副詞化するパターンを「**副詞的目的格**」といいます。

~~in~~ this week「今週」/ ~~in~~ last week「先週」/ ~~in~~ next week「来週」

※上記のように「時間」をあらわす語句に this / last / next などが付いているときの in は，ほぼ強制的に消去される。

※（in）this way や（in）that way のように「方法」をあらわす名詞の場合は，in を書いてもいいし，消してもよい（任意的消去）。

発展 21. 意訳か誤訳か

本講第１文では，少しずつ異なる３つの日本語訳を提示しました。直訳になっていなくても，イイタイコトが同じであれば，どの日本語訳でも間違いにはならないのです。しかし，次のような訳は，誤訳になってしまうので×です！

⑴ **プラスイメージ（＝褒めている）・マイナスイメージ（＝けなしている）が変わってしまう訳**

⑵ **デキゴトが起きた順番や，因果関係が逆になってしまう訳**

⑶ **現代人が使う日本語として，常識的に，あまりに不自然である訳**

これら３つのマチガイさえおかさなければ，意訳してもOKです。参考書や問題集を使うとき，自分の日本語訳を，解答の日本語訳に一言一句に至るまで完璧に合わせようとする人がいますが，それは，非効率的な勉強法です。上記⑴〜⑶に注意しつつ，**根本的に言わんとすること＝「誰が・どうした」「何が・何であるか」＝イイタイコト の部分が合っていさえすればOK**です。

実戦編 5

次の英文の構造を意識し，内容を理解せよ。また理解した内容を日本語で表せ。

Now considered a “pop icon” and a prophet of the Internet age, Marshall McLuhan, the author of this phrase, once was actually written off as inadequate for dealing with the changing times.

（早稲田大学文化構想学部）

NOTE

□prophet 預言者　□age 時代　□author 発案者，筆者
□write off ～ (as …) ～を（…だと）みなす　□inadequate 不適切な
□deal with ～ ～を扱う

和訳

今は，インターネット時代の「ポップアイコン」や預言者であると思われているけれども，このフレーズの発案者であるマーシャル＝マクルーハンは，かつては，こういった変わりゆく時代を扱うことに関しては，不適切な人物であると，実際は，みなされていたのだった。

構造のシンプル化

… **Marshall McLuhan** … **was** … **written off** **as inadequate** ….

S V V C

マーシャル = マクルーハンは 不適切であると みなされていた。

S C V

英文構造

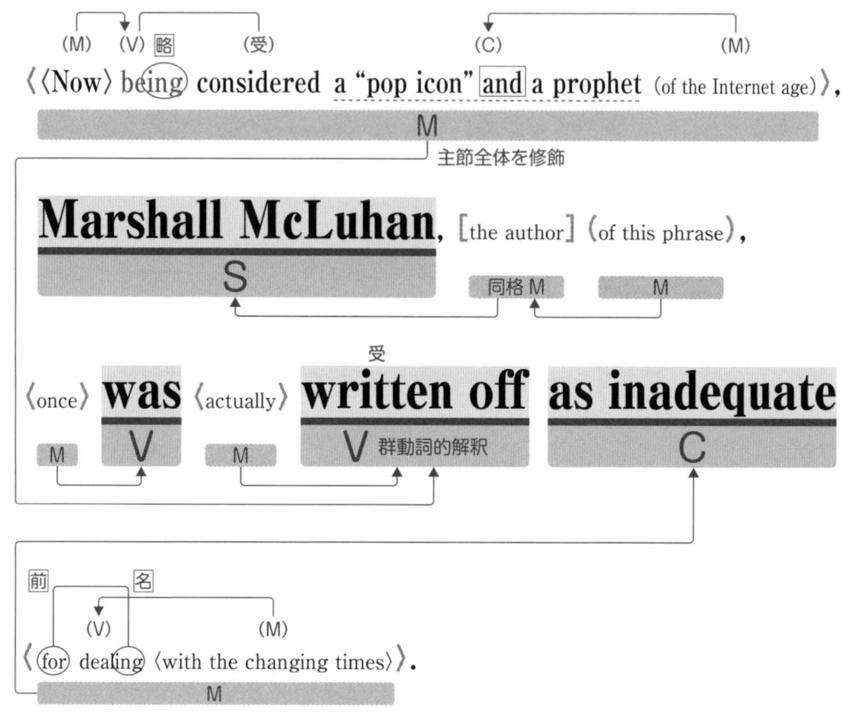

● まずは主節の V を探しましょう。V っぽいのは，considered と was ですね。この 2 つを両方とも主節の V とすることはできません。もし，consider と was のアイダに，and や but などの等位接続詞があれば，V の数を増やすことができますが，本文には， そういった等位接続詞は無いので V は 1 コだけです ➔公式 6。considered と was のうち，どちらか一方がホンモノの V のはずです。もう一方は V っぽい顔をしていますが，実は，英文全体で見たときに M になってしまう要素です。どちらが主節の V か？ これを見分ける方法が ➔公式 7 です。「considered と was では，was のほうが勝ち！」です。「**was や were は優先的に V または V′ の記号を付ける**」というルールがあるのです。 ↗

対訳 英文

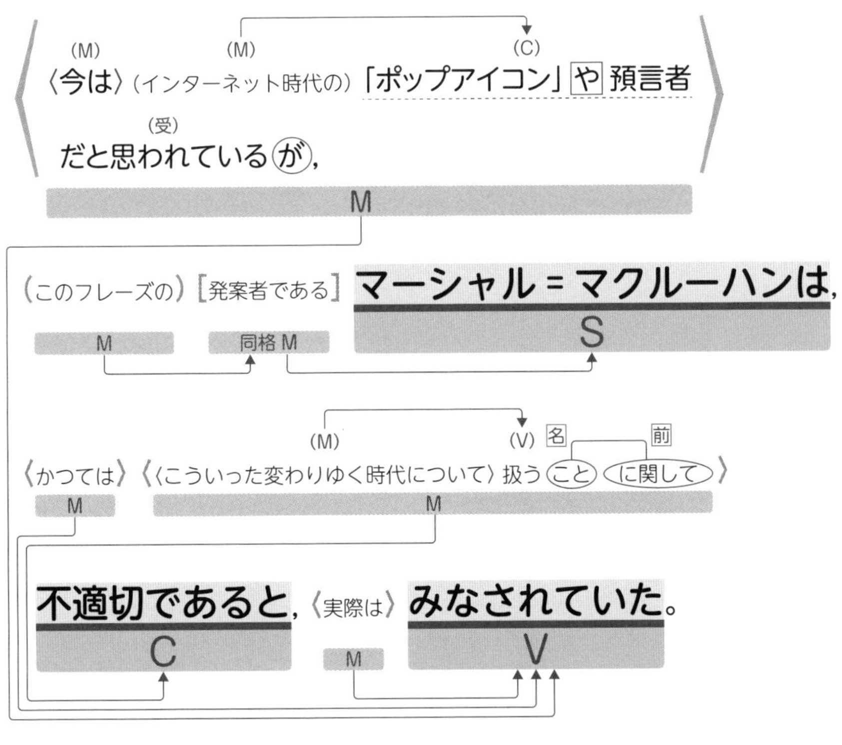

意訳	今は，インターネット時代の「ポップアイコン」や預言者であると思われているけれども，このフレーズの発案者であるマーシャル＝マクルーハンは，かつては，こういった変わりゆく時代を扱うことに関しては，不適切な人物であると，実際は，みなされていたのだった。

↗ ● **主節の V＝was** で決定。**左方向に S になりそうな名詞**を探します。once「かつて」は「時間」の意味をもつ副詞。副詞は S になれません。of this phrase も前置詞＋名詞＝M で S になれません。**Marshall McLuhan** と **the author「発案者」**という名詞が並んでいますね，前置詞が付いていないので，このあたりが S になりそうです。Marshall McLuhan（＝人間）と the author（＝人間）のアイダには，イコール関係が成立しています。**2 つの名詞のアイダでイコール関係，つまり言い換え関係が成立**している場合は，同格構文ということになり，**前方の名詞に対して**，**後方の名詞は同格 M（＝言い換えの M）**になるのです。ここでは，Marshall McLuhan という前方の名詞に対して，the author が同格 M になります。とりあえず「マクル

ーハン」という名前（＝おおまかな情報）だけを先に言っておき，次に，その人間に関して「どういった職業についているか」などの詳細な説明を後方から付け加えているのがこの同格構文です。こういった構造パターンでも，根底には，**「大まかな情報（＝抽象）から詳しい情報（＝具体）」**といった英文の情報のナガレが影響しているのです ➔公式 49。

● 主節の V の右方向を見てみましょう。written（＝過去分詞）がありますから，**was＋過去分詞＝受身**ということになります。「受身は O なしでオーケー！」，厳密な言い方をすれば，「もとの文型から O マイナス 1 コ」です ➔公式 11。通常の分析をしていくと，written の後の off は「分離」の意味をもつ副詞で M。as … のカタマリも M です。受身文に話を戻すと，「もとの文型から O マイナス 1 コ」は，言い換えると「受身に変形する前の文（＝もとの能動態の文）には O が 1 コ存在しており，それが受身文に変形されて最終的に O が消えた」というふうに考えられますね？以上より，もとの能動態の文では，**write＋O＋off＋as ～**，あるいは **write＋off＋O＋as ～** という表現があり，これが本文では受身に変形されることで **was＋written＋off＋as ～** となり，O が 1 コ消えているのです。

● さて，ここで本当に重要な問題は，「write＋O＋off＋as ～ / write＋off＋O＋as ～ という表現をすべての合格する受験生は事前に暗記しているのか？」ということです。おそらくは，知らない人が多いのではないかと思います。しかし，意味を知らなくても，この表現の意味を類推する方法があります。➔公式 42 です。

> ❶前置詞や副詞を伴っている V は，V 自体よりも前置詞や副詞のほうが意味の中心になる場合がある。このとき，V 自体の意味は，相対的により強い意味の前置詞・副詞にかき消されてしまう。
> ❷意味を知らない表現が出てきたら，同じ前置詞や副詞を伴う別のカンタンな表現に言い換えてみると，その表現の意味を類推することができる。

本文では write という V が off と as を伴っていますね。**前置詞や副詞が 2 つあるときは，後方にあるものから優先的に**考えてください。つまり，off と as では，as のほうがより後方にあるので，「これが意味的に強い」とまずは考えてみてください。そして，as が付くカンタンな（＝有名な）表現を思い出し，それに言い換えてみましょう。例えば，**regard＋名詞＋as ～** や **think of＋名詞＋as ～**（いずれも **SVOC 文型**）ですね。「**名詞を～であると思う，みなす，認識する**」という意味です ➔公式 17。これと同じ as ～ が付いていることから，「write＋O＋off＋as ～ / write＋off＋O＋as ～ も，『O を～であるとみなす』と訳せないだろうか？」と考えてみましょう。

V+副詞 M　　　　　　　　　　　　前　　　　名

They　write off　Marshall McLuhan　as inadequate+名詞.
S　V　O　C

They　regard　Marshall McLuhan　as inadequate+名詞.
S　V　O　C

「彼らは，マーシャル＝マクルーハンを，不適切であるとみなしている」

※ write off は群動詞的分析法でまとめて V と解釈できる ➡公式20 。

実戦編 5

なお，このときの as はもともと前置詞。よって as の後には，通常は名詞が来るはず。ところが，上記の通り as の後には形容詞 inadequate だけが残っています。これは，このカタチのときだけの特別ルールで，**「形容詞＋名詞」の名詞が，自明性が高い・前後関係からわかりきっている場合に省略され，結果的に，もともとは前置詞だったはずの as の後には，形容詞だけが残る**ことになるのです。そして，**as ～** の部分は **C** と分析することができます。

● そして，本文は受身になっていましたから次のように変形しているのです。

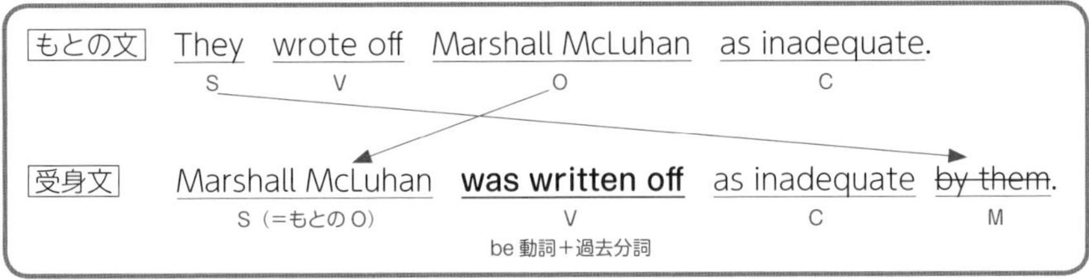

was written off の訳は「**～であるとみなされていた**」となります。全体では「**マーシャル＝マクルーハンは，不適切であるとみなされていた**」という自然な日本語訳ができましたね。なお，受身形に変形した後のもとの文の S は，「by＋名詞」のカタチに変形し文末に置かれます。ただし，「by＋名詞」は，構造上は M ですから，重要な情報でない限りは原則省略されてしまうのです。

● ここからは文頭部分を見ていきましょう。**Now considered a "pop icon" and a prophet of the Internet age** は，巨大な**分詞構文（＝副詞句）**の M のカタマリで，後方の**主節全体を修飾**しています。Now considered a "pop icon" … を「(マクルーハンが）今『ポップアイコン』を考えた」と SVO 文型で主節のように読んだ人はいませんか？　この解釈は間違いです。今回の英文で正しい読み方をするためには，consider の使い方が正しく理解されていることが重要になってきます。

● **consider** には「これから行われること・起きることについて，事前に，慎重に検討する」をあらわし，SVO文型をとる用法があります。しかし，この場合，Oの位置に来るのは「これから行われることや起きること」といった**何かのデキゴトを暗示するような名詞**です（p.182 発展 22 参照）。本文の「ポップアイコン」という名詞は，デキゴトを暗示しないため，この読み方は採用できません。

● consider は「**思考（＝認識）**」**系の V** なので，**SVOC 文型**をとる可能性もあるのです ➡公式 15・21。本文を，SVOC文型と考えると，consider の右方向には O と C の2つの要素が来るはずですね。ところが本文には，a pop icon しかない…。これを O にするか C にするかはさておき，現状では要素が1つしかないのです。「あともう1つ，要素が足りない！」と考えてください。

● ここで，おかしなことを言う人がいます。「『a pop icon を O，a prophet を C』って考えるのはダメなの…？」もちろんダメ!!　本文をよく見てみましょう。a pop icon と a prophet のアイダには and（＝等位接続詞）がありますね。品詞分解のルールで SVOC 文型の O と C のアイダに and が入って「**S V O and C」などといったカタチになることはありません**。本文の and は a pop icon と a prophet という名詞を構造上等しい要素として並べているのです。

● 話を少し戻すと，SVOC 文型の consider なら，右方向に O と C の2つの要素が来るはず。ところが本文には a pop icon しかない。つまり，O か C いずれかの要素が1コ足りないわけです。

● 品詞分解のルールで，O や C などの主要素が消える場面をこれまでの講義でいくつか見てきました。今まで学んできたルールが使えないか思い出してみましょう。…そう！　これまでの講義でも頻出の ➡公式 11 です。「受身は，もとの文型から O マイナス1コ」ですね。本文が considering ではなく，considered となっている理由もここからわかりますね。「**be 動詞＋過去分詞」が受身の基本形**です。その過去分詞にあたる部分が considered なのです。

● 本文では受身をつくる過去分詞 considered の前にあるはずの be 動詞が見当たりません。省略されているのです。is / am / are / was / were … などの時制をもった主節の V になりうる be 動詞はよほどのことがない限り省略されることはありません。be 動詞は前後の状況により様々なカタチをとりますが，省略されることが特に多い be 動詞は being です。つまり，本文は **being considered** …「**…であると思われて**」という意味の**受身の分詞構文**になっていたのです。

もとのカタチ　consider＋O＋C「O を C であると思う」
⇓
受身形　**be 動詞＋considered＋C「C であると思われる」** ← O が消える
⇓ 省略可
分詞構文　**being＋considered＋C** ← be 動詞の位置には，being が来る

● 分詞構文（＝ing がつくる副詞のカタマリ）では，(S) が書かれていないことがほとんどです。これは，**主節の S と同じため，自明性が高いので省略されている**のです。ここまでをまとめると，以下のようになります。

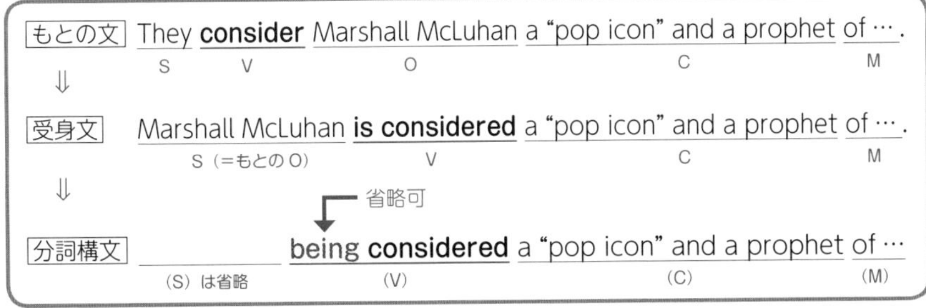

意味は「**(マクルーハンは) 今，インターネット時代の『ポップアイコン』であり，預言者であると思われて**」となります。

● 最後に分詞構文の訳出についてです。「〜して，〜しながら，そして〜する」と訳しておけば，入試のほとんどの場面では対応できるでしょう。しかし，これに当てはまらない例外的（だからこそ難関レベルでは重要）なパターンがあります。**分詞構文と主節とのアイダで対立的な意味関係になっていることがある**のです。このときは，分詞構文を「**〜だけれども**」と対立的に訳さなければいけません。本文は，分詞構文に **now**「**今**」とあり，主節に **once**「**かつて**」とありますね。ここに「**時間の対立**」が読み取れるわけです。さらに，分詞構文に「*A* を象徴する『ポップアイコン』や *A* の預言者＝***A* に対して肯定的・プラスイメージ**」とあるのに対して，主節では「*A* を扱うにしては不適切な人物＝***A* に対して否定的・マイナスイメージ**」とありますね。やはり対立的な意味関係があるのです。記述式の問題では対立をあらわす分詞構文であることを意識した日本語訳にしてください。もちろんマーク式の問題においても，順接と逆接を取り違えると，本文の内容を大きく誤読してしまうことになるので要注意です。

発展　22. SVO 文型の consider

本講の consider は SVOC 文型をとりましたが，consider には SVO 文型もあります。SVO 文型で使う consider の用法を整理しておきましょう。

SVO 文型での consider の正確な意味は「**これから行われること・起きることについて，事前に，慎重に検討する**」です。したがって，consider を SVO 文型で用いるとき，**O の位置に来るのは「これから行われることや起きること」**といった**何かデキゴトを暗示するような名詞**です。よって，本講の英文で considered a "pop icon" を「『ポップアイコン』を考える」という SVO の読み方はダメなのです。では，次のような言い方は OK でしょうか？

◎ consider(V) all possibilities(O)

「すべての可能性について，事前に，慎重に検討する」

◎ consider(V) going with you(O)

「君と一緒に行くことについて，事前に，慎重に検討する」

◎ consider(V) whether we should return(O)

「引き返すべきかどうかについて，事前に，慎重に検討する」

× consider(V) apples(O) ← apples「リンゴ」という名詞が，「デキゴトを暗示する」名詞ではないのでヘン

⇓

◎ consider(V) growing apples in a greenhouse(O)

「温室でリンゴを栽培することについて，事前に，慎重に検討する」

← 「リンゴの栽培」というデキゴトを暗示している名詞が O の位置に来ているので OK

実戦編 6

次の英文の構造を意識し，内容を理解せよ。また理解した内容を日本語で表せ。

Of course, in the time of Socrates, texts were not exactly as portable as today's paperbacks or eBooks read on tablet computers.

（早稲田大学文学部）

NOTE

□ text 文章　□ portable もち運びに便利な　□ paperback ペーパーバック

和訳

もちろんソクラテスの時代では，文章は今日のペーパーバックやタブレット端末で読まれる電子書籍ほど手軽なものではなかった。

構造のシンプル化

文章は 手軽なもの ではなかった。
S C V

英文構造

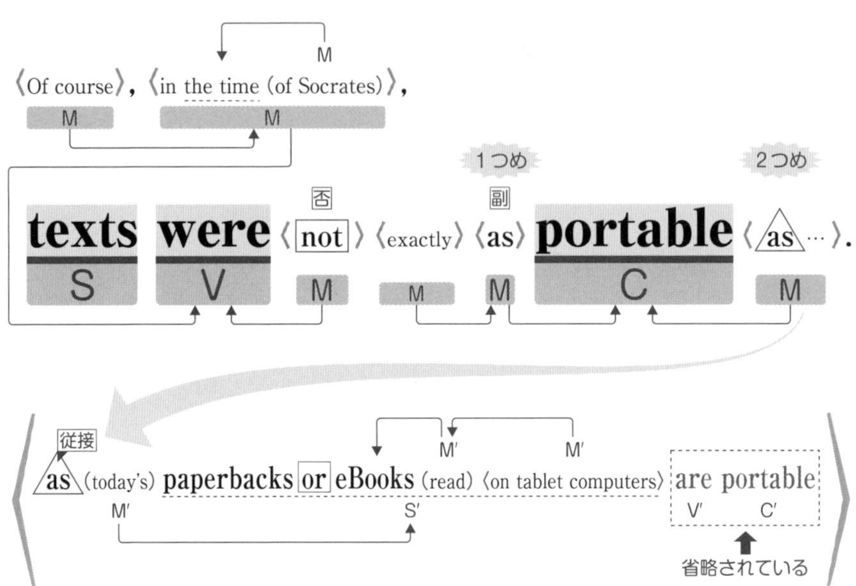

● 文頭 M から始まるパターンです。実際の英文は，いきなり S（＝主語）からではなく，M からスタートする場合が多いのです ➡公式 36 。イイタイコト（＝主節）をいきなり出さずに，まずは内容上の前置きとなる M を文頭に置き，主節を英文の中盤あたりまで後退させることがよくあります。

● **主節の V は were** で be 動詞ですから，**SVC 文型**になるはず ➡公式 12 。**texts が S，portable は形容詞ですから C** になれますね。SVC で中心が完成すれば，それ以外はすべて M ということになるのです。

● 2つの as が見えますか？ いわゆる **as … as ～ 構文**ですね ➡公式 56 。**1つめの as** は**一語の副詞**で単独 M。直後の形容詞 portable にかかります。**2つめの as** は，もともと**従属接続詞「～（同じ）ように，～ほどに」**でした。この as の後には，完全な文があったのですが，この部分は省略が起きやすいので，この 2 つめの as は一見すると前置詞のように感じられてしまうのです。ここでは，are portable が省略されています。

↗

対訳 英文

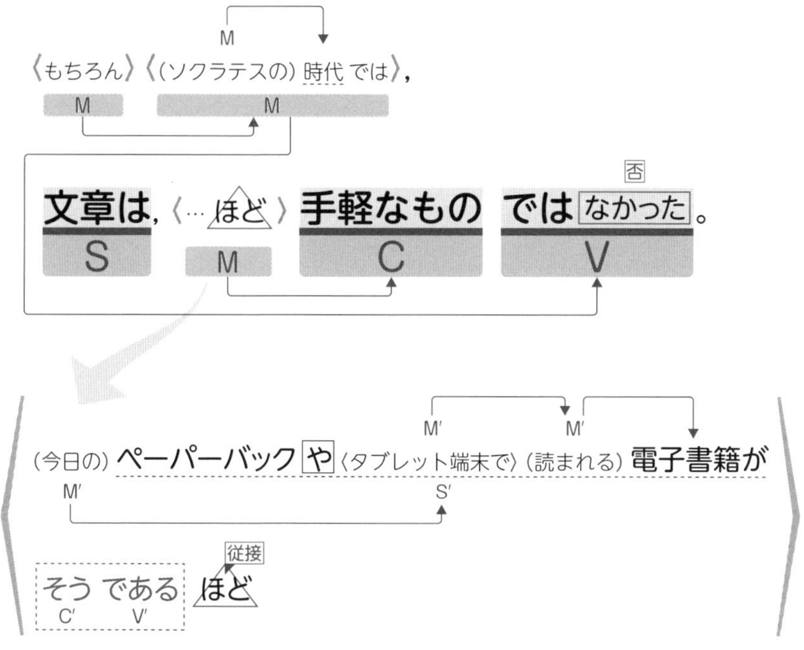

● 日本語に訳出する際のコツは以下の通りです。

> ❶主節と as のカタマリ（＝従属節）では，従属節から訳すとわかりやすい日本語になる。
> ❷ 1 つめの as（＝一語の副詞）は，訳には一切出さない。
> ❸主節の not（＝否定語）は，最後に訳出する。

1 つめの as は，「as … as ～ 構文がこれからスタートするよ！ 注意しながら読んでね」という信号のような働きで，この as 自体は，日本語には訳せません。実質上の意味をもっている 2 つめの as をしっかり訳出するようにしてください。

● なお，**just** as … as ～ や **exactly** as … as ～ などのように，1 つめの as の直前に**強めの単語**が入る場合があります。特に日本語に訳出しなくても OK です。

実戦編 7

次の英文の構造を意識し，内容を理解せよ。また理解した内容を日本語で表せ。

Your national Government has a great and vital role to play, and I pledge to you that where this Government should act, we will act boldly and we will lead boldly.

リチャード・ニクソン大統領　第二期就任演説より

NOTE

□ national Government　中央政府　□ vital　きわめて重要な　□ pledge　～を誓う
□ boldly　大胆に　□ lead　先導する

和 訳

連邦政府は，皆さんにとって，大きくそしてきわめて重要な役割をもっています。この政府が活動すべき場合には，我々は大胆に行動し，大胆に指導性を発揮することを，皆さんに誓います。

構造のシンプル化

Your national Government **has** **a great and vital role** … and **I** **pledge** … [**that** …].

S: Your national Government　V: has　O: a great and vital role

and　S: I　V: pledge　O: [that …]

あなた方の連邦政府は(S)　大きくきわめて重要な役割を(O)　もっており(V)

そして　私は(S)　…ことを(O)　誓います(V)。

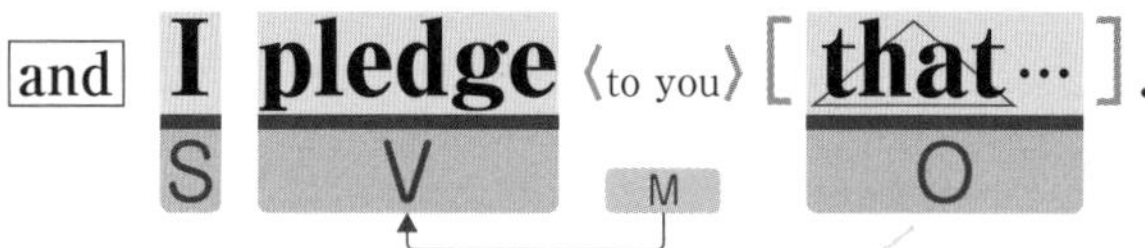

and I pledge ⟨to you⟩ [that…].
S V M O

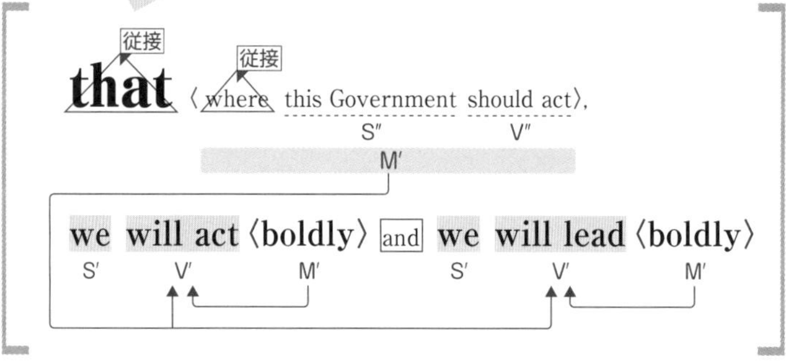

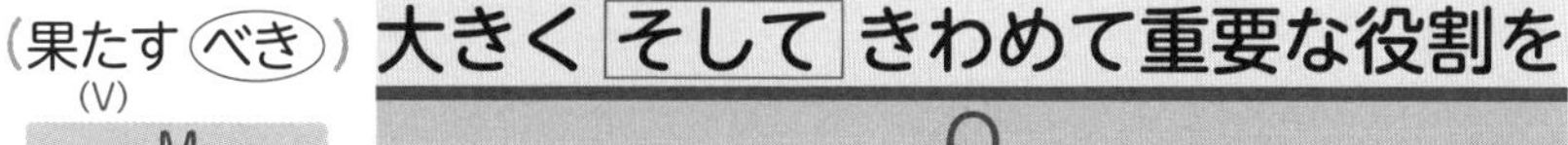

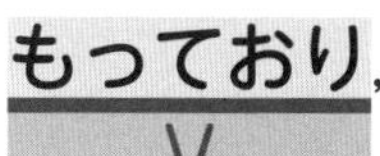

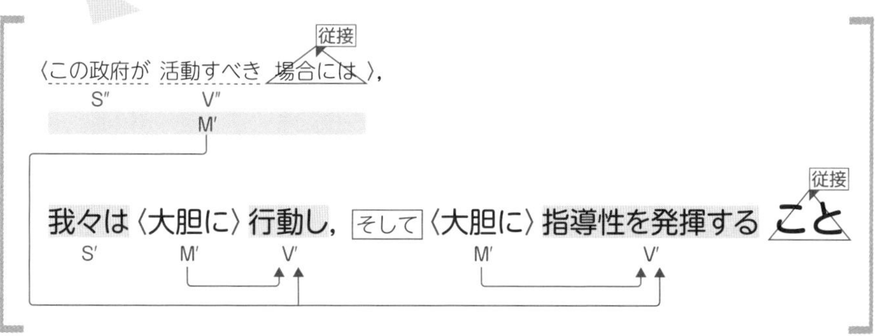

意訳 連邦政府は，皆さんにとって、大きくそしてきわめて重要な役割をもっています。この政府が活動すべき場合には，我々は大胆に行動し，大胆に指導性を発揮することを，皆さんに誓います。

●代名詞 I は，文法上は主格といいます。文中で主語の働きをする代名詞だから主格！ カンタンですね。**I は主語＝S** ですから，それに対する V を見つけなくてはいけません。今回は **pledge が V**。右方向には to や you や that しかありませんから，V になれそうな単語は pledge しかなさそうです。

I pledge to you [that …].
S　V　M　O
「私は・[…ということ] を・あなたに・誓う」

このシンプル図解で，何か気づきませんか？「う～ん…，どこかで似た構造を見たことがあるような…」という思考法はとても重要です。過去に読んだことがある，解いたことがある，英文構造や試験問題と類似点がないかを考察するというのは，思考力養成の第一歩なのです。

I say to you [that …].
S　V　M　O
「私は・[…ということ] を・あなたに・言う」

どうです？ これと似ていますよね。中学レベルの英文かもしれませんが，キチンと品詞分解して整理しておくと，こういった類似性にも気づきやすくなるのです。「…と相手に向かって誓う」は，究極的には「…と相手に向かって言う」と同じなのです。ちなみに，say to you that … や pledge to you that … のときの **that** は，**名詞のカタマリをつくる従属接続詞**です。関係代名詞の that ではありませんので，「that のカタマリ内側には完全文が来るはずだ」と先の展開を予測しながら読み進めることが重要です。

●that のカタマリ内側の構造を見てみましょう。ここで，注意すべきポイントは，that と where で，△ が 2 連続していることです。➔公式 6 より，「**△ 1 コにつき，カタマリ内側の V′1 コ**」でしたね。このときの考え方のコツとして，後の △ のカタマリを先に閉じて，くくり出してしまうことが大切です。イメージを図解すると，このようになります。

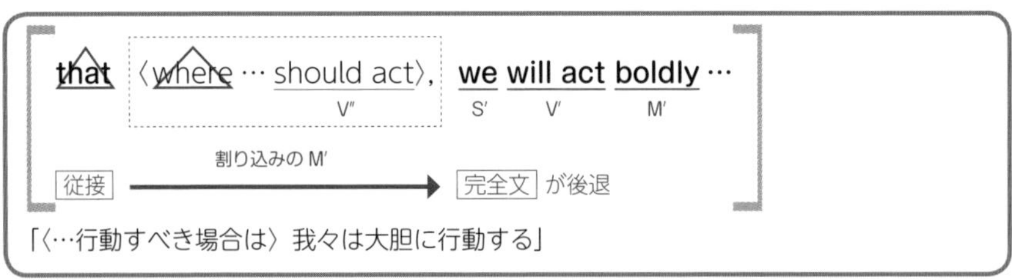

どうですか？ 従属接続詞 that の後に来るはずの完全文が後退して，アイダに where の〈M′ のカタマリ〉が挿入句のように割り込んでいるのです。なお，従属接続詞 that の後は必ず完全な文が来ます ➔公式 27。

● where の働きについては，➔公式 35 をしっかり読んでおきましょう。where には**従属接続詞**の用法があるのです。

● that のカタマリの完全文について説明しておきます。act は完全自動詞ですから ➔公式 13，O′ も C′ も付いていません。boldly は，語尾の -ly に注目してください。語尾 -ly は，ふつう副詞なので M′ になるわけです ➔公式 40。

● また，that のカタマリ内側は，will act の後に and があり，… V′ … and 〜 V′ 〜 というパターンになっていて，V′ が増えています。will act と will lead が and で並列されているのです。

実戦編 8

次の英文の構造を意識し，内容を理解せよ。また理解した内容を日本語で表せ。

[1]You would be wise now and then to skip. [2]To know how to skip is to know how to read with profit and pleasure, but how you are to learn it I cannot tell you, for it is a trick I have never acquired.

William Somerset Maugham, *Books and You* より一部改変

NOTE

□ now and then 時々　□ skip 飛ばして読む，拾い読みする　□ profit 利益
□ for ～ というのも～だから　□ trick うまいやり方，コツ

和訳

あなた方（＝読者）は，時々飛ばし読みしたら，それも賢明であろう。飛ばして読む方法を知ることは，有益で楽しく読む方法を知ることである。しかし，あなた方がその方法をどうして学んだらよいか，私にはわからない。私には決してそのコツがものにできていないからだ。

構造のシンプル化

第1文

You would be wise ….

You (S) would be (V) wise (C)

あなた方は　賢明で　あろう。
S　C　V

第2文

To know how to skip is to know how to read …,

To know how to skip (S) is (V) to know how to read (C)

but **how you are to learn it I cannot tell you**,

how you are to learn it (O_2) I (S) cannot tell (V) you (O_1)

for **it is a trick** ….

it (S) is (V) a trick (C)

飛ばして読む方法を知ることは　読む方法を知ること　である。
S　C　V

しかし　どのようにしてあなた方がその方法を学ぶべきかを
O_2

私は　あなた方に　説明することができない。
S　O_1　V

というのも　それは　コツ　である　からだ。
S　C　V

実戦編 8

第1文 構造

● この英文は,「読書における『飛ばし読み』を勧める」ものです。他人に「飛ばし読みを勧める」際の言い方を色々考えてみて,この英文がどういう思考のプロセスを経て,このカタチになったのかを理解しましょう。

● ❶ **You should skip.「あなた方は飛ばし読みをすべきだ」** 直説法
「飛ばし読み」を提案・命令する文。いきなり「〜すべきだ」なんて言い方をしたら少し強引な感じがしてしまうかもしれません。

● ❷ **If you skip, you will be wise.** 直説法
「もしあなた方が飛ばし読みをすれば,あなた方は賢い人間である」
「もし…するなら,君は賢いってことさ」は,要するに「…してくれよ,…しようぜ」がイイタイコト。例えば,「もし君がこの参考書をやれば,合格するだろう」は,要するに「君もこの参考書をやろうぜ」がイイタイコト。❶も❷も「飛ばし読みしようぜ」という根本的にイイタイコトは同じですね。ただ,言い方が少し違う。「もし飛ばし読みをすれば…」と,前置きを加えることで❶より控えめに,丁寧に表現しているのです。ちなみに,この後出てくる❹との違いに注目! 動詞の時制を見てください。❹の仮定法とは違い,❷は直説法です。「実現性が十分ある」と思いながら,「もし…なら」と言っているのです。

● ❸ **If you skip now and then, you will be wise.** 直説法
「あなた方が,時々,飛ばし読みをすれば,あなた方は賢い人間であろう」
❷よりさらに控えめ。now and then「時々」の副詞を付けることで,「丁寧な,柔らかいニュアンス」が加わっているのです。副詞は,究極的に,弱める(=緩和する)作用をもっていることがあります ➔公式38。例えば「この参考書をやると賢くなるよ!」と言うよりも,「もし,**時々でもいいから**この参考書をやれば賢くなるよ!」と言ったほうが少し丁寧で柔らかな印象を与えるのです。 ↗

対訳 第1文

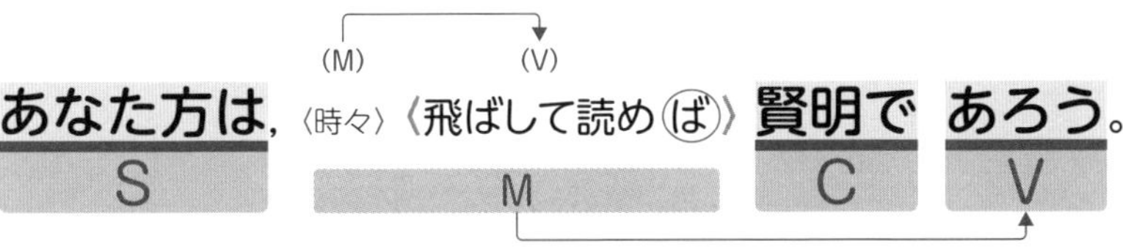

意訳　あなた方は，時々飛ばし読みしたら，それも賢明であろう。

↗ ● ❹ If you skipped now and then, you would be wise. 仮定法

「皆さんが，時々でもよいので，飛ばし読みをされるならば，読者の皆さんは賢明な人間になるでしょう」

「(私の提案を，実行することはないと思いますが，ダメもとでお話しさせていただきますと…）もしも皆さんが，時々でもよいので，飛ばし読みをされるならば，読者の皆さんは賢明な人間になるでしょう」といったニュアンスです。❶〜❸は**直説法**，一方，この❹は**仮定法**になっています。**If … 過去形 V′ … , 〜 would *do* 〜** というパターン（特に動詞の時制）に注目！ ❸の直説法と違って，仮定法であることに気づいてください。**仮定法＝「実現性が低い仮定」**を使って表現すると「私なんかの提案が，実際に皆さんに受け入れられることはありえない」という控えめなキモチで「(実現性は低いかもしれないが）仮に受け入れてくれることがあるならば…」という言い方をするので強引な感じがせず，控えめな印象を与えることになります。「なんだかんだ言っても最後には俺の提案をみんな聞いてくれるはず」といった「**実現性が十分あると考えているときの言い方**」＝**直説法**で述べた❶〜❸は，仮定法の❹と比べるとあまり丁寧な感じがしないのですね。

● ❺ To skip now and then, you would be wise.
＝You would be wise to skip now and then.

❹の if 節部分を不定詞に変形したもの。**不定詞が仮定法の if 節の意味をもつことがある**のです。この不定詞の M のカタマリは，どこに置いても OK です。本文で使われているパターンに最も近いのが❺です。

● ちなみに，to *do* …のカタマリ内側の（V）にかかる副詞の位置は，3パターンあり，本文は下記の©のパターン。〈**now and then**〉が **skip** にかかっています。

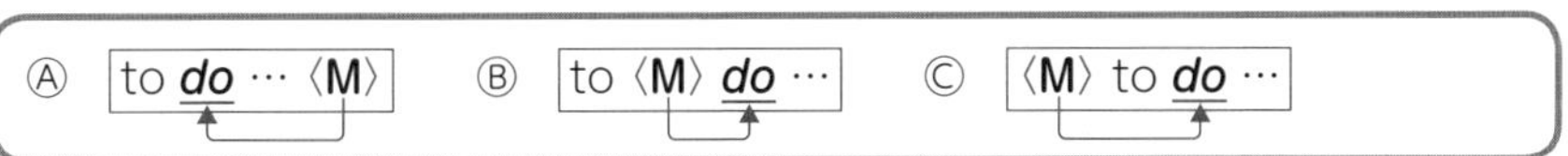

第 2 文 構造

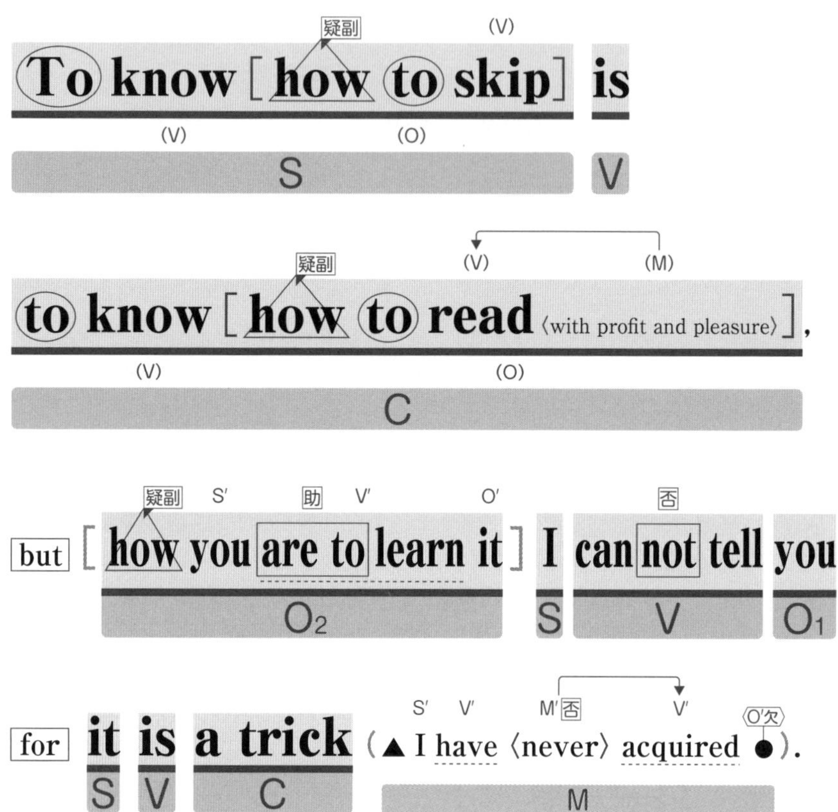

疑副
(V)
To know [how to skip] is
(V)
(O)
S
V
疑副
(V)
(M)
to know [how to read ⟨with profit and pleasure⟩],
(V)
(O)
C
疑副
S'
助
V'
O'
否
but [how you are to learn it] I cannot tell you,
O_2
S
V
O_1
S'
V'
M'否
V'
O'欠
for it is a trick (▲ I have ⟨never⟩ acquired ●).
S
V
C
M

対訳 第 2 文

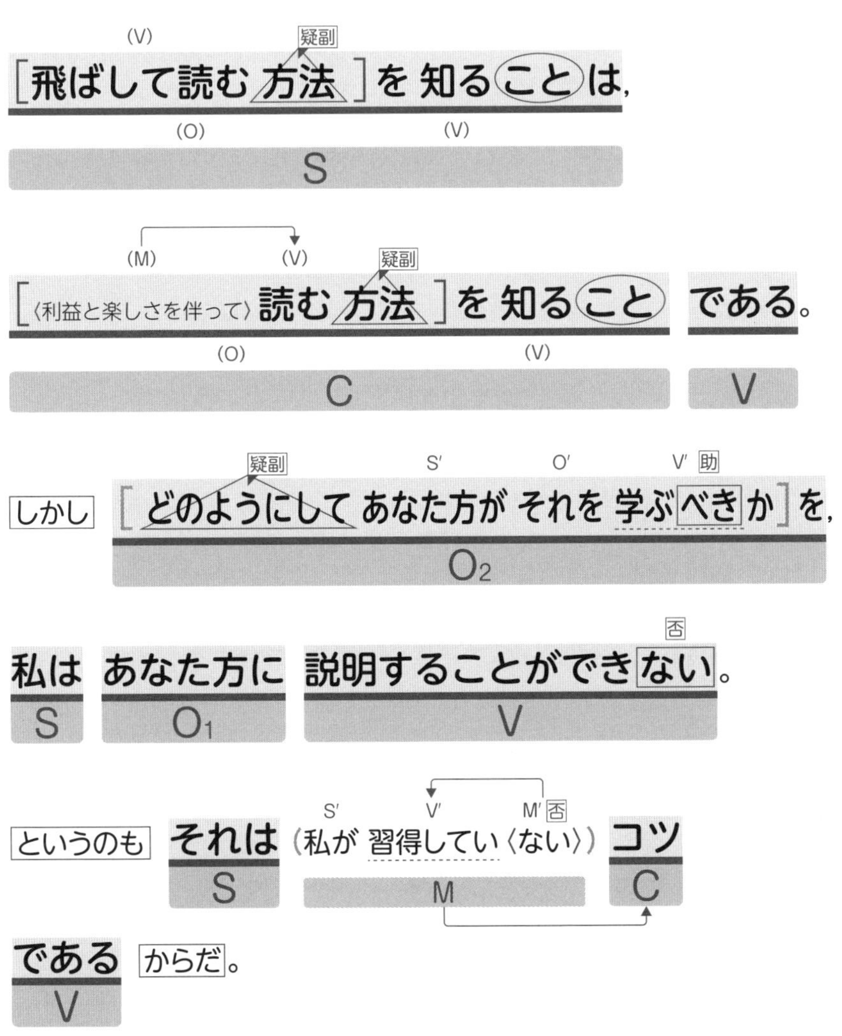

意訳 飛ばして読む方法を知ることは，有益で楽しく読む方法を知ることである。しかし，あなた方がその方法をどうして学んだらよいか，私にはわからない。私には決してそのコツがものにできていないからだ。

実戦編 8

● **To know how to skip is to know** … は **SVC 文型**です。S と C にある to know（V）に対しての（O）を探すと，それぞれ後に **how to *do*** …（**＝疑問詞＋to *do*** …）「…する方法，…のし方」という**名詞のカタマリ**があるので，how to skip と how to read … を（O）とします。

● but の後は，**cannot tell が主節の V**。**are to learn** は **be to＝助動詞**で，learn までで**まとめて 1 コの動詞**ととらえますが，how の △ のカタマリ内側に入ってしまうので主節ではありません。

● **be to＝助動詞**の用法は，おもに❶**未来・予定・運命**「～することになっている」，❷**義務**「～すべきだ」，❸**可能**「～できる」の意味をもっています。❶の用法では she **is to** arrive **tomorrow**. のように**未来を示す語句**が付くことが多いのですが，本文にはそういった語句はありません。ゆえに❷か❸となりますが，❸の用法は My purse **was not to be found** anywhere.「私の財布はどこにも見つからなかった」のように **be to の後に受身の V が来ること**，さらに**否定文で用いられるのが原則**です。本文はこういったカタチになっていないので，❸の可能性は低いと判断します。以上より，❷の「**義務**」で読むことにします。

● **tell** は ➡公式 14 より，**SVO_1O_2 文型**を予測！ したがって，cannot tell の右方向には，目的語になれる名詞（のカタマリ）が 2 つあり，左方向には主語になれる名詞があるはずです。まず，左方向を見ると how のカタマリ（疑問詞のカタマリは ➡公式 28 より名詞節）と I「私」の 2 つの名詞（のカタマリ）がありますが，**V に近い方を S と優先的に考える**ので，I の方を S とします。**I＝S, cannot tell＝V, you＝O_1** ですね。しかし O_2 が見あたりません。ここで，働きが決まっていない **how のカタマリ＝名詞節を O_2** と考えます。つまり，ここでは S＋V＋O_1＋$\boxed{O_2}$ ⇒ $\boxed{O_2}$＋S＋V＋O_1 という**語順移動**が発生したと考えましょう。how の名詞節の内部に it が含まれています。この it は指示語（＝旧情報）で，「有益で楽しく読む方法」，つまり，何度も繰り返し述べられてきた「飛ばし読み」のことを指しています。これより前の文で既に述べられた内容である it を内部に含む how のカタマリは，旧情報指数が極めて高いので，左方向（＝前方）に移動することがあるのです ➡公式 49 。

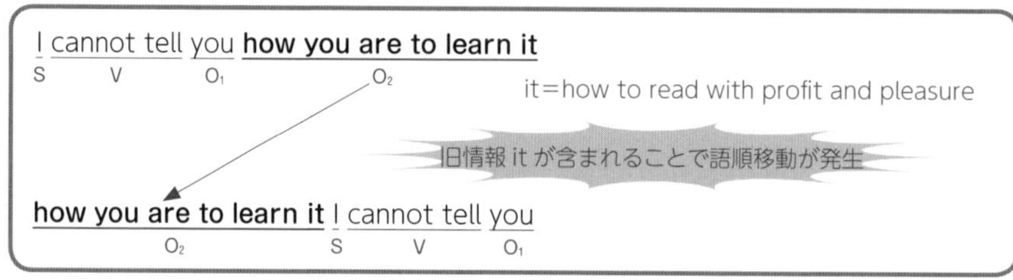

● 最後のカンマの後の **for** は，**等位接続詞で「というのも…だから」**。もし，for を前置詞と考え，前置詞＋名詞＝M で，for it＝M と解釈してしまうと，主節の V＝is に対する S が無くなってしまいます。したがって，この読み方は間違いです。**主節は it is a trick で SVC 文型**がコンプリート。

● ここから先はおそらく M のカタマリになるだろうと予測します。しかし，M のカタマリをつくるような 6 つの目印が特に見当たりません ➡公式 3 。こういったときは，「**M のカタマリをつくる 6 つの目印のどれかが省略されているに違いない**」と考えます。ここで **a trick＋I＋have never acquired** で「**名詞＋S＋V**」という語順に注目 ➡公式 30 ！ **目的格の関係代名詞（＝which / that）の省略**に気づいてほしいところです。品詞分解上は，関係代名詞を補って読むとわかりやすいでしょう。have … acquired「身につけた」⇒「何を？」とツッコミを入れると，目的語にあたる名詞がありません。もともと左方向に which / that があり，「**関係代名詞のカタマリ内側の名詞 1 コ欠落** ➡公式 26・27 」のルールが適用されることで，have … acquired に対する O′ が欠落した，と考えればすべて理屈が通りますね。

実戦編 8

発展 23. 疑問詞＋to *do* …

本講で登場した **how to *do*** …「…する方法，…のし方」以外の，頻出の**疑問詞＋to *do*** … の表現をまとめておきます。

☐ what to *do* …「何を…すべきか（ということ）」
☐ what 名詞 to *do* …「どんな名詞を…すべきか（ということ）」
☐ which to *do* …「どれを…すべきか（ということ）」
☐ which 名詞 to *do* …「どの名詞を…すべきか（ということ）」
☐ when to *do* …「いつ…すべきか（ということ）」
☐ where to *do* …「どこで…すべきか（ということ）」

実戦編 9

次の英文の構造を意識し，内容を理解せよ。また理解した内容を日本語で表せ。

[1] When nationalism first became a religion, the English looked at the map, and, noticing that their island lay very high in the Northern Hemisphere, evolved the pleasing theory that the further north you live the more virtuous you become. [2] The histories I was given when I was a little boy generally started off by explaining in the naivest way that a cold climate made people energetic while a hot one made them lazy, and hence the defeat of the Spanish Armada.

George Orwell, *The Road to Wigan Pier*

NOTE

□ nationalism 国家主義　□ religion 宗教　□ lay lie「存在する」の過去形
□ hemisphere 半球　□ evolve ～を（徐々に）発展させる
□ pleasing 喜びを与える，快適な　□ virtuous 有徳の　□ start off 始まる
□ naive 単純な　□ energetic 精力的な　□ lazy 怠惰な　□ hence それゆえに
□ defeat 敗北　□ the Spanish Armada スペインの無敵艦隊

和訳

国家主義がはじめて宗教になったとき，英国人は地図を眺め，自分の島が北半球で非常に高いところにあることに気づいて，人は，はるか北に住むと，それだけより有徳者になるというお気に入りの理論を展開した。私が幼い少年のころに教えられた歴史は，実に単純に，寒い気候は人を精力的にするが暑い気候は人を怠けものにする，だからこそスペインの無敵艦隊は敗北することになったのだ，という説明を皮切りに，通常，始まった。

構造のシンプル化

第 1 文

… **the English** **looked** …,
S V

and … **evolved** **the pleasing theory** ….
V O

英国人は 眺め, そして お気に入りの理論を 展開した。
S V O V

第 2 文

The histories … **started** ….
S V

歴史は 始まった。
S V

〈When nationalism 〈first〉 became a religion〉,
従接 S′ M′ V′ C′
M

the English looked 〈at the map〉,
S V M

and,

〈noticing [that …]〉, **evolved the pleasing theory** [that …].
(V) (O)
M V O 同格M

[that their island lay 〈very high〉 〈in the Northern Hemisphere〉]
従接 S′ V′ M′ M′

[that 〈the 〈further〉 〈north〉 you live〉 〈the〉 〈more〉 virtuous you become]
従接 従接 M″ M″ S″ V″ 比較級
M′ M′ M′ C′ S′ V′

対訳 第1文

S′ M′ C′ V′ 従接

〈国家主義が〈はじめて〉宗教に なった とき〉，

M

英国人は〈地図を〉眺め，

S M V

そして，

(O) (V)

〈[…こと]に 気づいて〉，

M

[…という] 快適な理論を 展開した。

同格 M O V

[自分の島が〈北半球で〉〈非常に高いところに〉ある こと]

S′ M′ M′ V′ 従接

[〈人は〈はるか〉〈北に〉住む と〉〈それだけ〉〈より〉有徳者に なる という]

S″ M″ M″ V″ 従接 従接

M′ M′ M′ C′ V′

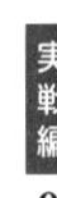

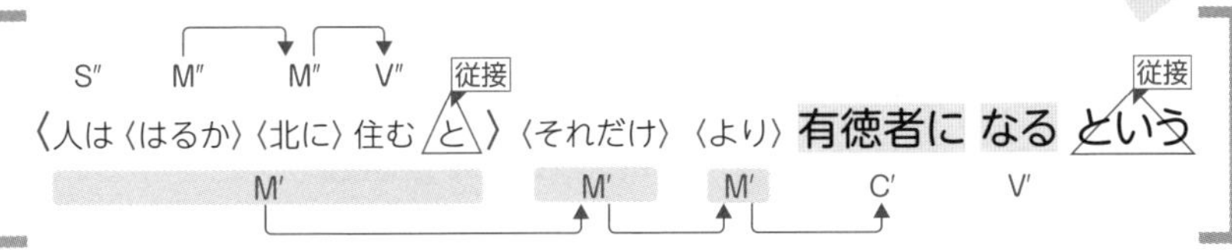

● 主節の V の発見から始めましょう。最初に出てくる動詞 **became** は左方向に When があるので，△ のカタマリ内側の**従属節の V′** です ➲公式 1。今回は when の内側に and による V′ の並列「… V′ … and 〜 V′ 〜」といったパターンも見当たりませんので，when のカタマリ内側は V′ が 1 コだけのはずですね ➲公式 6。V′ は became のみ。したがって，次の **looked** が，△ のカタマリの外へ出るので，これが**主節の V** です。

● looked の左方向の **the English を S**，右方向の **at the map** を**前置詞＋名詞＝M** と考えます。本文の looked は「**look at＋名詞**」の構造パターンです。このときの look は「視線を向ける，集中する」で意識や感覚の「**集中**」を意味する**完全自動詞**になります ➲公式 13。よって，O も C も付かない **SV 文型**です。

● look at＋名詞のところで，「**完全自動詞＋前置詞**」＝**1 つの他動詞** ➲公式 20 と考えて，群動詞的分析法を採用する人も多いと思います。その場合は look at で 1 つの V，後の名詞を O と考えるのですが，今回は構造が非常に複雑ですし，また皆さんは過去問での長文演習に入る前の英語力の土台をつくっている最中ですので，ここでは群動詞的分析法ではなく，通常の品詞分解で細かく読んでいこうと思います。

● そしてこの先には，**等位接続詞 and** がありますね。等位接続詞があるということは，V の数が増える可能性があるということです ➲公式 6・46。また，**等位接続詞の後にあるカンマは，等位接続詞の直後に割り込みの M（＝副詞のカタマリ）が来ることを予告する目印の働き**をしてくれます。

● and の直後のカンマで区切られた noticing that … in the Northern Hemisphere の部分は，割り込みの M で**副詞のカタマリ**です。カタマリになっているということは，➲公式 3 の 6 つのカタマリをつくる記号のうちのどれかが使われているはずです。今回は，noticing の **ing に注目**です。この ing が副詞のカタマリをつくっているので，ここは**分詞構文**ということになります。そして，この ing のカタマリ内側にもミクロ文型（＝準動詞のレベル 3 の文型）が存在しているのです ➲公式 4。noticing「気づいて，気づきながら」⇒「何に？」とツッコミを入れながら読んでいきましょう。そうするとちょうど [**that S′V′** …] という**名詞節** ➲公式 28 がありますから，これを noticing（V）に対しての（O）と考えます。「[…ということ] に気づいて」となります。

● and の直後のカンマで区切られた分詞構文のカタマリの先を見ると，**evolved という動詞**が見つかります。**and は，文全体の S である the English に対する，主節**

のVを2コ（=lookedとevolved）つないでいるのです。なお，evolveは「S自身が発展する」のときはSV文型，**「Sが他者を発展させる」という意味のときはSVO文型**となります。本文は，後に**Oになれる名詞the pleasing theory「快適な（=お気に入りの）理論」**があるので，SVO文型で攻めることにします。

ちなみに，このときのpleasingですが，theと名詞theoryのアイダに挟まれているので，まずは，名詞にかかる形容詞M（=分詞）として働いていると考えましょう。

● 次にthe pleasing theoryの**theory「理論」**に注目です。「理論」は「考え」と言っても同じでしょう。「考え」などの**抽象的な名詞に対して**，**従属接続詞thatのカタマリを右方向（=後方）から付け加える**ことで，その抽象的な名詞の内容を具体的に説明するという構造パターンがあります。いわゆる**同格構文**です ➡公式31 。

● 同格節をつくる従属接続詞thatのカタマリ内側の文型を見てみましょう。今回，この内側の文型部分に，基礎編17（→ p. 135）で取り上げた**⟨the 比較級 … V′ …⟩, the 比較級 ～ V ～ .** の構造パターンが来ているのです。the比較級構文では，「原則，1つめのtheは1語で従属接続詞の働きをし，ifの意味をもつ」という品詞分解上のポイントを是非マスターしてください ➡公式57 。2つめのtheは1語の副詞の働きで，so「それほど・それだけ」の意味をもっています。同格のthat節内側は**「はるか北に人が住むならば，人はそれだけ有徳者（=人格者）になる」**という日本語訳になります。ここの部分は，少しややこしいので，文構造をシンプルにとらえながら，アタマを整理しましょう。

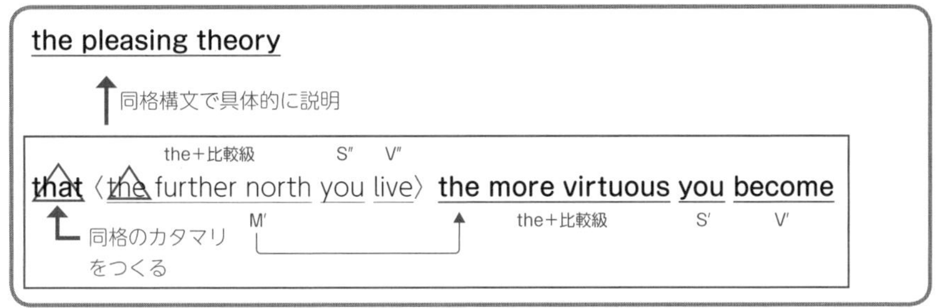

実戦編 9

第2文 構造

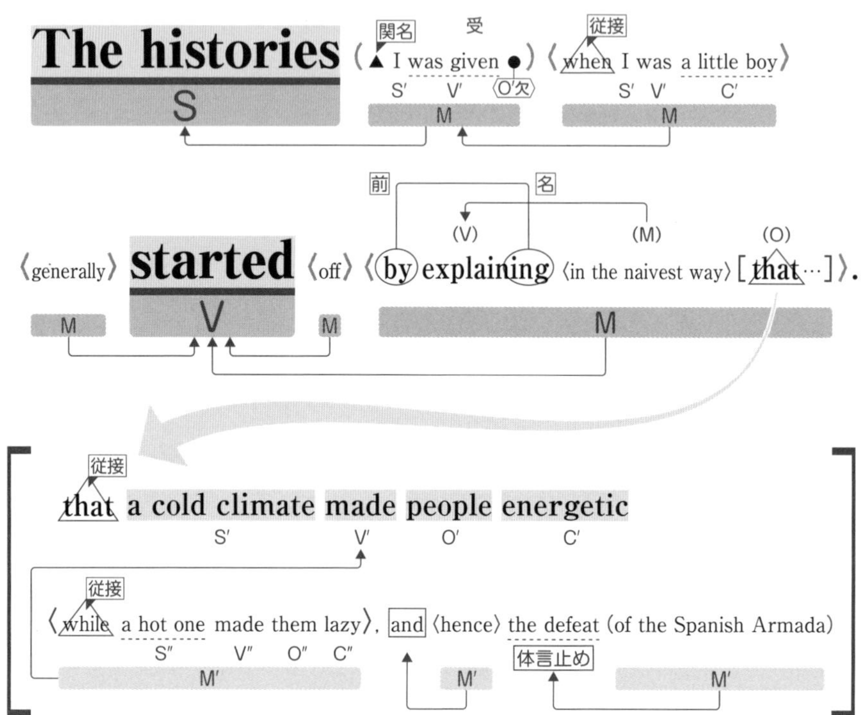

● まず主節の V の発見からスタートです。➡公式3 の 6 つのカタマリの内側にも入らない**主節の V は**，**started** です。

● was given は左方向に「隠れた関係代名詞」があります。**The histories＋I＋was given** という「**名詞＋S＋V**」の語順に注目！ ➡公式30 より**関係代名詞の省略**です。今回省略されているのは，モノについて説明する**目的格関係代名詞**の which あるいは that でしょう。which / that という △ が付くわけですから，**was given は △ のカタマリ内側の V′** になってしまいます。 ↗

対訳 第２文

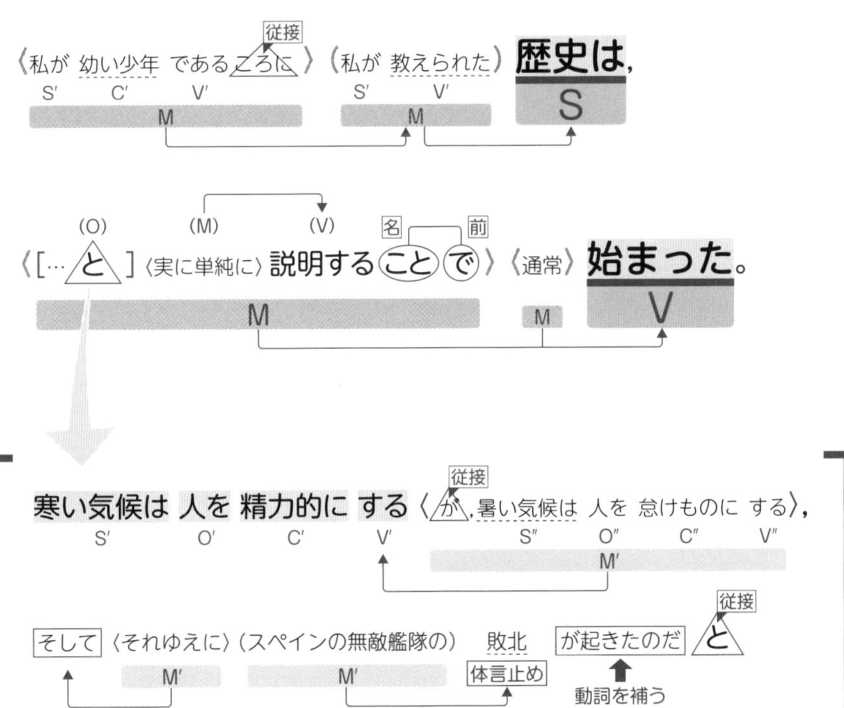

意訳	私が幼い少年のころに教えられた歴史は，実に単純に，寒い気候は人を精力的にするが暑い気候は人を怠けものにする，だからこそスペインの無敵艦隊は敗北することになったのだ，という説明を皮切りに，通常，始まった。

↗ ● I was a little boy の **was** も左方向に when がありますから，これも △ **内側の V′** です。

● explaining は，左方向に時制をもった be 動詞がないので，単独使用の ing です。**単独使用の ing は，主節の V（＝レベル１）や従属節の V′（＝レベル２）にはなれません** ➡公式９。直前に by という前置詞がある点から，前置詞の後は名詞が来るはずですね！ ゆえに，「explaining … は**動名詞のカタマリ**になっているのではないかな？」と考えられれば OK です。ここは **by＋explaining …「…を説明することによって」**で，**前置詞＋名詞＝M** になっているのです。

● この後出てくる **1 つめの made は左方向に that，2 つめの made は左方向に while** があることから，両方とも △ **のカタマリ内側の V′**（または V″）ですね。以上より，やはり主節の V は started しかありませんね。

● **start** は，今回は「S 自身が始まる（＝S 自身が生じる・発生する・起こる)」で，**「出現・発生」の意味をもつ完全自動詞**として使われており，O も C もなし！　仮に何か付くとしたら，それは M でしょうね。つまり **SV 文型**になることができるのです ➔公式 13 。なお，start については，面倒ですが，後に名詞があるかもチェックしましょう。V の後に名詞が来て「S が，モノ・コトを始める」という場合は SVO 文型ということになります。本文は，後に来ている要素は，off という副詞＝M と，by ＋explaining … という前置詞＋名詞＝M ですから，修飾語ばかりです。start に対する O が無いので，完全自動詞の start です。

● by explaining …「説明することによって」の部分は，「ing にツッコミを入れろ！」ですね ➔公式 4 。動名詞 explaining に（V）の記号を付けます。準動詞（＝レベル 3）ですから，V′ の記号ではありませんよ！「説明する」⇒「何を？」にあたる（O）になれそうな名詞を探しながら読み進めていきましょう。まず，way「方法・やり方・様子」という名詞がありますが，これは（O）にはなれません。way の左方向（＝前方）に in があります。名詞の**前**方に**置**かれる**詞**（コトバ），つまり前置詞が付いており，前置詞＋名詞＝(M）になってしまうので，動名詞 explaining に対する（O）にはなれません。

● さらに先に目を走らせると，[that S′V′ …] が見えてきますね。コレが名詞のカタマリになってくれれば（O）にすることができるわけです。➔公式 28 より，この that が従属接続詞の that であれば名詞のカタマリをつくることができますね。that の右方向（＝後方）へチラッと目線を動かすと a cold climate made … あたりが視界に入ってきます。that に △ を付け，カッコを開きます。**カタマリ内側の V′ は made** です。他に V′ になれそうな単語は見当たりませんね。さらに，右方向には people（＝名詞）＋energetic（語尾に -ic＝形容詞）が見えてきます。この瞬間ビビッと読解脳が反応するはず !!「**made（make)＋O＋C の文型（＝第 5 文型）ではないのか？**」と気づき，この部分の意味を軽くチェックしてみます。「**寒冷な気候が人々を精力的にさせる**」となり，文脈に矛盾しない内容になりましたので，これで OK です。結局，**カタマリ内側が S′V′O′C′ という完全な文になっていることから**，この that は**従属接続詞**であると最終確認がとれました ➔公式 27 。従属接続詞の that は ➔公式 28 より，**名詞節になる権利**をもっています。この **that のカタマリを explaining の（V）に対する（O）と解釈**します。

● 以上より，**by explaining … ［that S′V′O′C′］** の日本語訳は「**［S′V′O′C′ということ］を説明することによって**」となるわけです。ちなみに explaining＝(V) と that のカタマリ＝(O) のアイダに挟まれた in the naivest way「実に単純な様子で＝実に単純に」は，explaining「説明する」(V) にかかる (M) になります。

● **while** は「**対比・対照**」の意味をもつ**従属接続詞**です。直前の a **cold** climate「**寒冷な**気候」についての話と a **hot** one「**暑い**気候」の話が対照的になっていますね。**one は可算名詞を指す代名詞で a climate を指す**のです。従属接続詞 while のカタマリ内側の文型も made が V″ で，S″V″O″C″ の完全な文になっています。ちなみに，対照的な意味のフレーズが while の前後に無いときは，while は「時間」を示し，「～する時間，～しながら」のように訳せばよいのです。

● **(and) hence＋名詞「それゆえ…がある（生まれる・起こる・あらわれる）」**という構造は，難関大レベルの英文で重要な知識です。本来は名詞の後に「存在・出現・発生」をあらわす動詞があったのですが，and hence の右方向では，これらの動詞が慣用的に省略されてしまい，名詞だけが残ってしまう現象（＝体言止め）になることがあります。hence の後では特に体言止めになりやすく，「～があった，～が生じた」といった「存在・出現・発生」の動詞を補って訳出するとわかりやすい日本語になります。

> (例) The hotel was built beside the river; <u>hence</u> **the name Riverside**.
> 「そのホテルは川の近くに建てられた。**<u>それゆえ</u>リバーサイドという名前が生まれたのだ**（＝だからリバーサイドという名前になったのだ)」

本文の **and hence the defeat of the Spanish Armada** は動詞を補って訳すと，「**それゆえ，スペインの無敵艦隊の敗北が起きたのだ**（＝だから，スペインの無敵艦隊は敗北することになったのだ)」となります。

● なお，本文は以下のような結論が続いています。
This nonsense about the superior energy of the English (actually the laziest people in Europe) has been current for at least a hundred years.「英国人の優れた精力に関するこのバカげた考えが（実際には英国人はヨーロッパで最も怠惰な国民なのだから)，少なくとも百年間世に広まっていた」

実戦編 9

実戦編10

次の英文の構造を意識し，内容を理解せよ。また理解した内容を日本語で表せ。

[1] At present, in the most civilized countries, freedom of speech is taken as a matter of course and seems a perfectly simple thing. [2] We are so accustomed to it that we look on it as a natural right. [3] But this right has been acquired only in quite recent times, and the way to its attainment has lain through lakes of blood. [4] It has taken centuries to persuade the most enlightened people that liberty to publish one's opinions and to discuss all questions is a good and not a bad thing.

John Bagnell Bury, *A History of Freedom of Thought*

NOTE

□ present 現在　□ civilized 文明化した　□ a matter of course 当然のこと
□ accustomed 慣れた　□ natural right 生まれながらの権利　□ acquire ～を得る
□ attainment 達成　□ lain lie「存在する」の過去分詞形　□ persuade ～を説得する
□ enlightened 文明の開化した　□ publish（情報など）を発表する，公表する

和訳

現在，最も文明の進んだ国々では，言論の自由は当然のことと考えられており，また全く簡単なことであるように思われている。私たちはそれ（＝言論の自由）に慣れてしまっているので，それを生まれながらの権利とみなしている。しかし，この権利はごく最近の時代になってようやく獲得されたもので，それを達成するまでには，幾多の血の湖を渡ってきたのである。最も開化した国民にさえ，意見を発表し，あらゆる問題を討議する自由は，悪いことではなく良いことであるということを，納得させるには何世紀もかかったのである。

構造のシンプル化

第 1 文

… **freedom** … **is taken** **as a matter of course**
S V C

and **seems** **a perfectly simple thing**.
V C

自由は 当然のこととして みなされ また 全く簡単なこと であるように思われる。
S C V C V

第 2 文

We **are** … **accustomed** … .
S V C

私たちは 慣れて いる。
S C V

第 3 文

… **this right** **has been acquired** … , and **the way** … **has lain** … .
S V S V

この権利は 獲得され そして 道のりは ものであった。
S V S V

第 4 文

It **has taken** **centuries** **to persuade … people that …**.
仮S V O 真S

…な国民に…を納得させることは 数世紀を 要した。
真S O V

第1文 構造

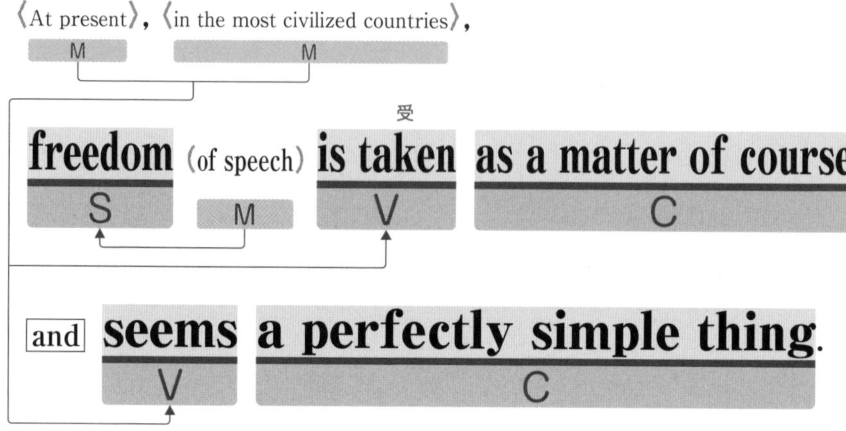

● 文頭は M からスタートです ➔公式36。**主節の V＝is taken で受身**です。後方に，as がチラッと見えますね。これを見た瞬間，思いついてほしいことは，**take 名$_1$ as 名$_2$「名$_1$を名$_2$とみなす・思う」＝regard *A* as *B*** の構造パターンです ➔公式17。take は「思う・みなす」の「**認識**」の動詞で **SVOC 文型**をとることができるのです。**名$_1$** の部分を **O**，**as 名$_2$** の部分を **C** と解釈します。本文では，これが is taken で受身となり，O がなくなり，C の部分＝as a matter … が残っているわけです ➔公式11。

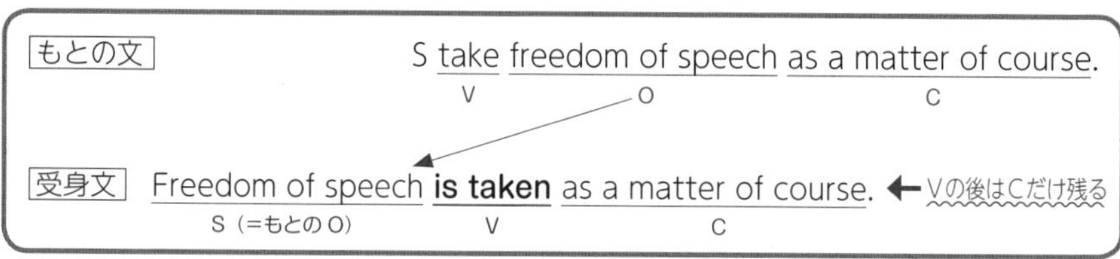

● 等位接続詞 and によって主節の V が 2 コになっています ➔公式6・46。S は共に freedom です。

● **seems** が 2 つめの **V** です。**seem「～であるように思われる」**は ➔公式12 より，**SVC 文型**になることができます。さらに，➔公式24 より，a … thing の，**冠詞 a から名詞 thing まで**を 1 つの大きなまとまりと考え，これを **C** とします。

対訳
第1文

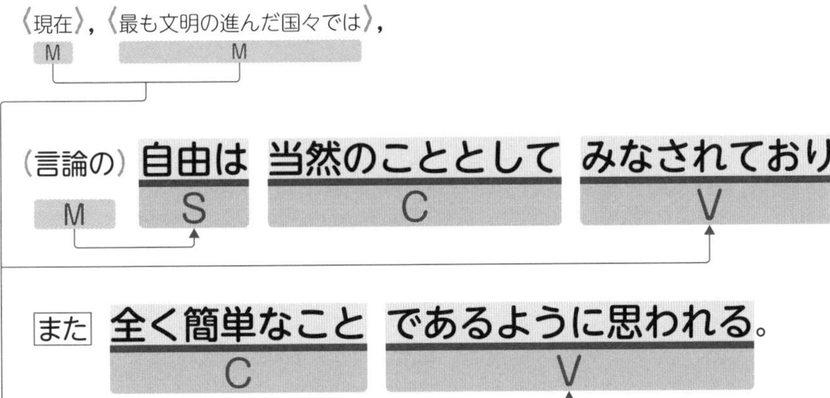
《現在》,《最も文明の進んだ国々では》,
M
M
(言論の)
M
自由は
S
当然のこととして
C
みなされており,
V
また
全く簡単なこと
C
であるように思われる。
V

実戦編 10

第2文 構造

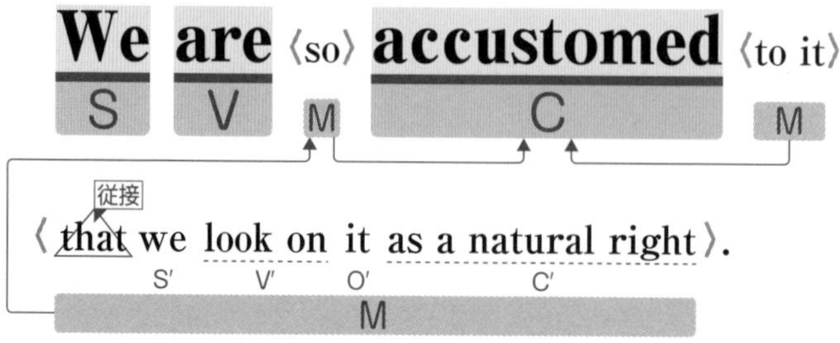

● **主節のV＝are** なので，まずは **SVC 文型**を予測しましょう。

● **accustomed** は，もともと「～を慣れさせる」という意味の他動詞が，be＋過去分詞で受身になった，と考えても間違いではありませんが，語尾に -ed が付いた受身の意味をもつ**形容詞「慣らされた＝慣れた（状態）」**と考えても OK です。accustomed は辞書や単語集にも形容詞として掲載されています。**accustomed** を **C** ととらえて，主節は SVC 文型で完成です。

● **so** は**強調の副詞**で M。もとの意味は「**それほどに，そんなふうに，それだけ**」です。後方に that S′V′ … が見えるので，「**so … that ～ 構文**」と考えましょう。この構文で使用される that のカタマリは，名詞節ではなく，**副詞節**になります。**so accustomed「それほど慣れている状態だ」と抽象的に述べた後**で，〈**that がつくる副詞節**〉**が so を修飾して，具体的に「どの程度慣れているのか」を詳しく説明**してくれるわけです。「抽象から具体へ」という英語の情報のナガレを意識しましょう！ ➔公式 49　so … that ～ 構文の日本語訳は，「(**とても**) …**で，～なほどだ**」「**非常に…なので，～だ**」などとすることができます。

● that 節の内側の従属節は，**look on でまとめて V′** とするのがポイントです。look だけで通常は V′ とするのですが，今回は後方に as が見えます。as の前後の語句をチェックし，イコール関係（＝主語・述語の関係）が意味的に成立するとき，**look on … as ～「…を～だとみなす・思う・認識する」＝regard … as ～** と考えてください。すぐ後の名詞を O′ で as ～ の部分を C′ にします。つまり，regard *A* as *B* ↗

対訳 第2文

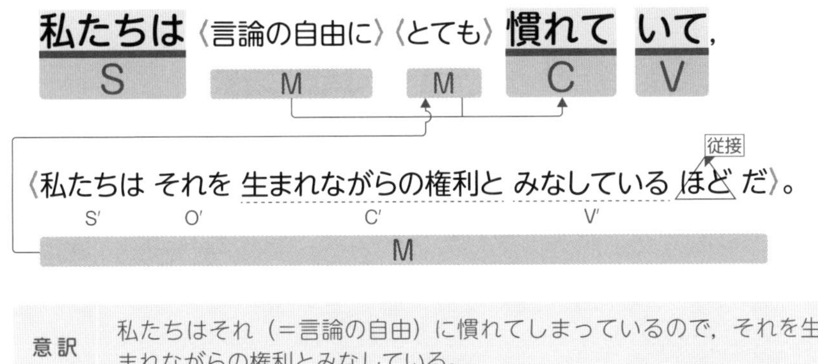

意訳 私たちはそれ（＝言論の自由）に慣れてしまっているので，それを生まれながらの権利とみなしている。

↗ 型「A を B だとみなす」➲公式17 と考えるのです。このとき look on は，単に「見る」ではなく，「みなす，思う，認識する」という意味になります。

● なお，2度登場する it はいずれも前の文の freedom of speech を指します。

第3文 構造

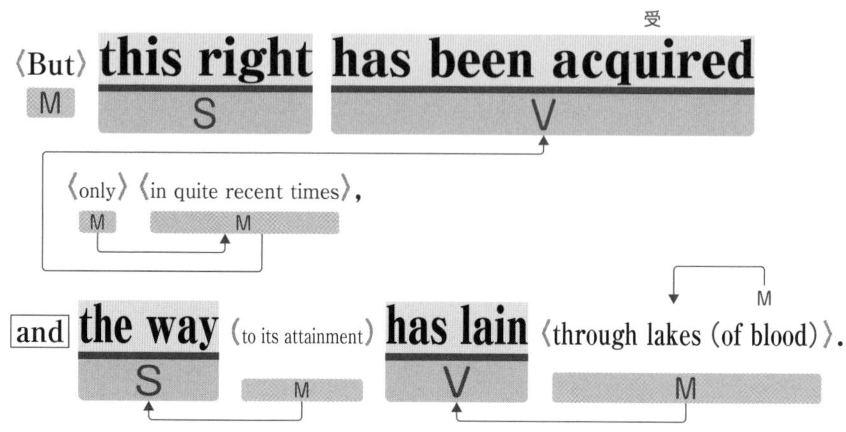

● 文頭の大文字で始まる But は１語の副詞と考えて分析してください。構造上，副詞なので，この大文字 But によって V の数は増えません。しかし意味上は，等位接続詞と変わりません ➔公式 47 。小文字の and は通常の等位接続詞で，**主節の V（＝has been acquired と has lain）**をつなぎ ➔公式 46 ，その２つの V にそれぞれ別の **S（＝this right と the way）**が付いています。

● **only** は，**文末方向の M に優先的にかかる**ので，「in quite recent times にかかっているのではないか？」と考えてみます。また，もう１つの重要なポイントとして，**only は時間の副詞にかかり，「～になってようやく，～してやっと」という意味になることがあります。**今回，in … times が時間の副詞なので，この意味を採用しています。「**ごく最近になってようやく**」となります。この解釈で特に違和感はないので，いったん正解として採用することになります。読み進めていくうちに，もし矛盾が出てくれば，その時点で「only がどこにかかるか」についての解釈を修正すればよいのです。

● and 以下は，**has lain が V**，through … が前置詞＋名詞＝M。この lain（lie）は完全自動詞で「存在する」の意味です。「S は，…を通過して，存在している」では日本語として不自然。こういったとき， ➔公式 42 を意識しましょう！「動詞＋前置 ↗

対訳 第3文

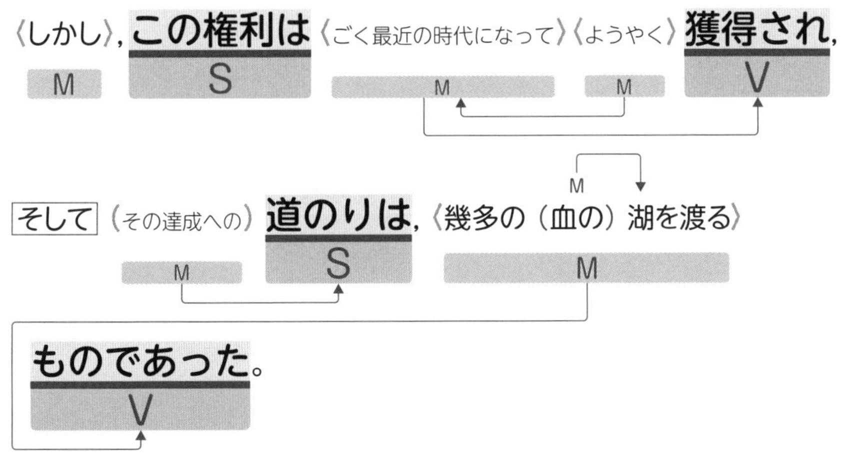

意訳 しかし, この権利はごく最近の時代になってようやく獲得されたもので, それを達成するまでには, 幾多の血の湖を渡ってきたのである。

↗ 詞の**前置詞部分を意味の中心として強く訳出**し, 一方で**動詞部分は前置詞に比べ意味的に弱化**してほとんど訳にも出ないことがある」というルールでした。今回も lie - lay - lain「存在する」の意味は日本語訳ではほぼカットします。前置詞 through がもつ「**通過・経験**」の意味を日本語訳では強く出して,「**S はこれまで幾多の血の湖を通過するものであった, 経験するものであった**」となるわけです。has lain の部分は, 形骸化しており, ほぼ訳には出ていませんが, **現在完了時制**のかすかなフレーバーだけは,「**これまで〜**」といったカタチで日本語訳に残しておきましょう。

発展 24. only の訳出

only は文末方向にかける「文末焦点化の副詞」になることがあります。特に,「S only V … 文末 M」のとき, まずは, 優先的に文末 M にかけて only を訳します。それで訳がおかしければ, V にかけて「V するにすぎない」と訳出しましょう。

(例) He walks the world today with a physique and brain that could **only** have developed **in an environment of growing trees**. (早稲田大学法学部)

下線部は,「**木が茂った森の中でのみ**発達できたであろう」という意味です。なお, 本問は that could not have developed without him having lived among growing trees.「森の中で生きることがなければ発達できなかっただろう」という選択肢と同意であることを答える問題でした。

実戦編 10

第4文 構造

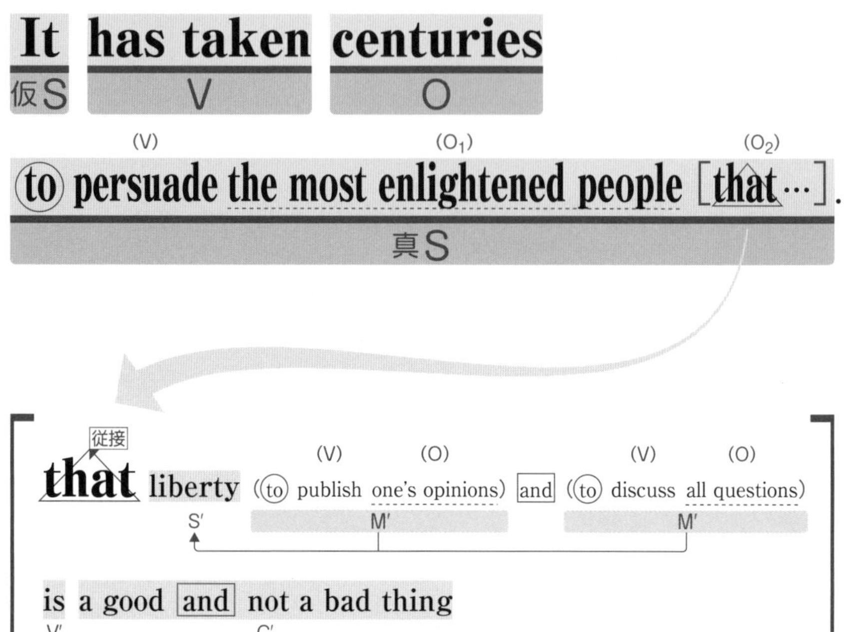

● **主節のV＝has taken**で「**〜を奪ってきた**」がコアの意味です。takeは「時間がかかる」と訳す場合が多いのですが，それはあくまで数多くある意訳のうちの1つにすぎません。**centuries＝O**とします。時間の語句は，英文中では副詞Mのカタチで表現されることが確率的には多いのですが，**take / spend / waste＋O（＝時間）といった「時間を必要とする・費やす」**という他動詞のOになるパターンや，**S（＝時間）＋passのような「時間が過ぎる」**という完全自動詞のSになるパターンでは，**時間の語句がOやSといった英文の中心要素になる**こともあります。

● 文頭にItがあることから**仮主語構文**を予測しましょう ➲公式52！ It＝仮Sとして右方向の**不定詞のカタマリ** to persuade … を名詞句と考え，**真S**とします。

● 不定詞のカタマリ内側にも文型あり！ 準動詞文型なので（V）（O）という分析を行ってください ➲公式1･4。**persuade「説得する」＝(V)**と考えます。persuadeは，実はOを2コとれるgive型のV ➲公式14 になることがあります。**persuade O_1 O_2で「O_1（相手）にO_2（情報）を完璧に与える」**というのが根本の意味で「O_1にO_2を完璧に伝える，伝達する」と意訳できます。そして，「完璧に」というニュアン ↗

対訳 第4文

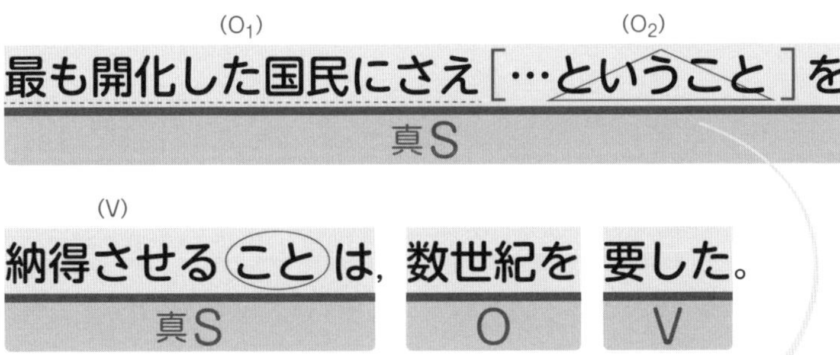

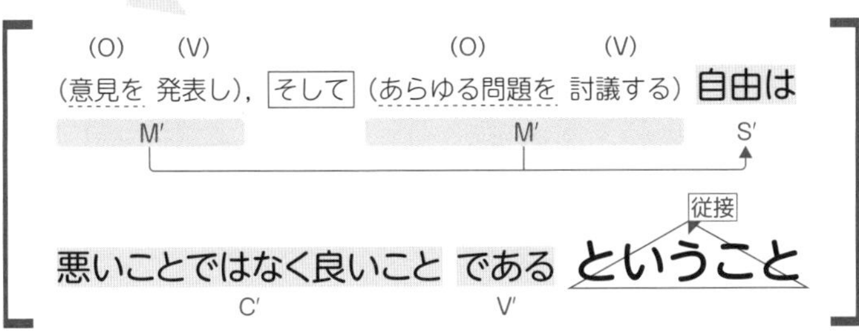

↗ スは接頭辞 per- の部分から出てきます。**per**fect「完璧な」と同じ接頭辞 per- ですね。この接頭辞のイメージより，persuade は，中途半端に情報が伝わるのではなく，「完全に相手に情報を伝えきる」となり，ここから「**相手を納得させる，説得する**」のような，さらなる意訳ができるわけです。

● 以上より，**persuade** が（**V**），**the most enlightened people** が（**O**₁），［**that S′V′ …**］を（**O**₂）として解釈すると，「**最も文明化した人々に［…ということ］を納得させる**」と訳すことができます。「that は従属接続詞で名詞節をつくる ➔公式 28」と考えれば，この that が（O₂）になっているということも構造上矛盾なく説明できます。

● that 節の内側は，**liberty** が **S′**，**is** が **V′**，**a … thing** は **C′** となり，**S′V′C′ 文型**の完全な文です ➔公式 27。よって that は，関係代名詞ではなく**名詞節をつくる権利をもっている従属接続詞**と断定できます。この that 節の内側で使われている 2 つの不定詞のカタマリの内側も，publish「公表する」(V) ⇒「何を？」，discuss「議論する」(V) ⇒「何を？」と，(O) を探しながら読み進めていくのです ➔公式 4。

実戦編11

次の英文の構造を意識し，内容を理解せよ。また理解した内容を日本語で表せ。

[1]Human nature does not change, or, at any rate, history is too short for any changes to be perceptible. [2]The earliest known specimens of art and literature are still comprehensible. [3]The fact that we can understand them all and can recognize in some of them an unsurpassed artistic excellence is proof enough that not only men's feelings and instincts, but also their intellectual and imaginative powers, were in the remotest times precisely what they are now.

Aldous Leonard Huxley, *Do What You Will*

NOTE

□ at any rate とにかく　□ any+名（たとえ）どんな名であっても
□ perceptible 形（変化や動きが）生じていると気づかれる＝知覚・感知・認知できる
□ specimen 見本，標本，サンプル　□ comprehensible（たやすく）理解できる
□ unsurpassed このうえない，無比の　□ excellence 優秀さ　□ proof 証拠
□ instinct 本能　□ intellectual 知性の　□ imaginative 想像力に富んだ
□ precisely 正確に，まさに

和訳

人間性は変わらない。あるいは，とにかく，歴史が短すぎて，どんな変化をもそれと感知することができないといえよう。最も古い芸術と文学の有名なサンプルですら，今でもまだ理解することができる。私たち現代人がそうしたものすべてを理解でき，その一部に無比の芸術的優越性を認めることができるという事実は，人間の感情と本能ばかりか，その知力および想像力が，最も古い時代であっても，現在の様子と完全に同じであることの十分な証拠になっている。

構造のシンプル化

第1文

Human nature (S) **does not change** (V), [or] … **history** (S) **is** (V) … **short** (C) … .

人間性は (S) 変わらない。(V) [あるいは] 歴史は (S) 短い (C) のである。(V)

第2文

The earliest known specimens (S) … **are** (V) … **comprehensible** (C).

最も古い有名なサンプルは (S) 理解できる (C) のである。(V)

第3文

The fact (S) … **is** (V) **proof** (C) … .

事実は (S) 証拠 (C) になっている。(V)

第1文 構造

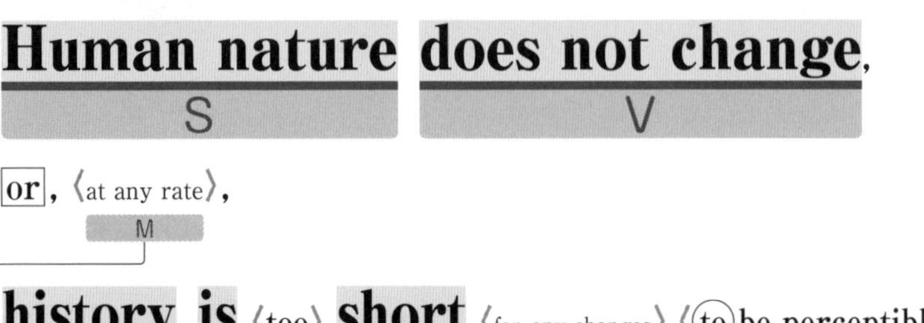

● **主節のVは，does not change と is** です。**等位接続詞 or** によって主節の V が 2 つに増えているのです ➲公式 6・46 。2 つの V には，それぞれ別の **S（=Human nature と history）** が付いています。ちなみに change は，「S（自身）が変わる」のときは SV 文型，「S が O を変える」のときは SVO 文型です ➲公式 13 。 ↗

第2文 構造

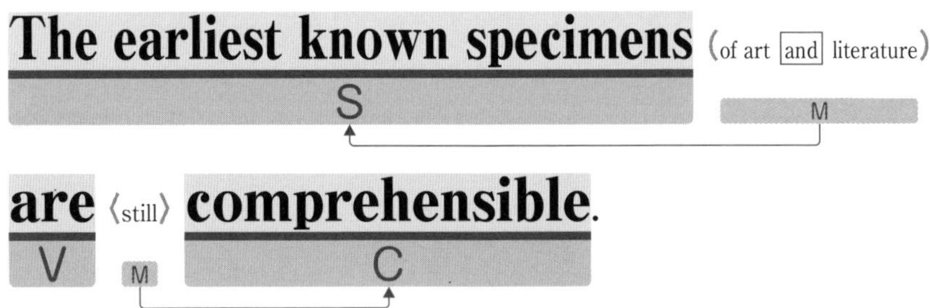

● **主節の V=are** です。and がありますが，本文の and は 2 つの名詞をつないでいるだけです。動詞をつなぐパターンにはなっていないので，主節の V の数は増えません。 ↗

対訳 第1文

人間性は 変わらない。
S V

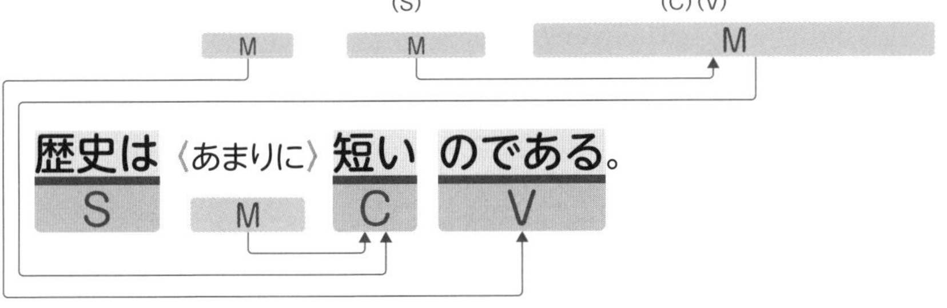

歴史は 〈あまりに〉 短い のである。
S M C V

意訳	人間性は変わらない。あるいは，とにかく，歴史が短すぎて，どんな変化をもそれと感知することができないといえよう。

↗ ● too … (for *A*) to *do* の構造パターンです ➔公式 43。意味は「(*A* が) ～するには，あまりに…」「…すぎて (*A* は) ～できない」となります。

対訳 第2文

〈芸術 と 文学の〉 最も古い有名なサンプルは，
M S

〈いまだに〉 理解できる のである。
M C V

意訳	最も古い芸術と文学の有名なサンプルですら，今でもまだ理解することができる。

↗ ● 主節は SVC 文型です。the と名詞 specimens とのアイダに挟まれている **known「知られている」(＝過去分詞) は形容詞**で ➔公式 24，famous「有名だ」とほぼ同じ意味です。earliest known で specimens にかかる M です。

第3文 構造

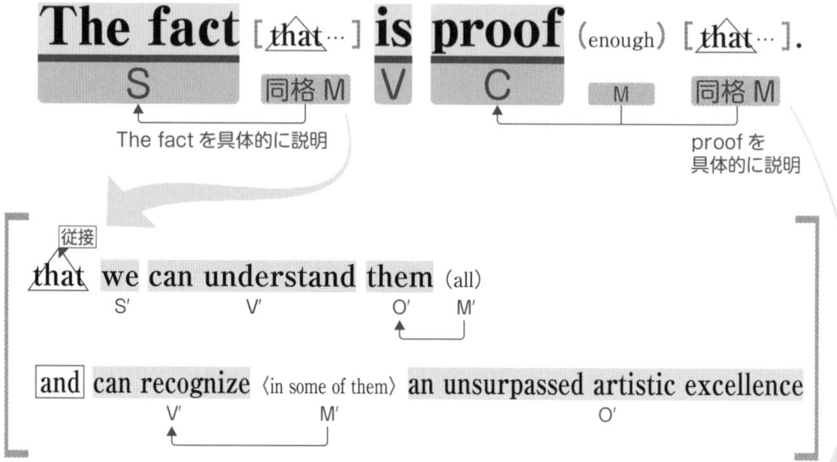

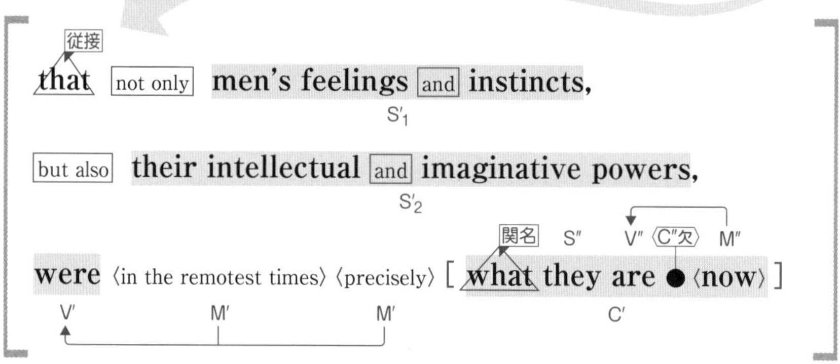

● まずは，いかなるカタマリにも入らない，カタマリ外側にある，主節のVの発見からスタート！ ➡公式5 本文では，**主節のVはis（＝レベル1）**です。**can understand**と**can recognize**は左方向にthatがあるので，**△のカタマリ内側のV′（＝レベル2）**です。等位接続詞andがあり，…V′…and〜V′〜というカタチになっており，V′が並列されているので，thatの内側のV′が2つになっています ➡公式6･46。後方のwereも，左方向にさらにもう1つ別のthatがあるので，thatのカタマリ内側に入るV′です。

● **The fact**「**事実**」＝S，**proof**「**証拠**」＝Cで，それぞれ右方向にthatのカタマリ ↗

対訳 第3文

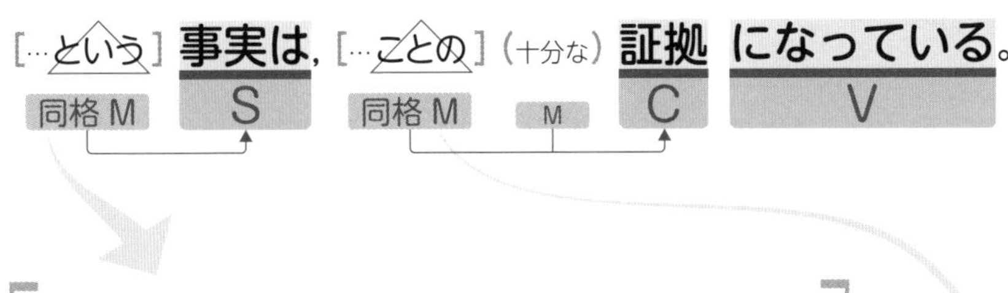

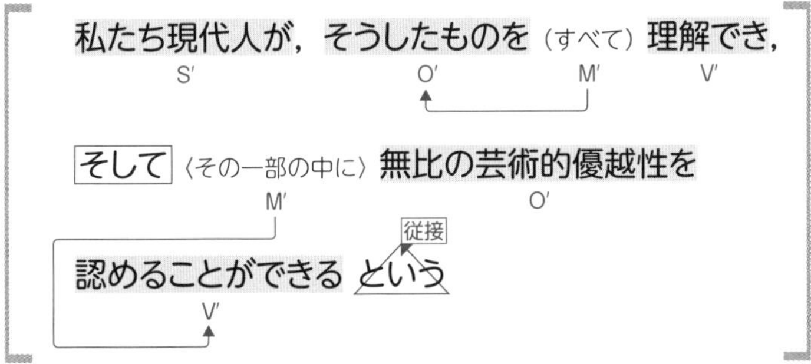

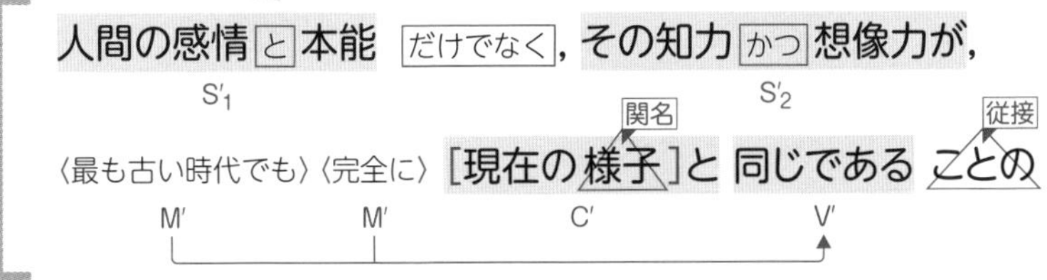

↗ を伴っています。これらの that は前方の抽象的な名詞 fact と proof の内容を具体的に説明する**同格名詞節をつくる that** です ➔公式31。このカタマリをどのようにとらえるかについては，様々な学説が存在しますが，大学受験において求められる読解力を養成するという観点から，本書では品詞分解上は M として分析することにします。

● 最後の what they are now の what は**「様子・状態・状況」の what** です。**what のカタマリ内側で C が欠落しているとき**，この意味になります。詳しくは基礎編 5 の英文 2（→ p. 44・45）で取り上げています。「現在それらがそうである様子」＝**「現在の様子」**です。

実戦編12

次の文章の構造を意識し，内容を理解せよ。また理解した内容を日本語で表せ。

[1]Nitrogen, the element which plants need to grow, and which is rapidly taken from the soil, is of course all around us. [2]The air we breathe is almost 80% nitrogen. [3]However, the problem of getting this abundant nitrogen to bond with other elements, and thus form a useful material, was unknown until Haber made a number of discoveries, and along with colleagues developed the Haber Process for making ammonia, a compound of nitrogen and hydrogen.

（早稲田大学文学部）

NOTE

□nitrogen 窒素　□element 元素　□take ～ from … …から～を摂取する
□abundant 豊富な　□bond with ～ ～と（化学）結合する
□Haber（フリッツ・）ハーバー　□along with ～ ～とともに　□colleagues 同僚
□the Haber Process ハーバー法　□ammonia アンモニア　□compound 化合物
□hydrogen 水素

和訳

窒素は，植物の成長に必要で，土から急速に摂取される元素であるが，もちろん，私たちの周りの至るところに存在している。私たちが呼吸している空気は，80%近くが窒素である。しかしながら，（あらゆる植物が）この豊富な窒素を取り入れ，他の元素と結合させ，そうすることで有益な物質をつくるという問題は，ハーバーが多くの発見を行い，同僚とともに，窒素と水素の化合物であるアンモニアを生成するハーバー法を開発するまでは，知られていなかったのだ。

構造のシンプル化

第 1 文

Nitrogen … is … around us.
S V C

窒素は 私たちの周りに 存在している。
S C V

第 2 文

The air … is … nitrogen.
S V C

空気は 窒素 である。
S C V

第 3 文

… **the problem … was unknown** ….
S V C

問題は 知られることがなかった のであった。
S C V

第1文 構造

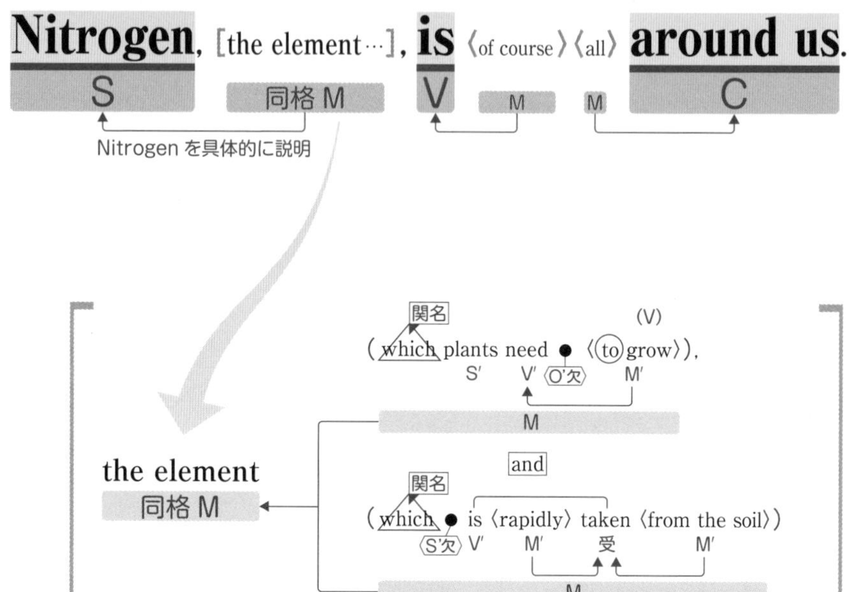

● **主節の V=is** です。need to grow や is taken は which の △ のカタマリ内側の **V′**（=レベル 2）です。V である **is** は **be 動詞**なので **SVC 文型**を予想します。なお，本文は around us を場所の副詞句 M と分析して，SV 文型で解釈することもできます。

● **Nitrogen=S** です。カンマを挟んで置かれている **the element は同格**（=言い換え）の M です。「**名詞 1，名詞 2**」という語順のとき，**前の名詞 1 = 抽象**，**後の名詞 2 = 具体説明** となります。よって，名詞 2 の方が名詞 1 に対する M の働きをし ↗

第2文 構造

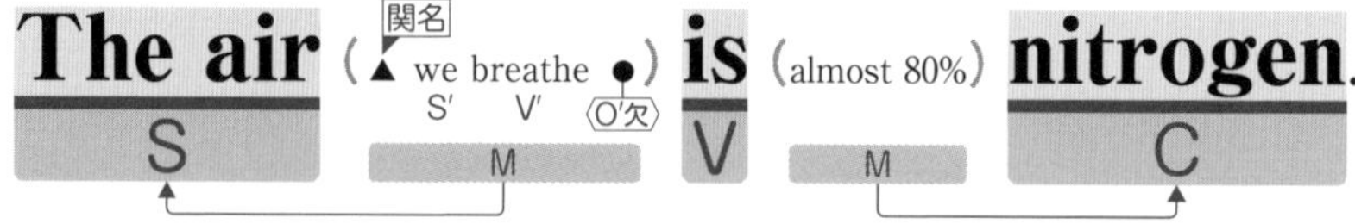

● **The air+we+breathe** で「**名詞+S′+V′**」の語順が潜んでいることに気づきましょう ➲公式 30 。このとき目的格の関係代名詞 that または which が，名詞と S′ のア ↗

対訳 第1文

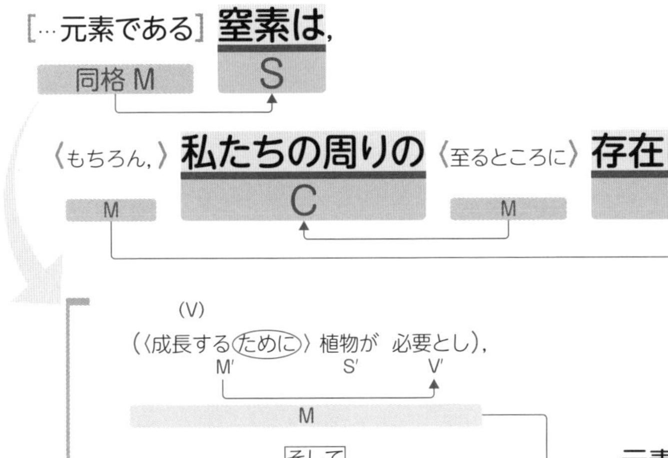

↗ ているのです。本文も，the element の方が nitrogen に対する M となります。

● 同格 M の後にさらに M が続くパターンに注意！ **同格の M** は，同格単独で使われることはそれほど多くありません。名詞1（=nitrogen）に対して，「カンマ+名詞2」（=, the element）が同格語句としてかかる。そして，**名詞2のさらにその先に M が後続することが多い**のです（ここでは which の △ のカタマリ）。

対訳 第2文

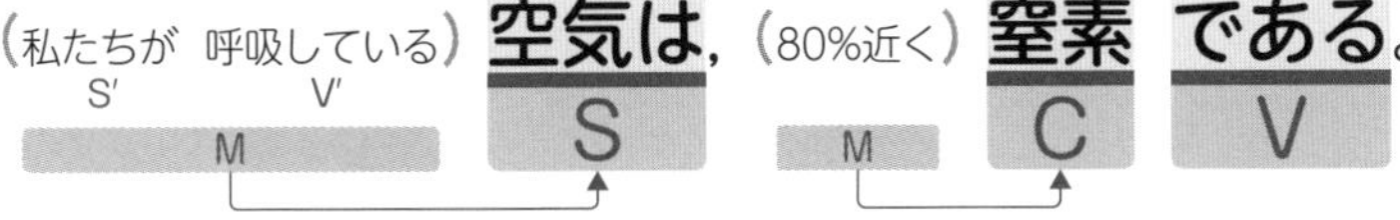

↗ イダに隠れているのです。

第3文 構造

〈However〉,
M

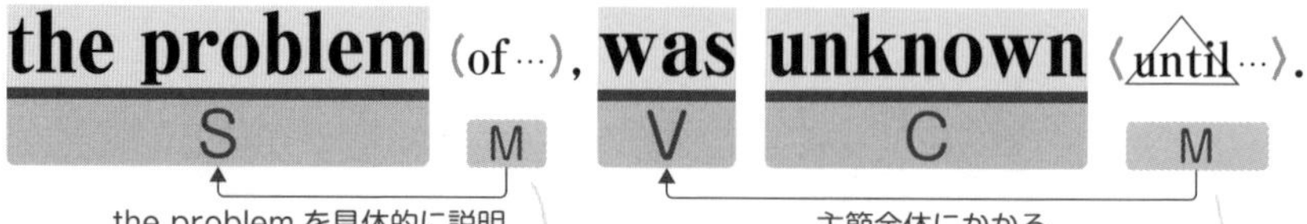
the problem (of…), was unknown 〈until…〉.
S
M
V
C
M
the problem を具体的に説明
主節全体にかかる

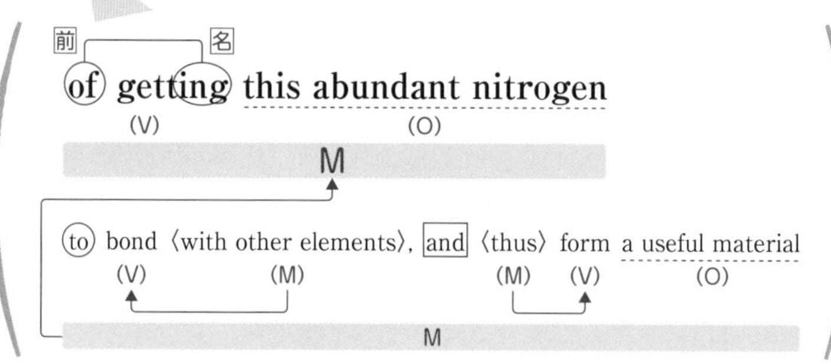
前
名
of getting this abundant nitrogen
(V)
(O)
M
to bond 〈with other elements〉, and 〈thus〉 form a useful material
(V)
(M)
(M)
(V)
(O)
M

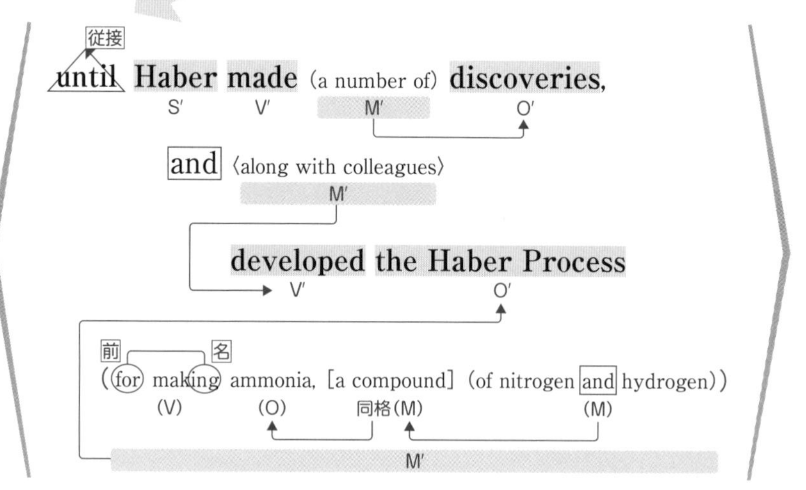
従接
until Haber made (a number of) discoveries,
S′
V′
M′
O′
and 〈along with colleagues〉
M′
developed the Haber Process
V′
O′
前
名
(for making ammonia, [a compound] (of nitrogen and hydrogen))
(V)
(O)
同格(M)
(M)
M′

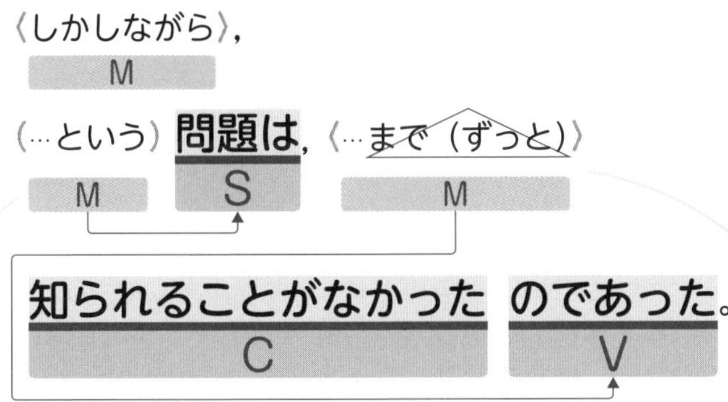
〈しかしながら〉,
M
(…という) 問題は, 〈…まで (ずっと)〉
M S M
知られることがなかった のであった。
C V

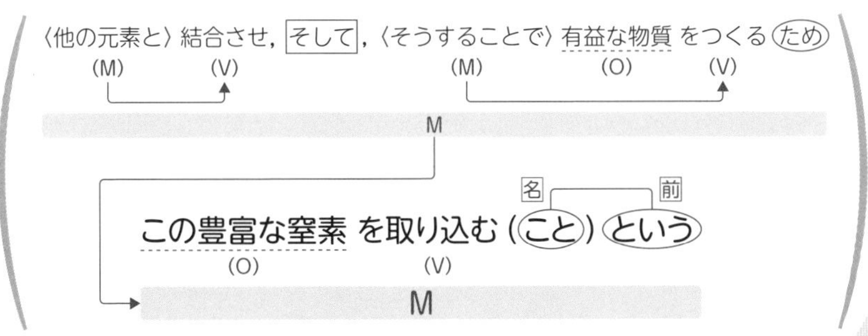
〈他の元素と〉結合させ, そして, 〈そうすることで〉有益な物質 をつくる ため
(M) (V) (M) (O) (V)
M
名 前
この豊富な窒素 を取り込む (こと) という
(O) (V)
M

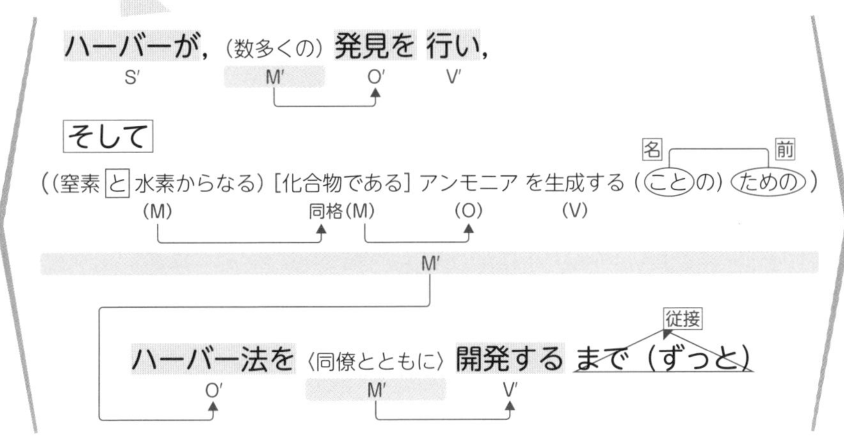
ハーバーが, (数多くの) 発見を 行い,
S′ M′ O′ V′
そして
名 前
((窒素 と 水素からなる) [化合物である] アンモニア を生成する (ことの) ための)
(M) 同格(M) (O) (V)
M′
従接
ハーバー法を 〈同僚とともに〉 開発する まで (ずっと)
O′ M′ V′

● **主節のV=was，C=unknown，S=the problem**。主節は the problem … was unknown で完成です。

●SとVが離れてしまい，構造が見抜きにくくなっている**SV遊離パターン**で，SVのアイダには，of getting … という**前置詞＋(動)名詞=M** が割り込んでいます ➔公式36。もちろんここで getting の ing のカタマリ（=動名詞句）の内側にミクロ文型あり！ ツッコミを入れろ！ ➔公式4。

●また，to bond … のカタマリも**不定詞のM**のカタマリ。and があるので，to *do* のカタマリ内側の（**V**）が**2つ**（=**bond と form**）になっています ➔公式6・46。この部分は「…する<u>**ために**</u>（窒素を取り込むという問題)」という意味ですが，「(窒素を取り込み，）そして…する（という問題)」のように英語の順番通りに訳してもほぼ同じ意味になります。

●従属接続詞 until「〜するまで（ずっと)」がつくるカタマリは ➔公式28 に挙げられている △ の中に入っていないので，名詞節になることはありません。**副詞節**をつくり，**主節全体**にかかっています。

● until の内側は，**等位接続詞**の **and** があることによって V′ の数が増えるので ➔公式6・46，V′ が２コになっている点に注意です。**made** と **developed** が and でつながれています。**S′=Haber** です。そして，made と developed の O′ を右方向に探すと，made discoveries「発見した」と developed the Haber Process「ハーバー法を開発した」というつながりが見つかります。なお，discoveries の前の a number of は「数多くの」という意味で discoveries を修飾する *M′* となります ➔公式39。

●以上より，**「ハーバーという人物が，数多くの発見を行い，（自分の名前が付いた）ハーバー法を開発した**」ということで，内容的にも，この解釈で矛盾はありません。なお，and が何をつないでいるかは単にカタチを見るだけで判断できることもありますが，多くの場合，内容上の考察をする必要があります。カタチだけでは，複数の解釈の可能性が出てくるのです。より自然な内容，前後の文脈と矛盾しない内容にするためには，どことどこを結び付けて解釈するのがより良いか，という検討を常に行ってください。

●最終部分（=for making 以降）の重要構造の確認です。**名詞1**（ここでは ammonia）に対して，「**カンマ＋名詞2**」（ここでは , a compound）の**同格のM**

（**=具体化**）が付きます。そして，**同格の名詞 2 にさらに M**（ここでは of nitrogen and hydrogen）が続くという構造になっています。「**窒素と水素の・化合物である・アンモニア**」となっています。構造と日本語訳の対応関係を整理しておきましょう。

実戦編13

次の英文の構造を意識し，内容を理解せよ。また理解した内容を日本語で表せ。

[1]I have always wondered at the passion people have to meet the celebrated. [2]The prestige you acquire by being able to tell your friends that you know famous men proves only that you are yourself of small account.

William Somerset Maugham, *The Summing Up*

NOTE

□passion 情熱　□the celebrated 有名人，セレブ　□prestige 名声
□acquire ～を獲得する　□prove ～を証明する　□account 重要性

和訳

人々がもっている，有名人に会いたいという情熱に対して，私はいつも不思議に思ってきた。有名人を直接知っていると，友人に話すことによって，獲得する名声は，他の誰でもなく自分が，重要な人物ではないということを示しているにすぎない。

構造のシンプル化

第1文

I **have** … **wondered** ….

S V

私は 不思議に思ってきた。

S V

第2文

The prestige … **proves** … [**that** …].

S V O

名声は …ということを 示している。

S O V

第1文 構造

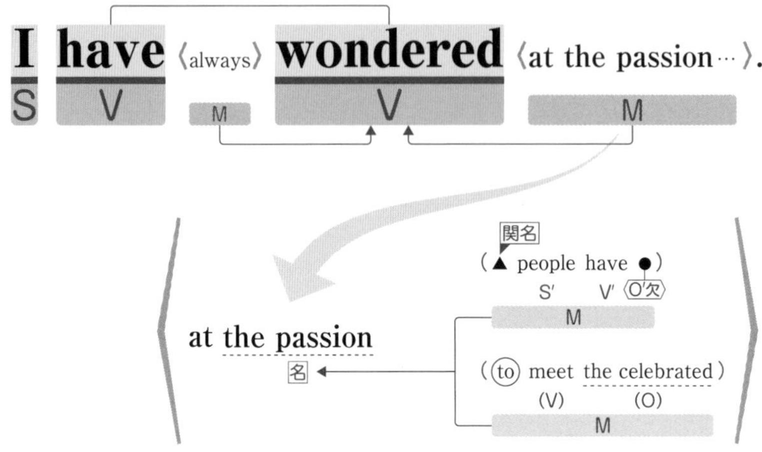

● まずは，主節のVの発見からスタートです ➲公式5 。**V＝have … wondered** ですね。

● ➲公式30 より，本文には，**the passion people have**「情熱＋人々が＋もっている」という**名詞＋S＋V**の語順があることから，passion と people のアイダに**関係代名詞が省略されている**ことに気づいてください。ですから，**people have** の部分は主節ではなく，関係代名詞の △ のカタマリ**内側の従属節**ということになります。

● **wonder**「**驚く**」は，SVO文型でもSV文型でも使うことができます。今回は，右側を見ると **at the passion** の**前置詞＋名詞＝M** が来ていることから，**SV文型の完全自動詞**で使われているようです。**at ～** のコアイメージは「**～の一点をめがけて**」です。よって，全体としては「the passion『情熱』という一点をめがけて，I『私』は，wonder『驚き』のキモチを発している」というのがコアイメージとなります。これをもう少しわかりやすく訳すと，「**私は，情熱に対して驚いている（＝不思議に思っている）**」となるのです。

● to meet … の部分は，不定詞のカタマリでMになり，the passion にかかっています。**passion to *do*** のカタチで「**～したいという情熱・願望**」で頻出の構造ですから，理解した上で暗記しておきましょう。本文は，passion と to *do* のアイダに，（which people have）という**関係代名詞によるMのカタマリが割り込む**ことで，passion と to *do* が離れてしまうという**遊離現象**が起きているのです。この遊離現 ↗

対訳 第1文

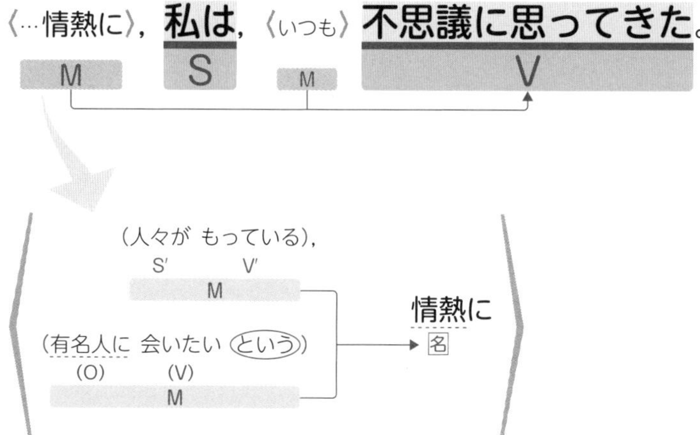

↗ 象も，英文が複雑化していく要因，つまり読む速度が落ちてしまう要因になります。こういった現象が起こりうることをしっかり意識しておきましょう。

● 不定詞のカタマリ内側にもミクロ文型（＝レベル３）あり，ですね➡公式４。(V) に対しての（O）を探しながら読み進めていきましょう。meet「会う」⇒「誰に？」⇒ the celebrated「有名な人々に」となりますね。

● celebrated は，**「語尾 ed の過去分詞＝形容詞」**と考えることができます。さらに，ここで，**the＋形容詞＝名詞**という重要なポイントを意識する必要があります。

> **the＋形容詞＝名詞**の意味
> ❶ **「〜の人々」** （例）the good「善良な人々」
> ❷ **「〜なこと（抽象概念）」** （例）the good「善いこと，善」

本文は，直前の動詞が meet「〜に会う」であることから❶の用法であると判断し，the celebrated で「有名な人々，有名人」と訳すことができます。

●ここまでの読み方をまとめると，次の（あ）のようになります。そして，ここで問題になるのは，「（い）の読み方は正しくないのか…？」ということです。

（あ）the passion / people **have** / to meet the celebrated
「有名人に会いたいという・人々が**もっている**・願望」
（い）the passion / people / **have to** meet / the celebrated
「人々が・有名人に・会わ**なくてはいけない**という・願望」

（あ）の **have は「もっている」という一般動詞の意味**。それに対して，（い）の読み方では，**have to という「義務・必要」のフレーズ**として解釈している，という違いに注目です。ここで，「**『義務・必要』のフレーズは，『目的・理由』のフレーズとセットで使われる（＝共起する）ことが多い**」という英文解釈の内容上の法則性を意識しましょう。「**義務・必要**：**～しなくてはいけない**」と言えば，「**目的・理由**：**何のために？　なぜ？**」といった内容が，文中で，あるいは，前後の文で述べられるはずです。欧米人の思想には「因果律」というものが強く影響し，「何かが理由もなく生じることはない」という考え方が根本にあります。「有名人に会わなくてはいけない」と言えば，それに対する目的・理由を説明する M が前後にあるはずです。ところが本文にはそういったフレーズが一切無いのです。ですから，今回，（い）のような「義務・目的」の解釈は，採用しないことになります。

発展　25. 願望＋to *do* の仲間

本文で登場した passion to *do* のほかにも，**「願望・意図・計画・目的のニュアンスをもつ名詞＋to *do*」**という構造の頻出フレーズをまとめておきます。是非覚えておきましょう。

□ passion to *do*「～したいという情熱」
□ hope to *do*「～したいという願望」
□ aspiration to *do*「～したいという熱望」
□ plan to *do*「～するという計画」
□ impulse to *do*「～したいという衝動」
□ wish to *do*「～したいという願望」
□ intention to *do*「～するという意図」
□ aim to *do*「～するという目標」

発展　26. 因果律の影響

本講の本文の解説で,「『義務・必要』フレーズを使ったら，前後に『目的・理由』フレーズがあるはず」という説明をしました。この説明に対して,「言っていることはわかるけど，そんなものかな～…」と感じる人がいるかもしれません。それは，我々日本人の思考には，もともと「因果律」の影響が少ないからです。

英語		日本語
モノゴトには必ず原因があり，自然に起こることは無い ＝モノゴトの責任の所在や原因・理由を明確にする ＝原則的にＳ（主語）をとる		**モノゴトが自然に起こる** ＝モノゴトの責任の所在はあいまい ＝Ｓ（主語）をとらない，または，あいまいであることが多い

英語と日本語のアイダには，こうした大きな文化的ギャップがあり，これを機械的に翻訳するとバグが発生することがあるのです。これらは，コトバの違いという表面的な知識の問題ではなく，根本的な文化・思想のギャップによって生み出されるものです。

こういった例は，スポーツや文化・芸術の世界でも見られることがあります。例えば，柔道において，国際的な試合で，小さな技でポイントを先に稼いだ後，その後は一切相手と組まずに時間稼ぎをして逃げ切る，といった作戦をとることがあります。ルールブックにやってはいけない，とは書かれていないので，外国人選手のこのような戦い方は明確なルール違反ではないのですが，日本人は「何か変だな…」と思いながら眺めています。柔道（Judo）という競技のルールブックの中で明示されていない，日本とそれ以外の国との文化・思想の根本的なギャップが隠れていることに気づかず，表面上のルールだけを機械的に外国にもち込んでしまったため，バグが発生してしまっているのです。

「『義務・必要』フレーズは，『目的・理由』フレーズと共起する」も，英文法書のルールの中では明示されていませんが，こうした文化・思想のギャップを埋めるため，これを機にしっかり覚えておきましょう。ライティングでも，このポイントが意識されていない英作文は内容点が大幅に減点されてしまいます。近年の日本のビジネス文書の書式も，欧米の影響を強く受けていますから，このような因果律の話は，社会人になって仕事に就き，英語を使う場面においても意識されるべき重要なポイントなのです。

第2文 構造

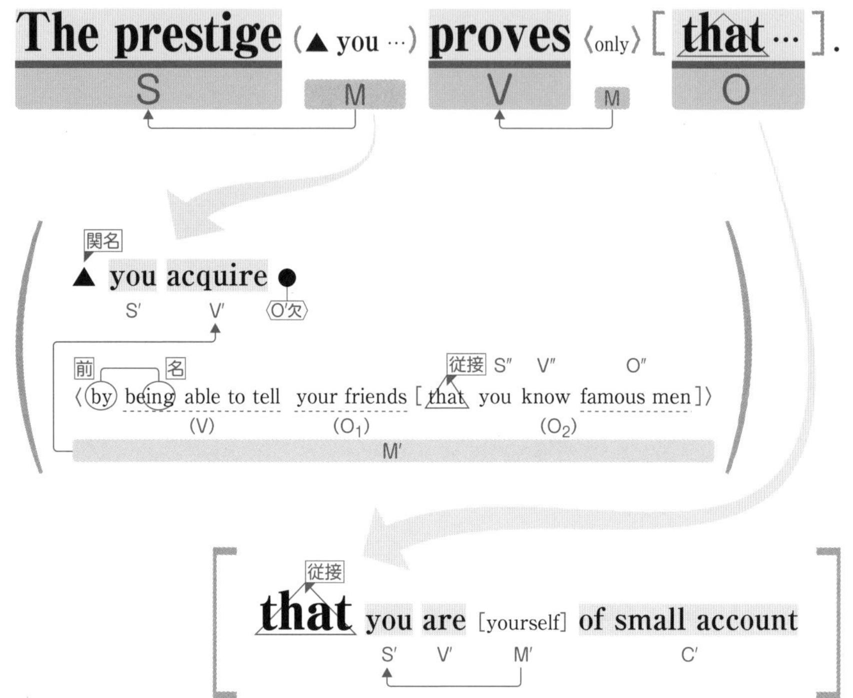

● **The prestige you acquire**「名声＋人が＋得る」という**名詞＋S＋V の語順**から**関係代名詞の省略**に気づいてください ➔公式 30 。ゆえに，acquire は，関係代名詞の △ カタマリ内側に入ってしまうので，主節の V にはなれません。また，know は，左方向に that がありますから，これも △ カタマリ内側の V″ で，主節の V になれません。さらに，are も左方向に △ があるので，これも主節 V にはなれません。残っているのは proves のみ。**proves が主節の V** になります。

● **The prestige が文全体の骨格をつくる主節の S** です。この S と V（＝proves）のアイダには，巨大な M が割り込んでおり，それによって，**SV 遊離パターン**になっているのですね ➔公式 36 。

● by（＝前置詞）の後は，being …（＝動名詞）で M′ です。**be able to tell で（V）** ➔公式 18 。さらに，「言うことができる」⇒「誰に？（O_1）」，「何を？（O_2）」と情報を求めるキモチで読みます ➔公式 4 。ここで重要なのは「**tell は give 型動詞で O が** ↗

対訳 第２文

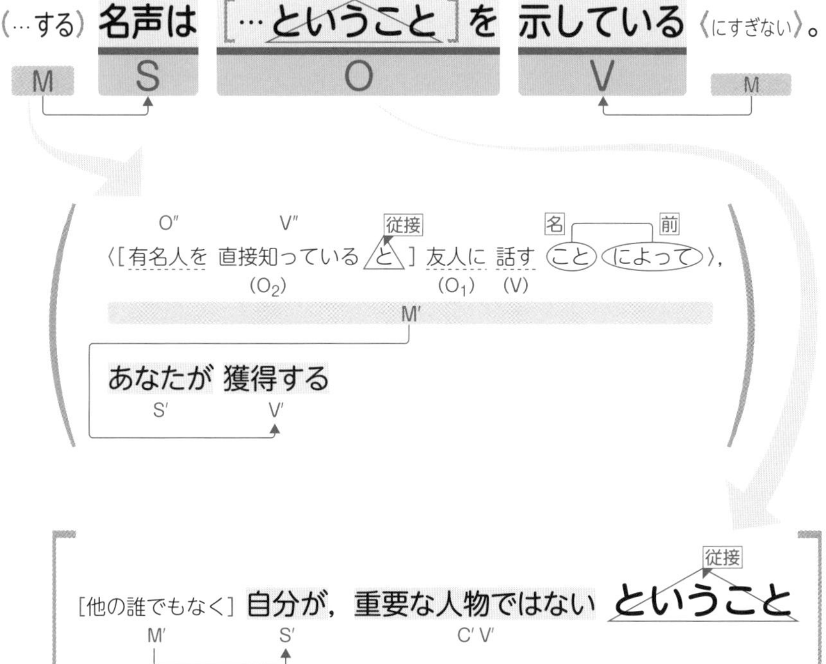

↗ 2コ来る」というポイントです ➔公式14 。your friends＝(O₁)，［that S″V″O″］＝(O₂) となります。この**前置詞＋名詞＝M′の副詞句**は，**acquire「～を得る」＝V′**にかかり，**「どうやって得るのか」という「方法・手段」を説明している**のです。

● 最後の **that節の内側はS′V′C′の完全文**です。よって，この that は**従属接続詞**で，**名詞のカタマリになる権利をもつ**ので ➔公式28 ，これを **proves＝V に対する O** と考えます。yourself は，S′ に対する同格強調語句で M′ 扱いです。**of account「重要性をもっている，重要である」**（＝of importance / of consequence）は，**of＋抽象名詞で C′** になります ➔公式37 。small が付くので意味は「小さな重要性をもつ＝(たいして) 重要でない」となります。

実戦編14

次の英文の構造を意識し，内容を理解せよ。また理解した内容を日本語で表せ。

[1]Most people live haphazard lives subject to the varying winds of fortune. [2]Many are forced by the situation in which they were born and the necessity of earning a living to keep to a straight and narrow road in which there is no possibility of turning to the right or to the left.

William Somerset Maugham, *The Summing Up*

NOTE

□haphazard 無計画の，行き当たりばったりの
□subject to ～に影響を受けやすい，～に左右される　□varying 様々な
□fortune 運命　□necessity 必要　□earn ～を得る　□living 生活費
□keep to ～からはずれない　□narrow 狭い　□possibility 可能性

和訳

ほとんどの人々は，運命の気まぐれな（＝様々な）風に左右される行き当たりばったりの生活を送っている。生まれた境遇やパン（＝生活費）を得る必要のために，多くの者は右へも左へも曲がることが全くできないまっすぐで狭い道をたどらなければならない。

構造のシンプル化

第1文

Most people live haphazard lives….

S V O

ほとんどの人々は 行き当たりばったりの生活を 送っている。

S O V

第2文

Many are forced …

S V

to keep to a straight and narrow road….

C

多くの者は まっすぐで狭い道を外れないよう 強制される。

S C V

第1文 構造

Most people live haphazard lives
S V O

(subject 〈to the varying winds (of fortune)〉).

M: (of fortune) → winds; M: 〈to the varying winds (of fortune)〉 → subject; M: (subject …) → lives

● **主節のVはlive**ですね。live「住む，生きる」は「存在する」の仲間です。「山田さんが東京に**住んでいる**」というのは「東京に**存在している**」ということと究極的には同じ意味です。**「存在」の意味をもつVは，原則，完全自動詞の文型＝SV文型**で使われます。しかし，本文のように，**liveに同族目的語＝lifeが付いたときだけ，例外的にSVO文型で使われる**のです。この場合**「Sが生活を送る」**という意味になります。**同族目的語というのは，動詞の派生語の名詞**のことです。live「住む，生きる」の派生語の名詞はlife「生活」ですね。

> (例) He died **a painful death.**「彼は苦痛に満ちた死に方をした」
> ※die「死ぬ」は，原則「消失」の意味をもつ完全自動詞でSV文型だが，dieの同族目的語のdeath「死」が付いて，例外的にSVO文型をとる。

● 本文には，Vの数を増やすandなどの等位接続詞が無いのでVの数は1回だけのはずです➔公式6。ゆえにliveがその1回かぎりの主節のVであり，「subjectは形容詞として修飾語Mになっているのではないか？」と判断することにします。形容詞subjectは，後にto …（このtoは前置詞）が付くことが多く，**(be) subject to＋名詞「名詞に影響を受けやすい」**のカタチで熟語集などにも掲載されています。セットでの使用頻度が高く，意味上つながっていると考えられ，**subject to … という2語以上の長いMがlives「生活・人生」という名詞を後から修飾している**わけです。1語の短い修飾語は，名詞の前方に置かれることが多く，今回のように2語以上のMは名詞の後方に置かれるのが原則です。↗

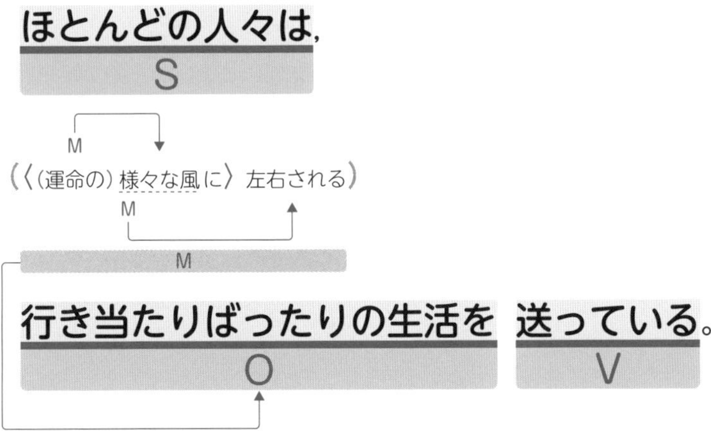

実戦編 14

● また英語構造の頻出パターンで，複雑な構造においては，SVO だけで終わることはほぼ無く，O に対して修飾語 M が付くことが多い（もちろん絶対とは言えませんが）というポイントも意識しておきましょう ➔公式 36。常に確率的に高い読み方を心がけるようにしてください。

第2文 構造

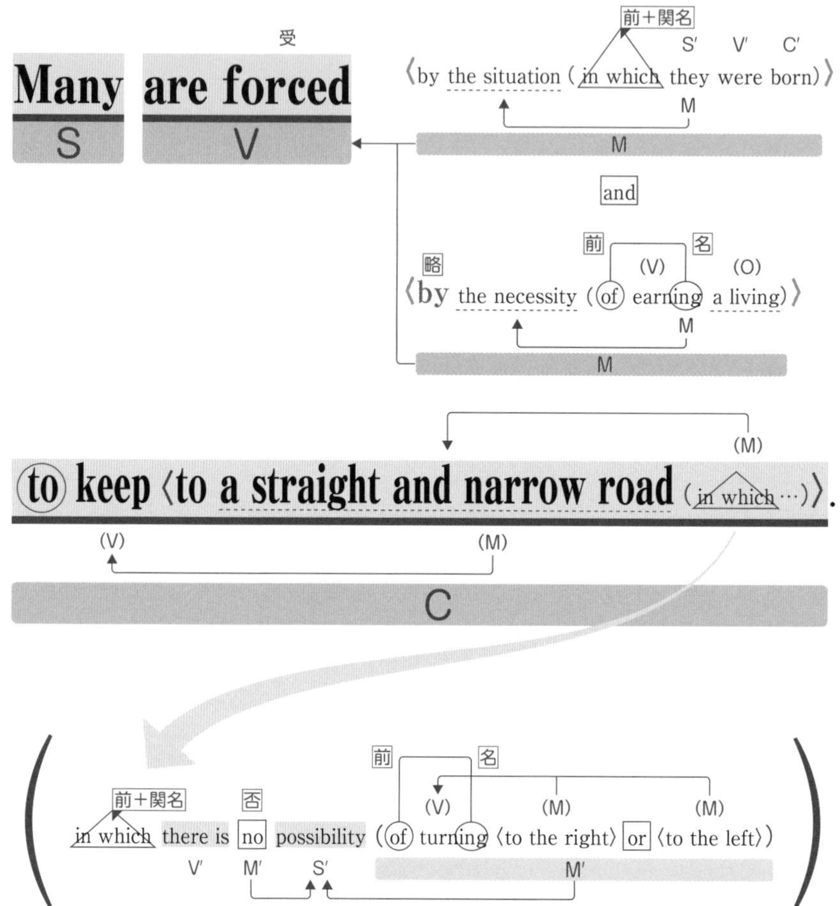

● この文こそ英文読解の構造面での神髄！　読解力のある人は「秒で」構造を予測できるはずです。まず，**主節のV＝are forced** ですね。force は「…に～するように強制する」という意味。「強制する」ということは根本的には「**…に～させる**」とほぼ同じ意味なので，**force は SVOC 文型をとることができる動詞**です ➡公式15 。

● また，force が SVOC 文型になる場合，C の位置に来る要素がある程度決まっており，使用頻度が極めて高いので，ネイティブスピーカーのアタマの中には **S＋force＋O＋to *do*** のパターンでインプットされています。このとき to *do*＝C となります ➡公式16 。このパターンで最も有名なのは，S＋get＋O＋to *do*「S が O に～させ ↗

対訳 第2文

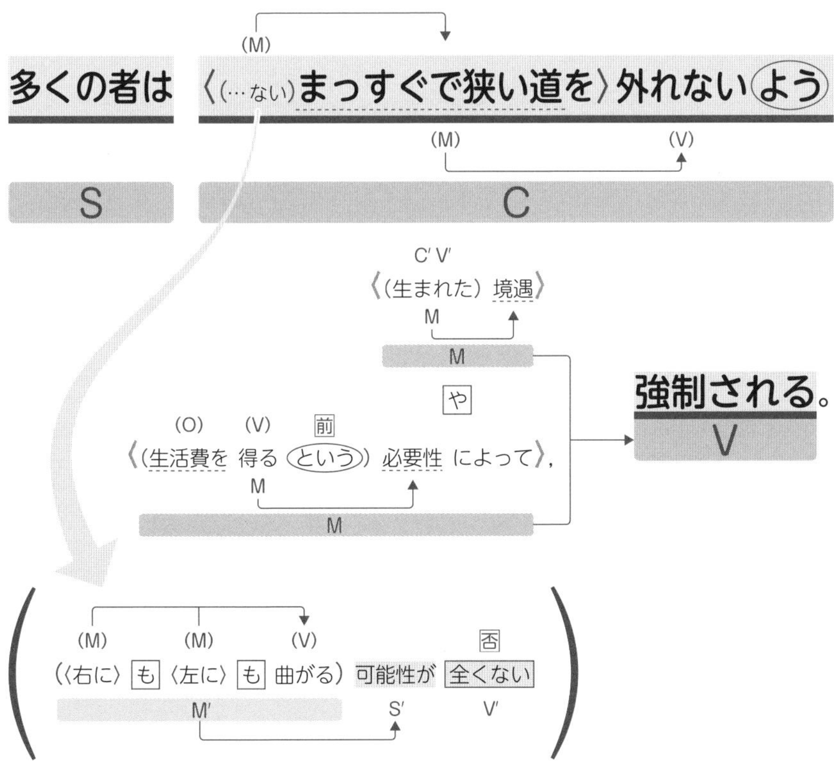

意 訳	生まれた境遇やパン（＝生活費）を得る必要のために，多くの者は右へも左へも曲がることが全くできないまっすぐで狭い道をたどらなければならない。

↗ る」でしょう。加えて今回は are forced という **be 動詞＋過去分詞という受身**のカタチになっている点に注目です。「受身は，もとの文型から O マイナス 1」 ➔公式 11 ですので，「are forced の後は O が消えて，C にあたる to *do* のカタマリが続くはずだ」と先の展開を予測しながら読み進めてほしいところです。実際，かなり後ろですが，**to keep … という不定詞のカタマリ**があり，これを C として分析することになります。

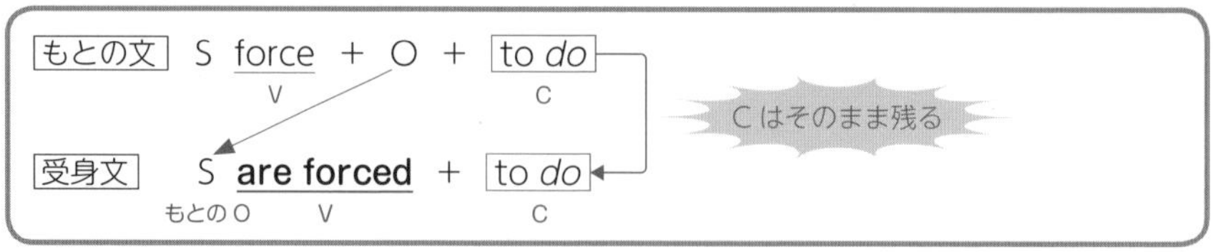

● さらに，本文が難しく見えるのは中心要素の遊離現象によるためです ➔公式 36 。英文の中心要素である SVOC のアイダに修飾語句 M が割り込むことで，中心要素のつながりが見えにくくなり，英語を学び始めの人にとっては難しく感じられるのです。本文では are forced＝V と to keep …＝C のアイダが離れています。本文の V と C のアイダには，先ほど話したように受身なので O はありません。ということは，V と C のアイダの要素はすべて M ということになるわけです。

● **by the situation** は**前置詞＋名詞＝M** です。そして **in which** を見た瞬間に △ 印を付けます ➔公式 3･32 。**they were born** が **S′V′C′ で完全な文**なので，ここでカッコを閉じます。次に and の直後の the necessity ですが，何と並列されているかを考えなければなりません。**and の前後は，構造上・意味上，つり合いのとれる要素が並列されるはず**です。**the necessity「必要性」**は「**the＋抽象名詞**」です。and の前方にもつり合いのとれそうな要素を探すと，**the situation** という「**the＋抽象名詞**」が見つかるはずです。この 2 つが and によって並列されているのです。

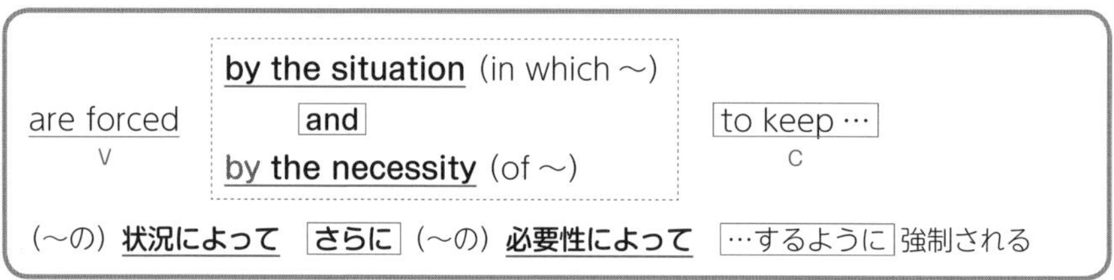

「and の前後では省略が多い」という点も意識しましょう。同じカタチの繰り返しは前後関係から自明なのでカットするのです。本文でも，and の前後で「by＋the＋抽象名詞」の繰り返しが自明なので，and の直後の by は省略されています。

● the necessity of の of の後は，名詞が来るはずです。earning を動名詞と考えます。earning「稼ぐこと」⇒「何を？」⇒「a living『生活費』を」と読み進めます ➔公式 4 。earning＝(V)，a living＝(O) という関係で動名詞の句がつながっているのですね。of earning a living で前置詞＋動名詞句＝M となり，the necessity にかかっているのです。

● 英文はまだ続きます。C の位置の to keep … の部分です。この不定詞のカタマリは C なので「…する**ように**」と訳すとよいでしょう。**C（＝補語）とは名詞の「様子」をあらわす要素**のことなので，「…ように，…するように」と訳すのです。本文の to keep を「**…のために**」と訳してしまうと**「目的」のニュアンス**をあらわし，**M（特に副詞）**のようなイメージでとらえられてしまうので，今回は合いません。

● keep の後は to a … road となっています。to の直後に「名詞がこれから後続しますよ！」の目印である a が見えた瞬間，本文の to は前置詞の to であることがわかります。keep が前置詞 to とセットで登場するパターンは，次の通りです。

keep *A* to *B*「*A* を *B* までとする」 = limit *A* to *B* / restrict *A* to *B* / confine *A* to *B*
S keep ～ self to *B* **= S keep to *B*「S が S 自身を *B* までとする」**
訳し方　S が S 自身を B に限定する，S が B を超えないようにする，S が B に制限される，S が B から外れない，S が B に基づいて行動する　など
（例）I kept **myself** (*A*) to **the fact** (*B*). = I kept to **the fact** (*B*).
「私は，真実から外れないようにした」
=「私は，真実に基づいて行動するようにした」
※ *A* の位置に **～ self（＝再帰代名詞）**が来ることが多い。再帰代名詞は，S と同じものを指すので，**意味上自明性が高いため省略されてしまう**。このとき keep は（O の再帰代名詞が省略され）**自動詞化**したと考える。
※**前置詞 to** のコアイメージは「**到達**」。to *B* は「（*A* を）*B* の地点まで到達させることができる」という意味。これは裏を返せば，「*B* の地点までは（*A* は）達することができても，***B* からさらに先へは進められないかもしれない**」となり，**to は「限界・範囲」を示すこともできる**。to がもつこの「限界・範囲」の意味をしっかり意識して訳出する。

keep to a straight and narrow road は「まっすぐで狭い道から外れないようにする」と訳しておけば良いでしょう。

● a … road は**空間的な名詞**（＝場所を示す名詞）なので **in which から始まる，場所の M のカタマリ**が後続します。「まっすぐで狭い道」について詳しい説明を付加しています。**in which のカタマリ内側は完全文**が来るはずです ➔公式 32 。there is no possibility は **There is 構文**ですから V′+S′ という文型になるはず ➔公式 51 。possibility「可能性」が *S′* で，その先はすべて *M′* となっています。

● 以上より of turning to the right or to the left の部分は *M′* のカタマリです。of が前置詞なので，turning は動名詞と考えてください。turn「曲がる」のような「**空間移動」や「存在」などを意味する完全自動詞**は O や C は原則付きませんが，**M が付くことが極めて多い**のです ➔公式 13 。「移動する，存在する」を見た瞬間，「『どこに？』という方向・位置情報が M のカタチとなってあらわれるはずだ！」と先の展開を予測しながら読み進める癖をつけてください。

実戦編15

次の英文の構造を意識し，内容を理解せよ。また理解した内容を日本語で表せ。

[1]I have an idea that some men are born out of their due place. [2]Accident has cast them amid certain surroundings, but they have always a nostalgia for a home they know not. [3]They are strangers in their birthplace, and the leafy lanes they have known from childhood or the populous streets in which they have played, remain but a place of passage.

William Somerset Maugham, *The Moon and Sixpence*

NOTE

□out of ～から外れて　□due 当然の　□accident 偶然
□cast ～を投げ入れる，～を位置づける　□amid …の真ん中に　□surrounding 環境
□nostalgia 郷愁　□stranger 外国人，よそ者　□birthplace 生まれ故郷
□leafy 葉の茂った　□lane 小道　□populous 人口の多い　□passage 通過

和訳

一部の人は，運命が定めた場所（＝当然生まれるべき場所）ではないところで生まれてしまうこともあるという思いを私は抱いている。偶然性によって，そういった人々は，ある環境の中に置かれてしまうが，知らない自身の祖国へのあこがれをいつも抱いている。彼らは，実際生まれた場所においてでも，よそ者なのである。彼らが子供時代からずっと知っている樹木の間の小道や，彼らが遊んでいた人通りの多い大通りも，通過点であるにすぎないのだ。

構造のシンプル化

第1文

I **have** **an idea** ….
S V O

私は 思いを 抱いている。
S O V

第2文

Accident **has cast** **them** …,
S V O

but **they** **have** … **a nostalgia** ….
S V O

偶然性が そういった人々を 置く が 彼らは あこがれを 抱いている。
S O V S O V

第3文

They **are** **strangers** …, and
S V C

the leafy lanes … or **the populous streets** …,
S S

remain … **a place** ….
V C

彼らは よそ者 であり, そして
S C V

樹木の間の小道 や 人通りの多い大通りも 場所 である。
S S C V

第 1 文 構造

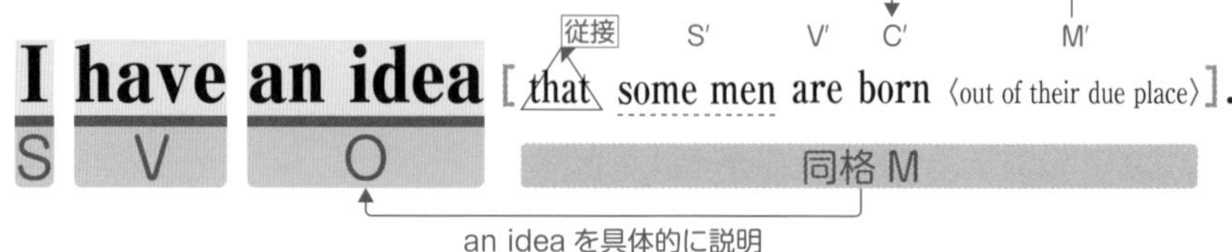

● **主節の V=have** ですね。「もっている」という意味の have がとりうる文型は，**SVO 文型**。なお，「～させる」の意味をもつ場合は，SVOC 文型になりますが，このとき，C の位置に来るものは，原形／過去分詞／現在分詞などです。

> I have a chef **bake** a cake. 「私はシェフにケーキを焼いてもらう」
> S V O C
> I have my cake **baked** by a chef. 「私はシェフにケーキを焼いてもらう」
> S V O C
> I cannot have my son **saying** such a thing.
> S V O C
> 「私は息子にそんなことを言わせておくことはできない」

本文は上記のような have+O+C のカタチになっていないので，主節は SVO で攻めることにします。

● that に △ をつけ，**some men are born** で **S′V′C′ の完全な文**が来ていますので，**that** は**従属接続詞**です ➔公式 27。また，この that のカタマリは，前方に idea という抽象名詞があることから，「**同格名詞節**の働きをしている」と考えてください ➔公式 31。

● **out of** は，「**～から外れて**」という意味の前置詞。out of … place で**前置詞＋名詞=M′**。これが born「生まれてきた」を修飾し，生まれた場所について具体的な説明を付加しているのです。

S′ M′ C′ V′ 従接

［一部の人は〈当然生まれるべき場所ではないところで〉生まれるという］

同格 M

思いを 私は 抱いている。

O S V

意訳　一部の人は，運命が定めた場所（＝当然生まれるべき場所）ではないところで生まれてしまうこともあるという思いを私は抱いている。

実戦編 15

第2文 構造

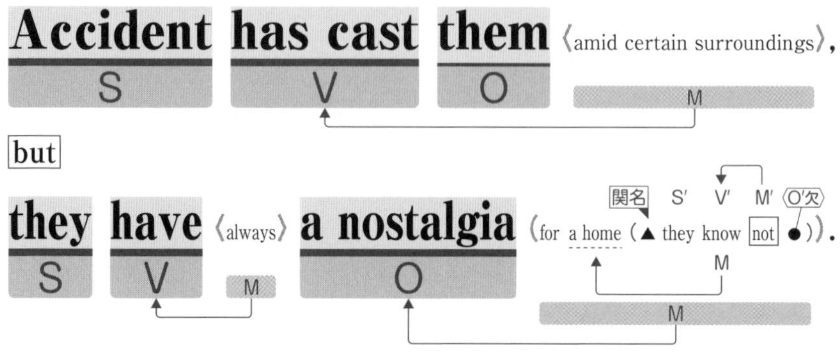

● 等位接続詞 but で主節が増えています ➔公式46。つまり，**主節1＋ but ＋主節2** という構造になっています。**has cast が主節1のV** です。cast は **SVO 文型**で用いられることが圧倒的に多く，「S が O を位置づける」という系統の V で，英語では頻出のパターンです。but の前は SVO 文型で，but の後も，**have という V を中心に SVO 文型**になっています。

● a home の後に they know と続きます。この部分が**名詞（＝a home）＋S（＝they）＋V（＝know）**という語順になっています。名詞＋S＋V の語順では**名詞と S のアイダに関係代名詞を補って**考えてみましょう ➔公式30。a home「故郷」という名詞（＝先行詞）に，that they know not という関係代名詞の M のカタマリ（＝形容詞節）が後続しているのです。

● they know not は，見慣れないカタチだとは思いますが，こういった標準的ではない言い方も最近の入試では，出題側が書き換えたりはせずに，原文のまま出題することが多くなっています（特に京大，大阪大，名古屋大，早稲田大，慶應大受験者は要注意！）。「根本原理さえしっかりおさえている受験生なら，少々変形されていても読み取ることができるだろう」という大学側の意図もあるのではないでしょうか。not ↗

対訳 第2文

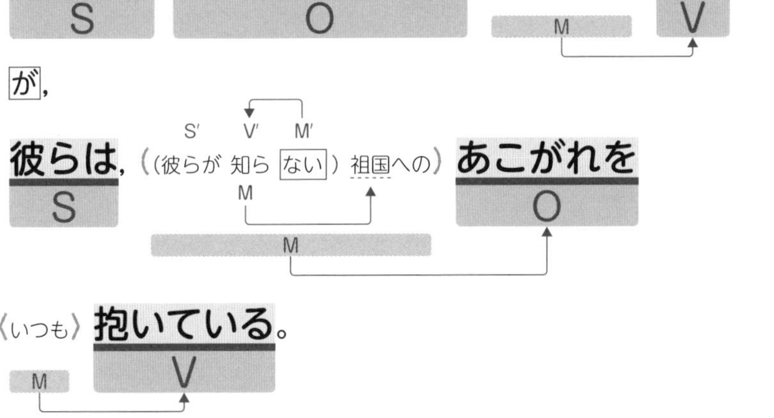

意訳	偶然性によって，そういった人々は，ある環境の中に置かれてしまうが，知らない自身の祖国へのあこがれをいつも抱いている。

↗ は副詞ですから，原則，名詞以外のあらゆるものにかかることができます。本文では V′=know にかかっているのです。a home that they know not は，簡単に変形すれば，a home that they don't know「彼らが知らない故郷」ということですね。

第3文 構造

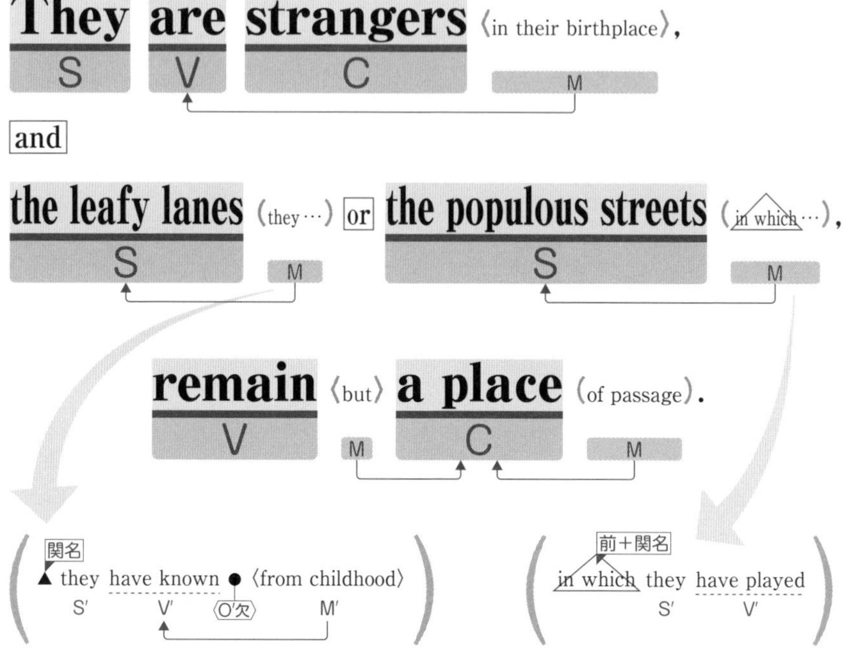

●まず，**V=are** です。be 動詞なので **SVC 文型**ですね。この先の構造が少し難しい！ and が見えますね。これで主節が増えて，**主節 1 ＋** and **＋主節 2** という構造になっています。➡公式 46

● have known は主節ではありません！ have known の左側に「名詞+S+V」の語順があることに気づきましたか？ **名詞（=the leafy lanes）+S（=they）+V（=have known）**ですね。名詞と S のアイダの**関係代名詞 △ が省略**されており，これを補うと the leafy lanes（**that** they have known …）となります。よって，have known は △ カタマリ内側に入ってしまうので，**have known=V′**。**they have played** も主節ではありません。左側に in which があるので，**△ の内側の S′V′** です➡公式 32。△ のカタマリ内側は原則 V′1 回ですから➡公式 6，remain は in which のカタマリの内側に入りません。つまり外側の**主節 2 の V=remain** ということになります。

● **remain** は，「**S=C のままである**」という意味で **SVC 文型**になるか，「S が残る」↗

対訳 第3文

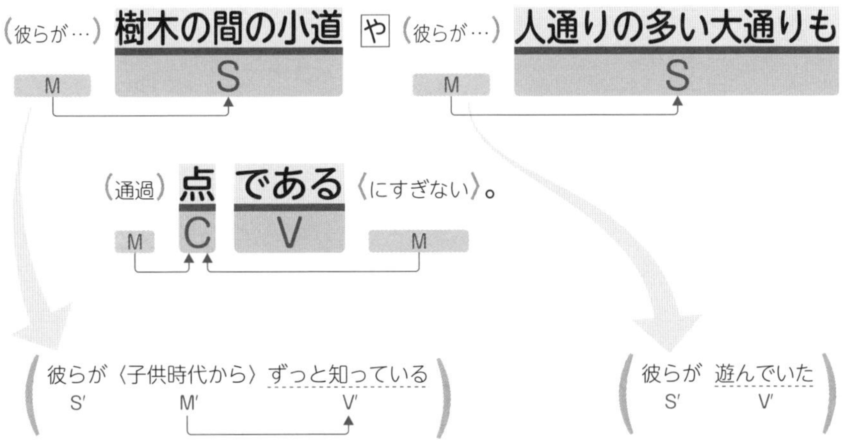

↗ という意味で，SV 文型になります。本文は後に a place という名詞があり，これを C にすることができますね。but と of passage は M。**but=only「(～である) にすぎない」**です ➡公式48。以上より，今回の remain は SVC 文型になっています。

● remain の左側には S があるはずです。ここで，英語の構造でよくあるパターンがパッとアタマに浮かびましたか？「remain の左側が異様に長いな…」くらいのことには気づいてほしいところです。これは，S の後に M のカタマリが付き，**SV のアイダに M が割り込む**ことによって，**S と V が遊離するパターン**ですね ➡公式36。

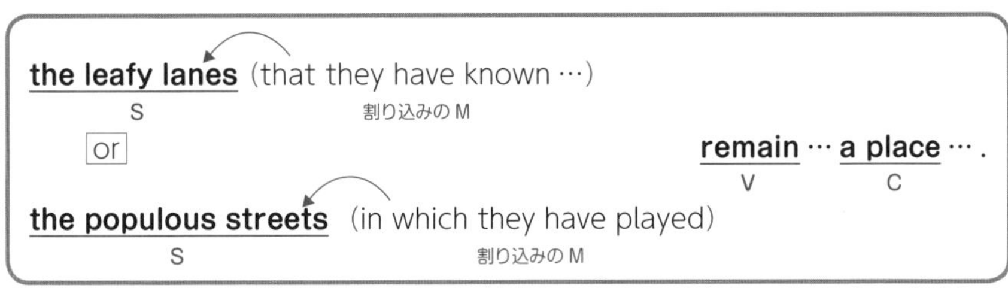

実戦編16

次の英文の構造を意識し，内容を理解せよ。また理解した内容を日本語で表せ。

[1]Some people read for instruction, which is praiseworthy, and some for pleasure, which is innocent, but not a few read from habit, and I suppose that this is neither innocent nor praiseworthy. [2]Of that lamentable company am I. [3]Conversation after a time bores me, games tire me and my own thoughts, which we are told are the unfailing resource of a sensible man, have a tendency to run dry. [4]Then I fly to my book as the opium-smoker to his pipe.

William Somerset Maugham, *The Book-Bag*

NOTE

□ instruction 教育　□ praiseworthy 称賛に値する　□ innocent 無罪の
□ suppose ～だと思う　□ lamentable 嘆かわしい　□ company 仲間
□ bore ～を退屈させる　□ tire ～をあきあきさせる　□ thought 考えること，思索
□ unfailing 尽きない　□ resource 源泉　□ sensible 分別のある　□ tendency 傾向
□ run dry 枯渇する　□ opium-smoker アヘン常用者

和訳

一部の人々は，勉強のために読書をするが，それは称賛に値する。また一部の人々は，楽しみのために読書をし，それは罪のないことである。しかし少なからぬ人々が習慣的に読書をしていて，こうしたことは罪のないことでも，褒めるに値することでもないと私は思っている。私は，その嘆かわしい仲間の一人である。会話はしばらくすると退屈だし，遊びも私を退屈させるし，分別のある人間の尽きることのない娯楽の源泉であると言われている，ひとりでふける思索も，尽きる傾向がある。そうすると，アヘン常用者がキセルに飛びつくように，私は本に飛びつくのである。

構造のシンプル化

第1文

Some people read …, [and] some people read …,
S V S V

[but] not a few read …, [and] I suppose [that…].
S V S V O

一部の人々は 読書をし, [また] 一部の人々は 読書をし,
S V S V

[しかし] 少なからぬ人々が 読書をしていて, …と 私は 思っている。
S V O S V

第2文

Of that lamentable company am I.
C V S

私は その嘆かわしい仲間の一人 である。
S C V

第3文

Conversation … bores me, games tire me
S V O S V O

[and] my own thoughts … have a tendency ….
S V O

会話は 私を 退屈させる, 遊びも 私を 退屈させるし, [そして] ひとりでふける思索も 傾向 がある。
S O V S O V S O V

第4文

… I fly ….
S V

私は 飛びつくのである。
S V

第1文 構造

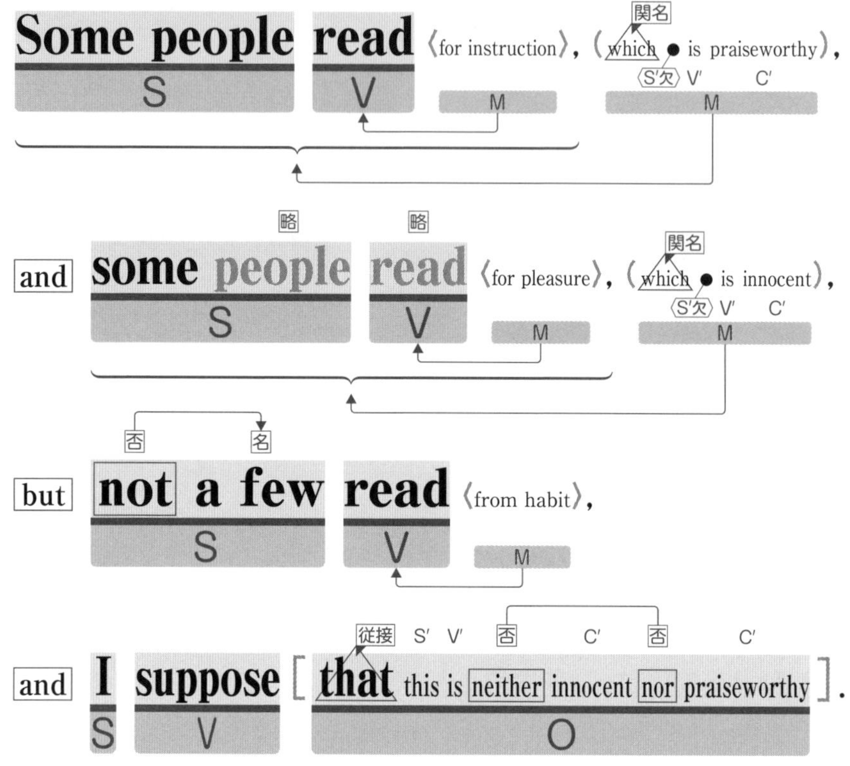

● **主節の V=read** です。is は which のカタマリ内側の V' です。本文の read は**完全自動詞**で使われているのです。何か特定の本を読むという意味では，O を明示して，SVO 文型で書かれますが，本文は，「**あらゆる本を読む＝読書をする**」という意味で使われています。こういった場合は完全自動詞で用いられるのです（p. 116 発展 16 の❼参照）。

● which のカタマリ内側は，名詞が 1 コ欠落するはずです ➲公式 26 。内側はいきなり ↗

対訳 第1文

一部の人々は,〈勉強のために〉読書をし,(それは 称賛に値する)

S M V M (関名, C′ V′)

また 一部の人々は,〈楽しみのために〉読書をし,

S M V

(それは 罪のないこと である)

(関名, C′ V′) M

しかし 少なからぬ人々が〈習慣的に〉読書をしていて,

(否) S M V

[こうしたことは 罪のないこと でもないし,褒めるに値すること でもない と]

S′ C′ V′ 否 C′ V′ 否 従接

O

私は 思っている。

S V

↗ is=V′ からスタートしましたから,S′ が欠けており,その**欠けた S′ を which が補うような働き**(=主格の関係代名詞)をしているのです。

● **カンマ付きの which** は,**非制限用法**と呼ばれている用法です。非制限用法の which には,「**主節全体の内容を指す**」というパターンがあります。本文もそのパターンで,訳は「一部の人々は勉強のために読書をし,**そういったこと(=人々が勉強のために読書すること)**は称賛に値する」となります。

● 第１文はまだ続きます。**等位接続詞 and** がありますね。等位接続詞の前後では，同じカタチのものが並ぶ場合に省略がよく起きます。ここでは **people と read が省略**されていますが，自明性が高いために省略されているのです。以下の通り，並べてみると，and の前後が同じカタチになっているのがよくわかります。➡公式 46

	Some people read **for** instruction ＋ **, which** is praiseworthy
and	
	some people read **for** pleasure ＋ **, which** is innocent

● 第１文は，等位接続詞によって，まだ先へと続いていきます。but によって主節の ↗

第２文 構造

Of that lamentable company am I.

Of that lamentable company = C　am = V　I = S

● **文頭に of** があるので，**前置詞＋名詞**のカタマリをつくっていきます。lamentable は語尾に -able があることから，形容詞だと判断できます。company が名詞ですね。通常なら，Of … company＝M ですが，今回は，be 動詞の **am が主節の V** です。**be 動詞があるとき，前置詞＋名詞は C に昇格させることができる**ので，今回は C と解釈します ➡公式 37。全体の文型は，**CVS**（**＝SVC 文型の語順移動**）ということになります。

● 本来 SVC であるはずのものが，なぜ CVS になるのか？ 英語では，前文で述べられた**旧情報は，文頭方向に移動しやすい**という性質があるのです ➡公式 49。本文では，**Of that lamentable company「あのような嘆かわしい仲間の一人」**の，**指示語 that「あのような，そのような」**に注目です。初めて出てくる内容（＝新情報）には，こういった指示語は付きません。指示語は「前の文で同じ内容を述べたよ！」の目印ですから，旧情報になり，文頭方向へ移動したのですね。

● また，英語の文末方向は「重要な内容を置く（＝文末焦点化）」という場合が多いのです。本文では，am「～である」といったような内容上軽い（＝あまり大事ではない）単語よりも，I「私」の方が内容上重要であると筆者が判断し，I の方を文末に移 ↗

↗ SVが増えています➔公式46。not a few「少なからぬ人々」という**数量ワードは単独で名詞扱い**にすることができます➔公式25。but直後の主節はこの**not a fewが**Sになり，**readがV**となっています。

● さらに最後にもう一度，andによって主節が増えます。**I=S**，**suppose=V**，**［that S'+V'+C'］=O**となっています。suppose that …=think that … で「…だと思う」です。**this=S'**の直後には，**is=V'**があり，**S'V'C'で完全な文**とみなします。ゆえにthatは関係代名詞ではなく，**従属接続詞**であり，**名詞のカタマリをつくる権利をもっている**ことが確認できました➔公式28。

対訳 第2文

私は，その嘆かわしい仲間の一人である。

私は，	その嘆かわしい仲間の一人	である。
S	C	V

↗ 動させて，最終的にCVSという語順になったと考えられます。ちなみに，このような語順移動は「任意」ですので，強制的なものではありません。今回のように語順移動させるかどうかは，書く人のキモチ次第です。

第3文 構造

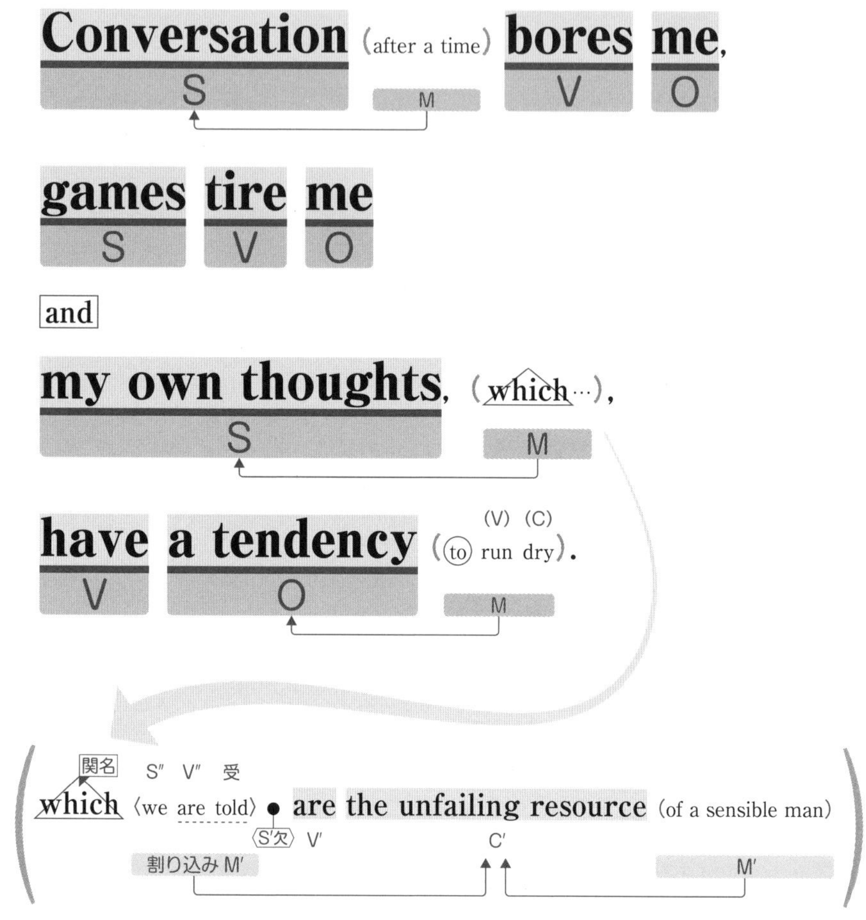

● **主節の V は，bores・tire・have の 3 つ**です。

● 特に難しいのは，have の前後の構造です。**my own thoughts が名詞で S，have が V，a tendency が O** です。which に △ を付けてカッコを開きますが，今回は，カッコを閉じるタイミングが重要です。「△ のカタマリ内側には V′1 コ」➡公式 6 が原則ですが，which の右側にある **we are told「…と言われている」**があります。この部分は V′ としてはカウントせず，we are told をまとめて 1 つの副詞として処理します。つまり，**関係代名詞の直後の割り込みの M′＝挿入句**のイメージでとらえるのです。これは**連鎖関係代名詞**と呼ばれる構造です。 ↗

対訳 第3文

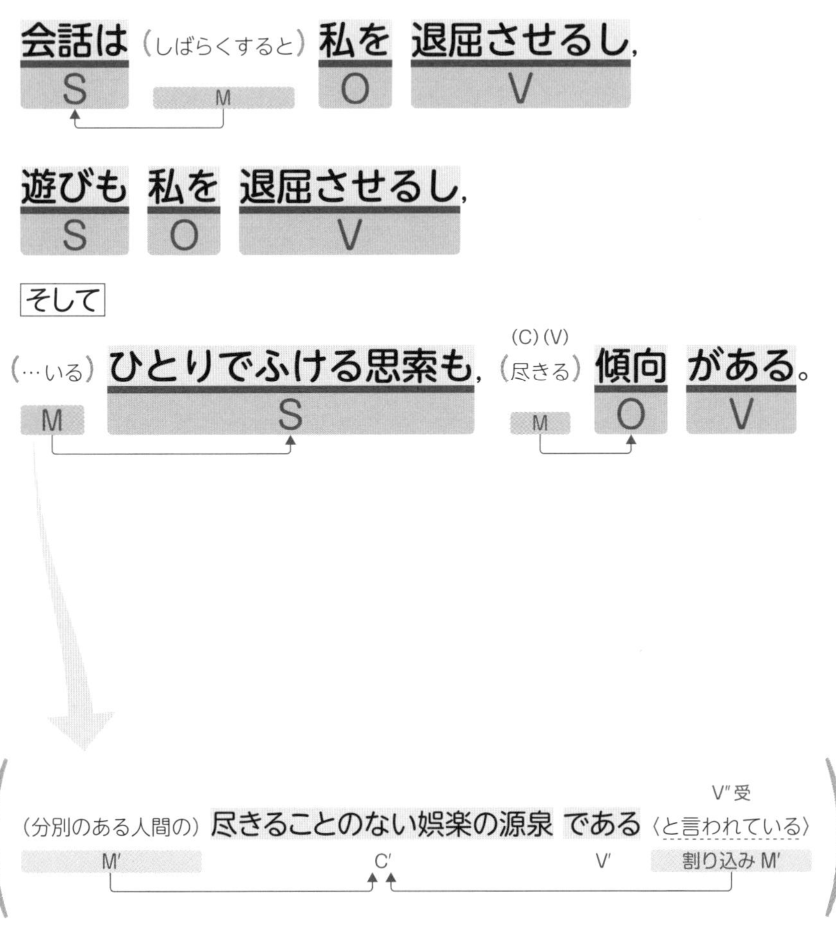

↗ ● 上記の構造を理解した上で，再度，V′の数の法則を意識してください。この which のカタマリ内側では，and などの等位接続詞が見当たらないので，V′は１回だけ！ are が V′ですね。**are＝V′に対して，C′が付き，** さらに **of のカタマリが M′** です。**of** は「**所有**」の意味。このあたりの意味を考えると，「分別のある人が**所有している**源泉（＝resource)」となり，直前の the … resource と内容上つながっていると考えられるので，この M′も which のカタマリ内側と判断します。冠詞 the と名詞 resource のアイダに挟まれた unfailing は語尾に -ing が付いた形容詞（＝分詞）として名詞にかかっています ➔公式24 。

実戦編 16

● 以上より，which のカタマリ内側の構造を整理すると以下のようになります。

which are the unfailing resource of a sensible man
V′ C′ M′
⬇ which の直後に we are told が割り込む
which 〈**we are told**〉 are the unfailing resource of a sensible man
M′ V′ C′ M′
「分別のある人がもつ尽きることのない源泉である〈**と言われている**〉」

ちなみに，この文章での「分別のある人がもつ尽きることのない源泉」とは，直前で述べられている「会話」や「遊び」と同じような，「時間をつぶすための娯楽になるようなものの源泉」というニュアンスで言っているのでしょう。 ↗

第4文 構造

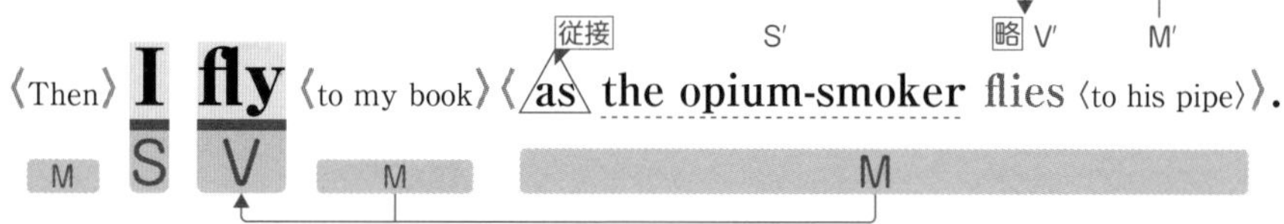

● **主節の V＝fly**「飛んでいく」は「**移動」の意味をもつ完全自動詞**です ➲公式 13 。O も C も付きません。**to my book** は**前置詞＋名詞＝M** です。

● as の後のカタチに注目です。主節とほぼ同じカタチをしていることに気づいていますか？ as の前後で **S＋fly＋to …**「**S が…へ飛びつく**」という同じカタチになっており，2回目の V′ が省略されているのですね。また，as の後には，もともと完全な文があったと考えられるので，この as は**従属接続詞**です ➲公式 34 。前後で似た文構造のカタチになっていたり，全く同じ文構造であることから，一部の語句が省略されていたりする場合は，as を「…**ように**」と訳します。

↗ ● **tendency to *do*「…する傾向」**は，もともと **tend to *do*「…する傾向がある」**という動詞表現が，名詞に変身したものです。英語は**「名詞中心言語（＝名詞性が強い言語）」**と言われており，動詞表現を名詞に変身させて用いることが多いのです。類例としては，failure to *do*「…しないこと」などがあります。これは，もともと fail to *do*「…しない，…できない」という動詞表現が，名詞に変身したものと考えることができますね。

● ➔公式4 より，to 不定詞のカタマリ内側にも文型あり！ **run** は be 動詞のように使われ**「～の状態になる」**という意味があります。run low「(燃料などが) 少なくなる」，run short「(時間などが) 少なくなる」といったように，**マイナスイメージの形容詞を run の後に置いて使うことが多い**のです。本文では dry がマイナスイメージの形容詞で，「(自分ひとりでふける思索が) 枯れる・尽きる」という意味です。

対訳 第4文

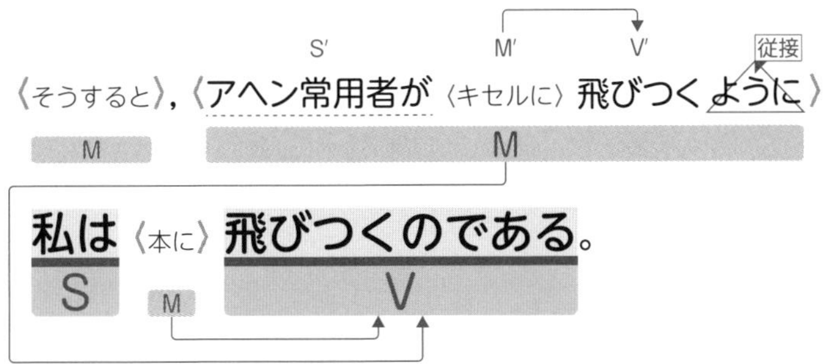

実戦編17

卒業試験

問1　次の文章の3文目（This failure … から始まる文）には，文法上の誤りが1箇所存在する。(1)〜(4)のうちで，誤りの箇所の記号を指摘し，その誤りを正しい形に訂正しなさい。（東京大学　改題）

問2　全文の構造を意識し，内容を理解せよ。また理解した内容を日本語で表せ。

[1]Of all the institutions that have come down to us from the past none is in the present day so damaged and unstable as the family. [2]Affection of parents for children and of children for parents is capable of being one of the greatest sources of happiness, but in fact at the present day the relations of parents and children are, in nine cases out of ten, a source of unhappiness to both parties. [3]This failure (1)**of the family** to provide the fundamental satisfaction (2)**for which** in principle it is capable of yielding is one of the most (3)**deeply** rooted causes of the discontent (4)**which** is widespread in our age.

Bertrand Russell, *The Conquest of Happiness* より一部改変

NOTE

□institution（社会的）慣習　□come down 受け継がれる　□the present day 現在，現代
□unstable 不安定な　□affection 愛情　□capable of *doing* 〜できる，〜する能力がある
□relation 関係　□source 源　□both parties 両者
□failure to *do* 〜をしないこと，できないこと　□fundamental 基本的な
□in principle 原則的には（〜のはず）　□yield 〜を生む　□rooted 根深い
□discontent 不満　□widespread 広く行きわたった

解答

問1　(2)　for which → which
問2　過去から現在まで受け継がれているあらゆる慣習の中で，今日，家族ほど損なわれ，不安定なものはない。子どもに対する親の愛情，親に対する子どもの愛情は，幸福の最大の源の一つでありうるが，実際には，現在，親子関係は，9割方，両者にとって不幸の源となっている。このように，家族が，原則的にはそれが生み出すはずの基本的な満足感を与えることができないということが，現代に広く浸透している不満の最も根深い原因の一つである。

構造のシンプル化

実戦編 17

第1文

… **none** (S) **is** (V) … **damaged** (C) [and] **unstable** (C) ….

損なわれ (C) [そして] 不安定な (C) ものは (S) ない (V)。

第2文

Affection (S) … **is** (V) **capable** (C) …,

[but] … **the relations** (S) … **are** (V) … **a source** (C) ….

愛情は (S) ありうる (CV) [が] 関係は (S) 源 (C) となっている (V)。

第3文

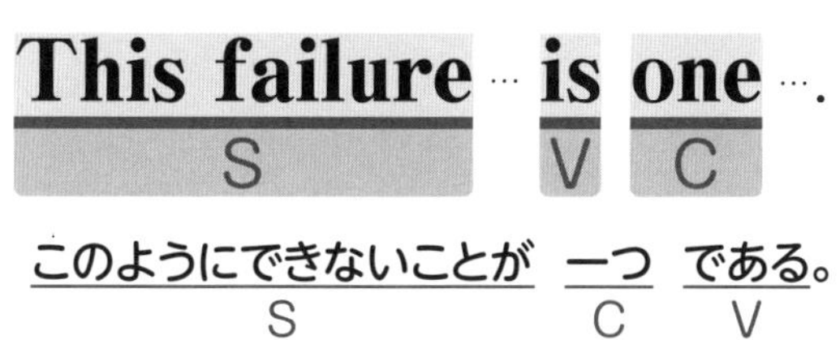

第1文 構造

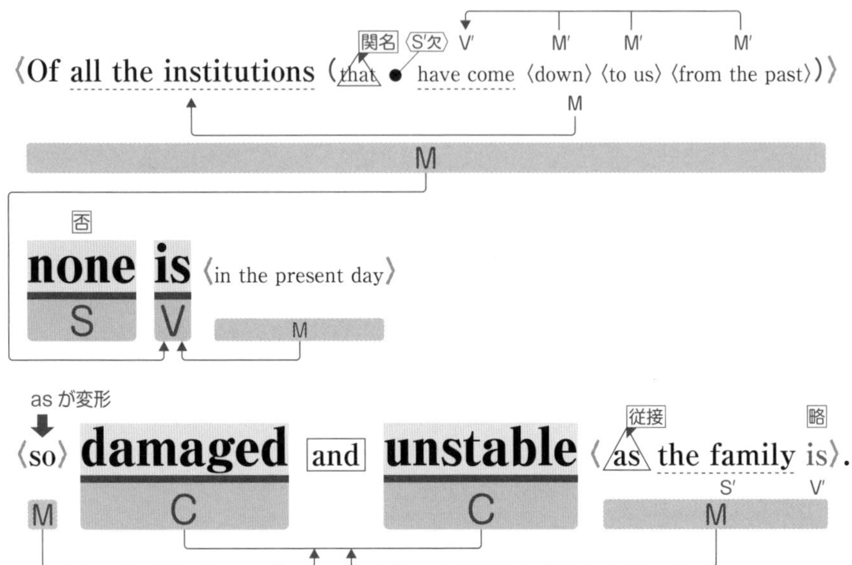

● **主節のVはis**です。have comeは左方向にthatがあるので△のカタマリ内側に入ってしまい，V'になります。Of … institutionsは前置詞＋名詞＝Mです。何も考えず，文頭にある要素をSにしないこと！

● thatのカタマリ内側は**have come＝V'**に対するS'がありませんね。カタマリ内側がS'欠落ですので，その不足しているS'を補う**主格の関係代名詞that**であると判断します。**comeは「移動」の意味をもつ完全自動詞**です ➲公式13 。O'やC'は付かないのですが，M'が付く可能性がありますね。**downは「時間的に下がって，時代を下って」というニュアンスをもつ副詞でM'**です。**to usは，前置詞＋名詞＝M'**。**toのコアイメージは「到達」**です。またusはただ単に「私たち」という理解では不十分です。前後の文脈から考えると，時間的な意味で使っているようなので「私たち現代人」と訳します。**from the pastも前置詞＋名詞＝M'**です。**fromは「出発点・起源」**をあらわしています。have comeに対して3つのM'が付加されています。

● have come down to us from the pastの部分は，「過去から，時代を下りながら，現代の我々のところまで到達した」というイメージがつかめていればOK！ このとき，comeの「やって来る」という日本語訳はカットし，**後ろの3つの副詞(句)の部分を強く出して**訳します ➲公式42 。先ほどの日本語の中にcomeがもつ「移動」のコアイメージも含まれていますね。

↗

対訳 第1文

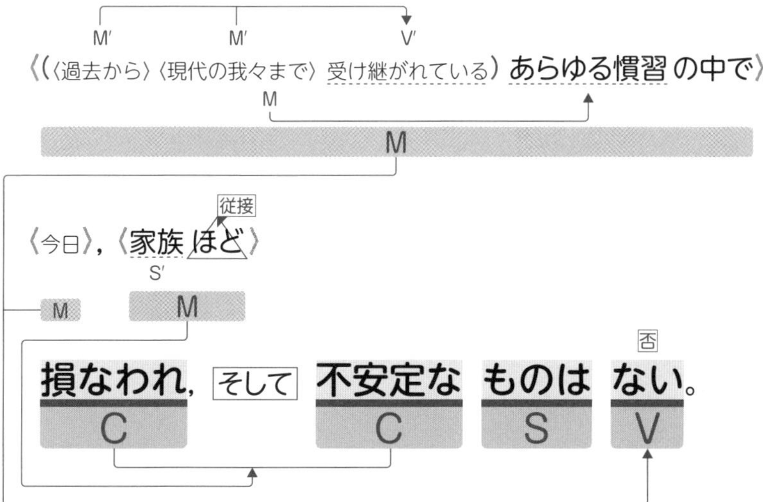

↗ ● **none is … damaged and unstable が主節の中心。is があるので SVC 文型**と判断します。**否定語 none** は，最後に訳出し「損なわれ，不安定なものは**何もない**」となります。in the present day は前置詞＋名詞＝M。

● **none（＝否定語）… so … as ～「～ほど…なものはない」**の構造に気づきましたか？ so は as が変形したものです。否定文では，as … as ～ 構文の 1 つめの as が so に変形することがあります ➔公式 56。1 つめの so＝as は訳出不要。2 つめの **as「～ほどに」**は，**もともと従属接続詞**です。今回は 2 つめの as の後には名詞が 1 つあるだけなので，前置詞としてとらえることができますが，もともと as the family の後には is があり，それが省略されているだけなので，この as は従属接続詞となるのです。

● **否定語＋… so … as ～** の構文は，**最上級とほぼ同じ意味**です。例えば，Nothing is so pleasant as reading.「読書ほど面白いものはない」は，Reading is the most pleasant. という最上級の英文に変形してもほぼ同じ意味になります。このとき，**最上級（と同義）の表現と，of … が共起するパターンに注意**！ この of は「**最上級の範囲**」を示し，「**…の中で**」と訳します。そして，of … は Reading is the most pleasant **of all**.「**すべての中で**，読書が最も面白い」のように**文末に置かれることが多い**です。しかし，of … は前置詞のカタマリ（＝句）で M になっており，**M は原則，移動自由**なので，本文のように**文頭に「範囲」の of が来ることもある**のです。

第2文 構造

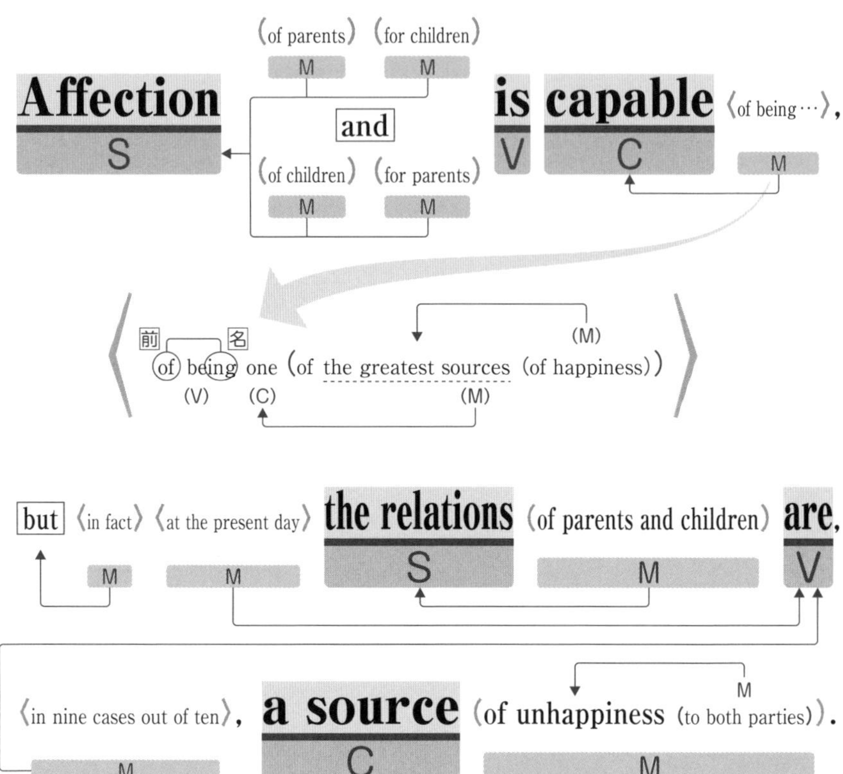

● **主節のVはis**です。**be動詞ですからSVC文型**を予測しましょう ➲公式12 。前置詞が付かない**名詞affection「愛情」がS**，**capable「可能である」**は語尾にableが付いており**形容詞**です。**形容詞はC**ですね。SとVのアイダが離れており，アイダにMが割り込んでいるSV遊離パターンでしょう ➲公式36 。ofは「所有関係」を示すことができ，forは「志向性」を意味し，「ある方向に意識が向かっている」様子をあらわす前置詞です。**affection of *A* for *B*** で「***A* がもつ *B* に対する愛情**」という解釈になります。ちなみに本文ではandが使われていますが，これはMの働きをする前置詞句 **of *A* for *B*** をandの前後で並列しているものです ➲公式46 。

● be capable of の of は前置詞，後に名詞が来るはず。being を動名詞と考えます。ingにもミクロ文型を意識してください ➲公式4 。**beingが（V）**で**oneが（C）**でつながっているのです。さらにその先に**前置詞句 of the greatest sources of** ↗

対訳 第2文

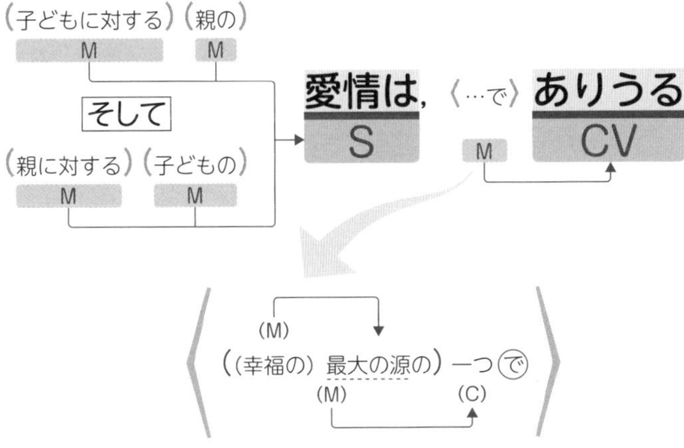

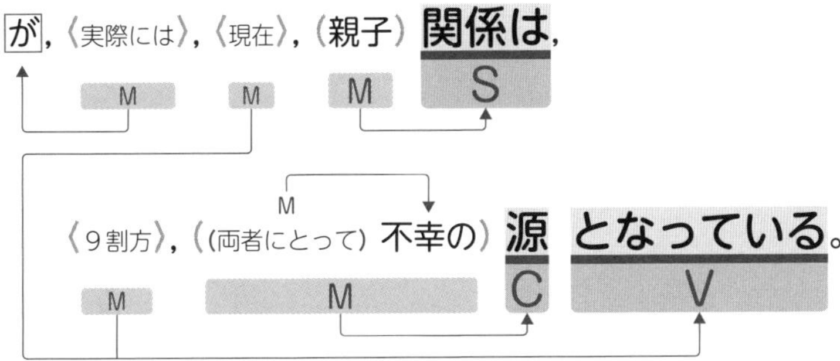

↗ happiness が後続し(M)の働きです。

● but の後方を見てみましょう。**are が主節の V** です。**be 動詞なので SVC 文型**を予測しましょう ➲公式 12 。but 直後の in fact は M。この **but と in fact がセット**(**=共起関係**)で出てくるパターンに要注意です。… but in fact ～「… だが, **実際には～**」のカタチで覚えておきましょう! at the present day も M で,**名詞 the relations が S** になっているのです。of parents and children の部分も M です。are の後方には,C があるはずです。in nine cases は前置詞+名詞=M。out of ten も同じように前置詞句で M です。in nine cases out of ten で「十中八九まで, 9割方」となります。of unhappiness と to both parties も前置詞+名詞=M。**a source という前置詞が付かない名詞**がありましたから,これを **C** と考えます。

第3文 構造

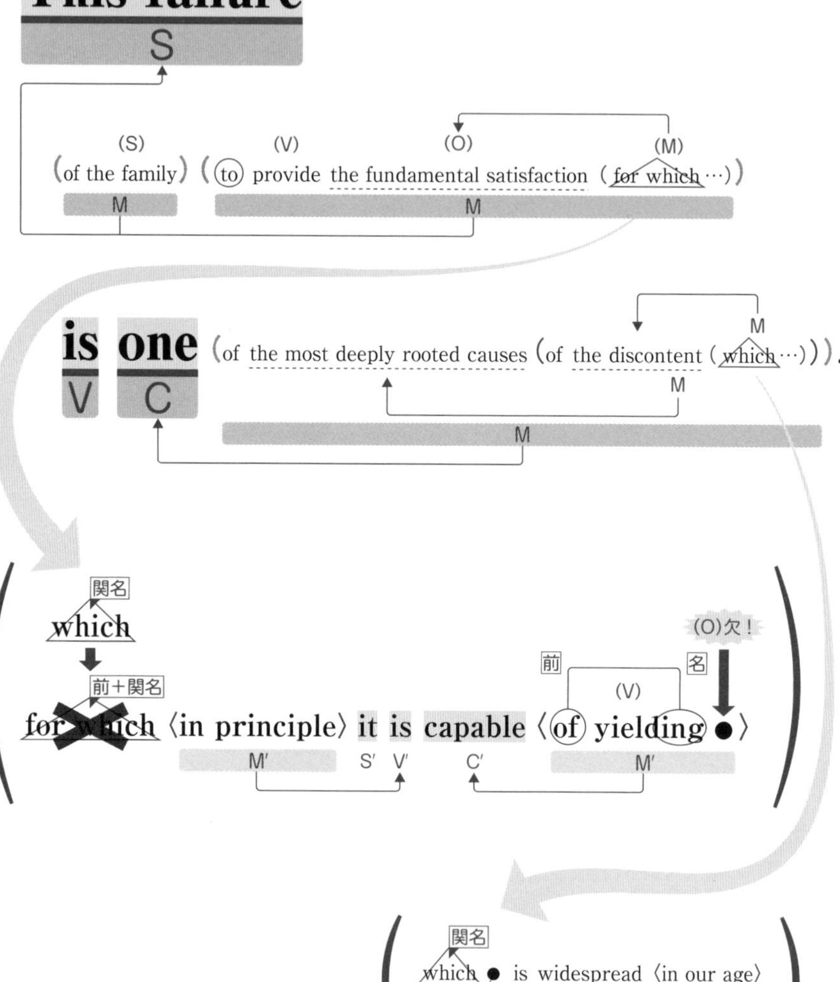
This failure
S
(S)
(V)
(O)
(M)
(of the family) ((to) provide the fundamental satisfaction (for which …))
M
M
is one (of the most deeply rooted causes (of the discontent (which …))).
V
C
M
M
M
関名
which
前＋関名
for which 〈in principle〉 it is capable 〈(of) yielding ●〉
M′
S′
V′
C′
M′
前
名
(V)
(O)欠！
関名
which ● is widespread 〈in our age〉
〈S′欠〉
V′
C′
M′

対訳 第3文

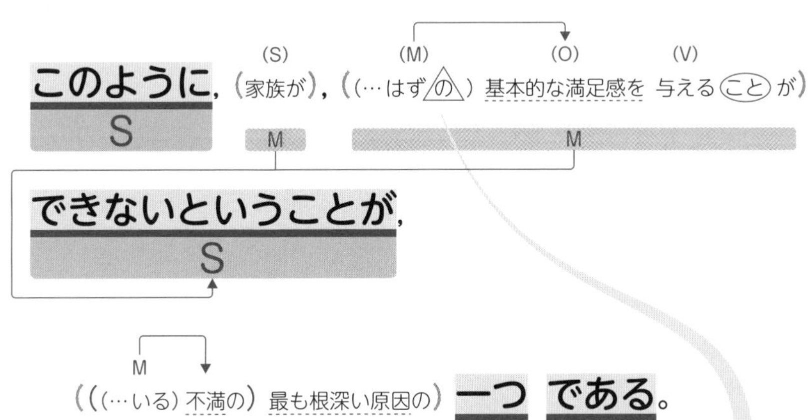

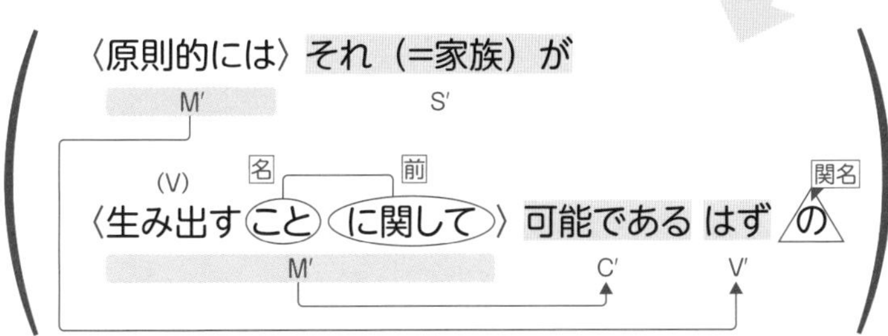

〈現代に〉広く浸透して いる
M′ C′ V′

実戦編 17

● 第 3 文は，正誤問題になっています。これまでと同様に提示された英文を分析し，構造の破綻（**=品詞分解上のマチガイ，公式との矛盾**）を見つけていきましょう。今回も主節の V の判定からスタートです ➡公式 5。

● 合計 3 つの is に注目！ **主節の V は，2 つめの is** です。1 つめの is は左方向に for which という前置詞＋which があります。これに △ を付けて ➡公式 32，「カタマリ内側に V′1 コ」を意識します ➡公式 6。すると，1 つめの is はカタマリ内側に入ってしまいます。以上より 2 つめの is がカタマリの外に出るので，これが主節の V です。3 つめの is にも左側に which があるので △ のカタマリ内側に入ってしまい，V′（=レベル 2 の従属節の文型）となります。

● 主節の S を探しましょう。前方で，前置詞が付かない名詞を探します。**This failure が S** です。今回も主節の S=This failure と V=is が離れています（=SV 遊離現象）から，そのアイダに割り込んでいるのは M だろうと予測できますね ➡公式 36。**of the family は M** です。**to provide the fundamental satisfaction は不定詞のカタマリで M** です。カタマリ内側にもミクロ文型あり ➡公式 4，**provide が（V），satisfaction が（O）**で**「満足感を提供する点で」**となります。これらは，This failure「このような失敗」の S に対する M になっていますが，訳す際には，failure of … to *do* ～「～する点での…の失敗」と訳すよりも，「…が～において失敗している（こと）」あるいは「…が～できないでいる（こと）」のようにするとわかりやすい日本語になるでしょう。

● for which に △ を付け，カタマリを開きます。前置詞＋which の**カタマリ内側は完全な文が来るはず**です ➡公式 32。in principle「原理上」は前置詞＋名詞=M′ です。**it is capable の部分が S′V′C′** です。of yielding は，**前置詞 of の後は名詞が来る**ので，**yielding「生み出すこと」=動名詞**と考えます。ここで思考がストップしてしまう人が多いので要注意です！ ➡公式 4 を発動させて，「ing の準動詞にもミクロ文型あり！」です。**yielding「生み出すこと」⇒「何を？」**とツッコミを入れながら読んでいきましょう！ yield「～を生む」は他動詞の（V）なので，（O）にあたる名詞が後続するはずです。ところが，本文には，そういった名詞がありません。ちなみに yielding の先には，2 つめの is が控えているのが見えますね。△ のカタマリ内側の V′ は 1 コ ➡公式 6 なので，for which の従属節はこの次の is の手前までということになります。

● 以上をまとめると，今回の英文では，for which の △ から始まるカタマリ内側で，**「動名詞 yielding の（V）に対する（O）になる名詞が 1 コ欠けた状態」**になっているということです。➡公式 32 より，**for which から始まるカタマリならば，その内側は名詞の欠落が無い**，いわゆる完全な文が来るはずですね。よって，この **for which の部分が間違っている**ということになります。**for which** を単なる **which**

に訂正すれば，➡公式26 の「which のカタマリ内側で名詞が1コ欠落する」とも矛盾が生じません。

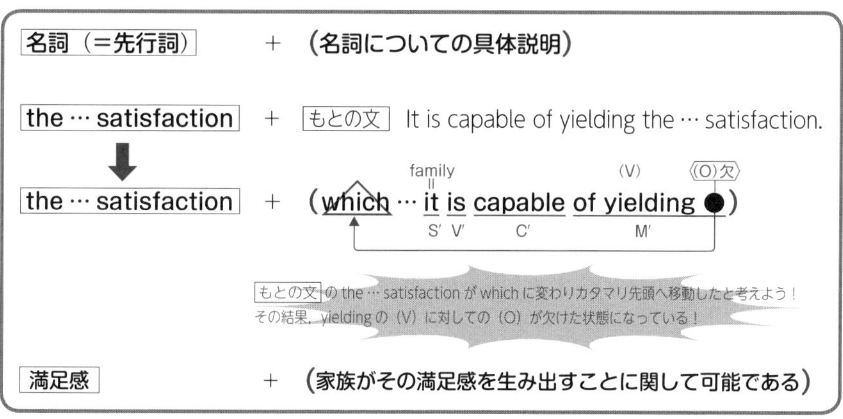

● **one が主節の C** です。**of the … causes は前置詞＋名詞＝M** になります。前置詞と名詞 causes のアイダに挟まれている箇所（＝the most deeply rooted）は大きく M です ➡公式24 。deeply は語尾に -ly が付いており，副詞と判断し M とします ➡公式40 。rooted は語尾に -ed が付いおり，形容詞と考えることができます。この rooted という形容詞を副詞の deeply が修飾し「深く根ざした」という意味です。これらがまとまって causes「原因」という名詞を修飾しています。**of the discontent も M**。which を見た瞬間に △ を付けカタマリを開きます。カタマリ内側では，**is が V′** で，**widespread が C′** です。**is に対する S′ が欠落**しており ➡公式26 ，その欠落した S′ を補う働きをもつ**主格の関係代名詞 which** が置かれているのです。

● 卒業試験の結果はいかがでしたか？　ポイントは「文型は全部で3レベルあり！ ➡公式1 」でしたね。最初は，レベル1の主節レベルを意識するだけでよいのですが，練習していくにつれて，さらに細かい文型まで意識できるようにしていきましょう。今回の正誤問題は，of yielding の動名詞の ing 周辺の文型（＝レベル3のミクロ文型）まで意識していないと，間違いに気づかずに通り過ぎてしまう恐れがあるのです。東大の作問者はこの点を狙って，正誤問題で出題したのでしょう。多くの受験生は，be capable of *doing*「～できる」とだけ丸暗記して終わり，といったような学習で済ましてしまっているのです。この ing の先にもミクロ文型があるという知識が合否の差を分けるのです。本書で学んだ公式を活用して，過去問の長文問題にも取り組んでみてください！

赤 PLUS+ 本

大学入試

“ひと目でわかる”

英文読解

別冊 公式集

構造分析に必須の公式57

教学社

公式一覧

基本の公式

動詞に関する公式

➲ 名詞に関する公式

➲ △のカタマリ（＝節）に関する公式

➲ M（＝修飾語句）に関する公式

等位接続詞に関する公式

語順・構文に関する公式

基本の公式

1　英語は「３つの階層」を意識して読むこと！

英語の構造には，次の「３つの階層」がある。３つの階層の違いを意識して読むこと！

レベル１ **主節文型**

分析する際の記号 S　V　O　C　M　←主節の SVOC が文の中心！

※S＝主語　V＝動詞　O＝目的語　C＝補語　M＝修飾語句

✓△（＝従属接続詞／関係詞／疑問詞）のカタマリに入らない（つまりカタマリの外側），アタマに△なし。

✓常に，必要な要素がそろった「完全文」。

レベル２ **従属節文型**

分析する際の記号 S′　V′　O′　C′　M′

✓△（＝従属接続詞／関係詞／疑問詞）のカタマリの内側，アタマに△あり。

✓名詞が１コ欠落することがある ➔公式 26・27 。

レベル３ **準動詞文型＝ミクロ文型**

分析する際の記号 (S)　(V)　(O)　(C)　(M)

✓ing や to *do* がつくる文型 ➔公式４ 。

✓(S) は，❶文全体の S と同じ，または❷ (S)＝不特定多数の人々，という理由で省略されることが多い。

(注１) いずれの文型も，**主語**／**動詞**／**目的語**／**補語**が**中心の要素**。

(注２) レベル１の主節では，「名詞の欠落」は起こらない。レベル２の従属節以下の階層で，名詞の欠落が起こりうる。

2　完全文が成立したら，それ以外はオマケ M と考える！

V（＝動詞）によって**必要な要素がそろった文**を「**完全文**」と呼ぶ。完全文が完成（＝文型がコンプリート）したら，**余りの要素は M**（＝修飾語句）と考えて分析すればよい。ただし，完全文の姿は V によって異なる！

V＝「与える」 ➔公式 14

予想される完全文は，SVOO である可能性が高い（中心の要素は４つ，余りものは M と考える）。

→SVOO で分析してみてダメなら，次に SVO で考えてみる。

→SVO で分析してダメなら，SV などで考えてみる。

V＝「させる・思う」 作為・認識 ➔公式 15

予想される完全文は，SVOC である可能性が高い（中心の要素は４つ，余りものは M と考える）。

→SVOC で分析してダメなら，次に SVO / SVOO で考えてみる。

→SVO / SVOO で分析してダメなら，SV などで考えてみる。

V＝完全自動詞　空間移動・静止・存在など　公式13

予想される完全文は，SV である可能性が高い（中心の要素は2つ，余りものはMと考える）。

→SV で分析してダメなら，次に SVO / SVC などで考えてみる。

V＝be 動詞兄弟　公式12

予想される完全文は，SVC である可能性が高い（中心の要素は3つ，余りものはMと考える）。

→SVC で分析してダメなら，SV などで考えてみる。

V＝「上記以外」のとき

予想される完全文は，SVO である可能性が高い（中心の要素は3つ，余りものはMと考える）。

→SVO で分析してダメなら，SV などで考えてみる。

3　カタマリをつくる6つの目印に注意！

次の6種の**カタマリ**（＝句・節）に注意しよう。これらのカタマリは，実際の英文上では，**M（＝修飾語句）になることが多い**と想定しておくとわかりやすい。

❶ **前置詞＋名詞**　公式37
❷ ～ing…　＝動名詞・分詞の形容詞用法・分詞構文など
❸ being ～ed…　※分詞の形容詞用法・分詞構文のとき，being は省略されることが多い。
❹ to *do*…　＝不定詞
❺ **従続接続詞／関係詞／疑問詞**…V′…　公式26～35　←関・接・疑は △ 印！
❻ **その他**：語尾 -ly / … ago など

（注）ただし，中心の要素（＝S / O / C）が足りないとき，他の公式に矛盾しないなら，これら6つのカタマリを，中心の要素に昇格させる場合がある。

4　ing も to *do* も原形も，ミクロ文型あり！　ツッコミながら読め！

ing でも to *do* でも原形不定詞でも，他動詞である以上はその先に，小さな目的語をとる。これを**準動詞文型**または**ミクロ文型**と呼び，(V) や (O) といった記号を付けて分析する。

（注）ただし (V) が完全自動詞なら (O) をとらない。受身なら，もとの文型から (O) マイナス1！　公式11

例1　※準動詞は (S) が省略され，唐突に (V) から始まることが多い！

reading the book with interest
(V)　(O)　(M)

to read the book with interest
(V)　(O)　(M)

ing や to *do* の後もつながっている。
「読む」⇒「何を？」とツッコミながら読もう！

「興味をもってその本を読む」

例2　※受身のときは，もとの文型から (O) マイナス1！

being read with interest
(V)　(受)　(M)

「興味をもって読まれる」

例3 ※ regard のもとの文型は SVOC。受身なので，（O）がなくなり，（C）だけが残っている！

be(ing) widely regarded as one of the best pianist
（V）（M）（受）（C）

「最高のピアニストのうちの 1 人だと世の中で広くみなされている」

例4 ※ go は完全自動詞なので（O）をとらない！

go(ing) to the party
（V）（M）

「パーティに行く」

➲ 動詞に関する公式

5　わからないときは主節の V から探せ！

いかなるカタマリにも入らない，外側の動詞を「**主節の V**」と呼ぶ。主節の V こそが文の司令塔！主節の V が，文に必要な要素を決めている。よって，どういう文型になっているかわからないときは，まずは主節の V を探してみよう！

△（＝従属接続詞／関係詞／疑問詞）がない英文において，従属節の V′ が存在しない英文はありうるが，**主節の V がない英文は絶対にありえない**。ピリオドまでで，原則，V は最低 1 コ必要。

6　V の数の法則：各レベルで原則，動詞は 1 コ

V の数の法則

✓レベル 1 のカタマリ外側（＝主節）には，V が 1 コ

✓レベル 2 の △ のカタマリ（＝従属節）の内側には，V′ が 1 コ

✓レベル 3 の ing や to *do* がつくるカタマリ（＝句）の内側には，（V）が 1 コ

（**注**）ただし，等位接続詞があれば，動詞の数を増殖できる！ ➲公式 46

等位接続詞：and「そして」，but「しかし」，or「あるいは」，so「だから」，for「というのも…だから」）

7　必ず V か V′ になる動詞のカタチは 9 つ

次の 9 つのカタチの動詞は，必ず主節の動詞 V または従属節の動詞 V′ になる！

❶ is	❷ 三単現 s	❸ am
❹ are	❺ was	❻ were
❼ **have / has＋過去分詞**	❽ **had＋過去分詞**	❾ **助動詞＋原形**

※❼～❾は，まとめて 1 つの動詞と分析するとわかりやすい。

8　ed や t で終わる動詞の，主節か従属節における働きは 4 つ

語尾 ed や t で終わる動詞は，次の 3 つのいずれかの働きをする。

❶ **主節あるいは従属節で受身文になる**

❷ **C または C′ になる**

成立条件 ⇒ 前に SVC 文型をつくる「be 動詞兄弟」➲公式 12，または SVOC 文型をつくる「させる・みなす」系の動詞 ➲公式 15 が必要。

❸ **M か M′ になる** ←この可能性が最も高い。

このとき，直前に being か having been が省略されており，

- 名詞にかかる 分詞の形容詞用法
- 名詞以外にかかる 分詞構文

のどちらかになる。見分け方は ➡公式 55 をチェック。

❹ **過去形の V または V′ になる**

これは最後の手段。「V の数の法則」を意識せよ。V や V′ にふさわしい動詞が他に無いときに，この可能性を考えるとよい。なお，主節の V なら S になれる名詞が左方向にあるはず。

9　時制をもった be 動詞が付かない ing は V や V′ になれない！

左方向に，**時制をもった be 動詞兄弟**（＝is / am / are / was / were / have been / has been / had been など）が付かない ing は，主節の動詞 V や従属節の動詞 V′ にはなれない！

時制をもった be 動詞兄弟が付いた ing は，進行形 になり，「be 動詞兄弟＋～ing」で主節の V または従属節の V′ になることがある。

10　be 動詞の意味は「イコール・存在・移動」の 3 つ

be 動詞には，次の 3 つの意味がある。

❶ イコール **「である，になる」　⇒ SVC**

※もともと，❷の意味が発展して❶の意味になった。C は「様子・状態・存在のありよう」を表す。

❷ 存在 **「いる，ある」　⇒ SV**

❸ 移動 **「行く」　⇒ SV**

例 I have been to Tokyo.　私は東京に**行った**ことがある。
S　V　M

11　受身は，もとの文型から O マイナス 1！

受身の基本 **be 動詞＋ ～ed**　←まとめて 1 コの V と考える！

❶ **もとの文型から O が 1 コ減る**

各文型を受身にしたら，もとの文型から O が 1 コ減る（このとき O 欠落とは言わない）。ただし，はじめから O がない文型（＝第 1 文型・第 2 文型）は，原則的に受身に変形できない。

❷ **受身の S は「もとの O」**

受身文へ変形することができない動詞（＝自動詞）がとる文型

第 1 文型 SV　⇒ 受身への変形はできない！

第 2 文型 SVC　⇒ 受身への変形はできない！

受身文へ変形することができる動詞（＝他動詞）がとる文型

第 3 文型 **SVO ⇒ S be ＋ ～ed**　← O も C もない（何か付くとしたら M）

第 4 文型 **SVOO ⇒ S be ＋ ～ed O**　← O が 1 コ残るはず！（それ以外は全て M）

第 5 文型 **SVOC ⇒ S be ＋ ～ed C**　← C が 1 コ残るはず！（それ以外は全て M）

(注) be 動詞兄弟＋完全自動詞の過去分詞 ～ed＝完了　※受身ではない！ ←まれ

S+be+gone「S は遠ざかってしまった状態である⇒ S は去ってしまった・なくなってしまった」などのごく限られた表現でのみ用いる。完全自動詞の ～ed を一語の形容詞としてとらえ

る。gone は「～してしまった（状態）・～し終えた（状態）」というニュアンスをもつ。

例 The good old days (S) are (V) gone (C) for good (M).（『新英和大辞典』より）

古き良き時代は永久に去ってしまった。

12 be 動詞兄弟を見たら，まずは SVC で攻めてみよう！

be 動詞兄弟（＝**be 動詞や be 動詞と置き換え可能な動詞**）を見たら，まずは **SVC 文型**で攻めてみよう！　完全自動詞で頻出の単語もあるので，SVC でダメなら，SV で考えてみる。

be 動詞兄弟　SVC の基本の意味は「S＝C」。

□ **be / stand** … S＝C だ

□ **keep / remain / stay / hold / lie / sit** … S＝C のままだ

□ **become / grow / come / get / fall / go / turn** … S＝C になる

□ **appear / seem / look** … 見た目 S＝C だ

□ **feel / sound / smell / taste** … S＝C の感じ／音／香り／味がする

□ **prove** … S＝C だとわかる

13 完全自動詞としての出現率が高い動詞は SV で攻める！

❶～❼の**完全自動詞になる確率が高い動詞**を見たら，**SV 文型**で攻めてみよう！

❶ S が空間移動する　❷ S が静止・存在している　❸ S が出現する・発生する

❹ S が働く・動く・作用する　❺ S が変化する・増減する　❻ S が話す・言葉を出す

❼ S が集中する

完全自動詞とは？

✓SV の 2 つの要素だけで，完全な文をつくれる。O も C も付けられないが，中心要素ではない M はあってもよい。

✓原則的に，受身文がつくれない（一部の群動詞による受身文は除く）。

（**注**）完全自動詞に対しては，O 欠落や C 欠落と言っちゃダメ！　最初から V がとらない要素について，「欠落」とは言わない。

なお，下記に挙げる動詞は，あくまで完全自動詞になる確率が高いのであって，「100 パーセント SV 文型になる」と言っているわけではない。「これらの V を見たら，完全自動詞の確率が高いので，完全自動詞から想定される SV 文型で攻めてみることが，制限時間のある入試においては作戦上有効である」という意味である。例えば，出現率は低いが，「自分が進むべき道」が特に強く意識されるとき，S+go+the way「S が道を進む」のように SVO 文型で go が使われるパターンもある。また，get などは多くの文型をとりうるので要注意。前後の内容も考慮し，柔軟に考えた上で，最終判断をしてほしい。

❶ S が空間移動する

□ **go**　「(S が) 話題の中心から遠ざかるように移動する⇒行く」

□ **come**　「(S が) 話題の中心に近づくように移動する⇒来る」

□ **arrive**　「(S が) 到着する」　※移動の一種

□ **get**　「(S が) 到着する」　※移動の一種

□ **walk**　「(S が) 歩いて移動する⇒歩く」

☐ run 「(S が) 走って移動する⇒走る」
☐ fly 「(S が) 飛んで移動する⇒飛ぶ」
☐ refrain 「(S が) 遠ざかる・控える」 ※移動の一種（以下，同様）
☐ proceed 「(S が) 進む・続行する」
☐ retreat 「(S が) 後退する」

（注）空間移動の V は，SV（＝第 1 文型）で使われることが多いが，SVO（＝第 3 文型）に転換されることがある。

例 He (S) was running (V) around the room (M). 彼は部屋中を走り回っていた。
※ SV 文型の run は「S が走る」の意味。
He (S) runs (V) a lot of (M) companies (O). 彼は多くの会社を経営している。
※ SVO 文型の run は「S が O を走らせる／S が O（＝機械）を走らせる⇒動かす／S が O（＝機構・組織・会社）を走らせる⇒経営する」の意味になる。

❷ S が静止・存在している

☐ live 「(S が) 住む」 ※存在の一種
☐ stay 「(S が) 一定期間存在する⇒滞在する」
☐ last 「(S が) 長期間存在し続ける⇒続く」
☐ wait 「(S が) 一定期間存在する⇒待つ」
☐ sit 「(S が) 座っている」 ※存在の一種
☐ stand 「(S が) 立っている」 ※存在の一種
☐ exist 「(S が) 存在する」
☐ belong 「(S が) 一定期間組織や集団の中に存在する⇒所属する」
☐ depend 「(S が) ぶら下がるようにして存在する⇒依存する・頼る，～次第である，～に左右される」 ※ pend は「ぶら下がるもの」*cf.* pendant「ペンダント」
☐ linger 「(S が) いつまでも存在する⇒ぐずぐず居残る・長居する」
☐ prevail 「(S が) 広く行き渡っている」
☐ persist 「(S が) 同じ場所に頑固にとどまっている⇒持続する，固執する」 ※存在の一種
☐ remain 「(S が) 最後まで存在し続ける⇒残る」

❸ S が出現する・発生する

☐ appear 「(S が) 出現する」
☐ come 「(S が) 発生する」
☐ happen 「(S が) 予期せず発生する」
☐ occur 「(S が) 発生する・(考えが) 浮かぶ」
☐ arise 「(S が) 発生する」
☐ result 「(S が) 結果として生じる・起こる」
☐ emerge 「(S が) 出現する」
☐ spring 「(S が) (バネのように) 突然あらわれる」

❹ S が働く・動く・作用する

☐ work 「(S が) 働く」
☐ act 「(S が) 活動する・作用する」
☐ operate 「(S が) 機械などが動く」
☐ function 「(S が) 機能する」

☐ matter / count「(S が) 重要な働きをする⇒重要である (work のプラスイメージ)」
☐ succeed「(S が) うまく作用する＝成功する (work のプラスイメージ)」
☐ fail「(S が) まずく作用する＝失敗する (work のマイナスイメージ)」

❺ S が変化する・増減する

☐ change「(S が) 変化する」
☐ increase「(S が) 増える」
☐ decrease「(S が) 減る」

(注)「S (＝主語) が，他のものを変える・増やす・減らす」のときは，他動詞になり，O (＝目的語) をとることに注意しよう。←勘違いしている人が多い！

❻ S が話す・言葉を出す

☐ speak / talk / chat「ぺちゃくちゃおしゃべりする」
☐ apologize「謝罪の言葉を出す」

(注 1) speak は，「speak＋言語・セリフ」のときは，SVO になる。talk は，後に into や out of が付いて，talk ～ into … や talk ～ out of … になると SVO になる。←例外に注意！

(注 2) 会話の 具体的な内容 にまで踏み込んで，中心の文型でハッキリと表現したいときは，
S＋say (V)＋ 内容 (O) のパターンを使う。
さらに，具体的な内容 と 会話の相手 まで中心の文型で表現したいときは，
S＋tell (V)＋ 相手 (O_1) ＋ 内容 (O_2) のパターンを使うのが原則。

❼ S が集中する

☐ center / concentrate / focus「(S が) 集中する」
☐ major「(S が) 学問のある特定の分野に集中する＝専攻する」
☐ look「(S が) 目標物に視線を集中する＝見る」
☐ listen「(S が) 目標物に聴覚を集中する＝聴く」

14 「与える」系の動詞を見たら，まずは SVO_1O_2 で攻める！

SVO_1O_2 のコアイメージは「**S が O_1 に O_2 を与える**」。訳すときにはこのイメージを意識せよ。以下の動詞を見たら，まずは SVO_1O_2 で攻めてみる！

相手に物・金を与える

☐ give「与える」　☐ send「送る」　☐ hand「手渡す」
☐ lend「貸す」　☐ pay「支払う」

相手に情報を与える

☐ show「示す」　☐ tell「言う」　☐ teach「教える」
☐ convince「相手に完璧な情報を与える⇒納得させる」 ※ con-「完全に」
☐ assure「相手に確実な情報を与える⇒確信させる」

相手に～してあげる

☐ find「見つけてあげる」　☐ buy「買ってあげる」　☐ make「つくってあげる」
※すべて「…あげる＝与える」のニュアンスが隠れていることに注目しよう！　例えば find の場合，

Sが単に「Oを見つける」ならSVO。その見つけたものを相手に与える場合には「SがO_1にO_2を見つけてあげる」というSVO_1O_2文型になる。

その他

☐ ask「相手に質問を与える＝質問をする」
☐ cause「相手に苦痛・損害を与える」
☐ allow「相手に許可を与える＝認める」
☐ spare「相手に時間を与える」

例外：SVOOで「与える」の逆の意味をもつ動詞

「す・ど・お・こぉ・た（須藤公太）君」と暗記せよ！

す	save / spare	「O_1からO_2を**奪う**・取り除いてくれる」
ど	deny	「O_1にO_2を**与えない**」
お	owe	「O_1からO_2を（一時的に）**奪っている**・借りている」
こぉ	cost	「O_1からO_2を**奪う**」
た	take	「O_1からO_2を**奪う**」

例1 Phoning saved me writing a letter.
(S: Phoning / V: saved / O_1: me / O_2: writing a letter)
電話をかけることは，私から手紙を書くことを取り除いてくれた。
⇒ 意訳 電話をかけたので，手紙を書かなくて済んだ。

例2 I owe my mother $10. 私は，母に10ドルを借りている。
(S: I / V: owe / O_1: my mother / O_2: $10)

例3 It takes you two hours to reach the station by car.
(仮S: It / V: takes / O_1: you / O_2: two hours / 真S: to reach the station by car)
車で駅までたどり着くことが，あなたから2時間を奪う。
⇒ 意訳 車では駅まで，2時間かかる。

15 SVOCの意味は「させる」と「みなす」の2つ

SVOCの意味は，大きく2パターンある。

❶ 作為 **Sが作用し，OにC**させる
❷ 認識 **Sの立場から見て，OがCすると**みなす・認識する
O＝Cだとみなす・認識する

例 name O C / call O C　名前を付けること / 呼ぶことで（個体を）認識する

✓SVOC文型のOとCのアイダには，「**OがCする**」または「**O＝C**」という意味上の**主語と述語の関係**が成立する。
✓**Cの位置に動詞の原形**（＝原形不定詞）がつくるカタマリが来るカタチに注意。そういったカタチになることがあるのは，以下の動詞。
❶のグループ：**使役動詞**（make / have / letのみ），**準使役動詞**（helpのみ）
❷のグループ：**知覚動詞**（see / hear …）

16 S+V+O+to *do* …のVは「させる」系の動詞

S+V+O+to *do* …は，SVOCのCの部分がto *do* …になったもの。SVOC文型の特徴である「**SはOにCさせる**」というコアイメージを感じよう。
✓Oとto *do* …のアイダには，「隠れ文型」あり！　**Oが主語**，**to *do* が述語**の関係になっている。
✓to *do* …はミライ志向（＝向かうイメージ）。「Sによって，Oが～する方向へ進んでいく」というニュアンス。究極的には「SはOにCさせる」という意味になる。

✓訳すときは，「**SはOが…するのをVする / SはOが…するようにVする**」。O+to *do* … の部分は，Oを主語っぽく「…が」と訳してよい。

S+V+O+to *do* … のパターンをとる頻出の動詞

□ get	「やらせる」	□ lead	「導くことで～させる」
□ instruct	「指図・命令してやらせる」	□ direct	「指図・命令してやらせる」
□ order	「指図・命令してやらせる」	□ command	「指図・命令してやらせる」
□ advise	「助言してやらせる」	□ persuade	「説得してやらせる」
□ drive	「追いつめてやらせる」	□ pressure	「圧力をかけてやらせる」
□ oblige	「義務感を抱かせてやらせる」	□ encourage	「激励してやらせる」
□ urge	「しつこく勧めてやらせる」	□ compel	「力づくでやらせる」
□ force	「力づくでやらせる」	□ cause	「意図せずやらせることになる」
□ tempt	「その気にさせてやらせる」	□ invite	「その気にさせてやらせる」
□ expect	「やってもらうことを予期する」	□ enable	「可能にさせる」
□ require	「要求してやらせる」	□ teach	「教えてやらせる」
□ tell	「言ってきかせてやらせる」	□ warn	「警告してやらせる」
□ permit	「許可してやらせる」	□ allow	「許可してやらせる」
□ ask	「頼んでやってもらう」	□ want	「やってもらうことを望む」
□ help	「援助することで，させてやる」		

※ S+help+O+(to) *do* … で help は to を省略し，原形も OK。

S+群動詞+O+to *do* … のパターン

□ S wait for O to *do* …　「SはOが…するのを待つ」
　　V　　C

□ S count on O to *do* …　「SはOが…するのをあてにする」
　　V　　C

□ S arrange for O to *do* …　「SはOが…するように調整する」
　　V　　C

(注) これらは，「群動詞的解釈」を採用し，「**完全自動詞＋前置詞＝まとめて1語の他動詞扱い**」で分析するとわかりやすい ➡公式20。

例 I waited for him to come home.　私は彼が家に帰って来るのを待っていた。
S　V　O　C

⬇

結局，これらの動詞には，すべて「させる」のニュアンスが含まれている！

17 S+V+O+as … とS+V+O+to be … のVは「みなす」系の動詞

S+V+O+as … とS+V+O+to be … は，それぞれ，SVOCのCの部分が，as … と to be … になったもの。コアイメージは「**SはO=Cだとみなす・認識する**」。

S+V+O+as … をとる頻出の動詞

…の位置には，名詞 / 形容詞 / ～ing / ～ed などが来る。

□ regard　□ see　□ look (up)on　□ take
□ recognize　□ interpret　□ think of

(注) S+V+O+as … の as は，もともと前置詞だったので，後には名詞が来るはずだが，使われていくうちにカタチが崩れ，実際の英文では，as の後には名詞以外の様々なものが来る。

S+V+O+to be … をとる頻出の動詞

…の位置には，名詞 / 形容詞 / ~ing … / ~ed などが来る。

☐ believe　☐ suppose　☐ think　☐ take
☐ feel　☐ consider　☐ perceive　☐ show
☐ prove　☐ reveal

※ show / prove / reveal は「O を C だと（認識した上で）示す」ということ。

（注）S+V+O+to be … の to be は省略されることがある。

入試にめちゃでる！：as が付く上のパターンでは，**think of O as C**。それに対して，to be が付く下のパターンでは，**of なし**で，**think O to be C** となる！

18　be+形容詞+to *do* はまとめて 1 つの V と考えよう！

be+形容詞+to *do* は，まとめて 1 コの動詞と考えるとわかりやすい場合がある。代表格は，be able to *do*。

以下の形容詞は，**S+ be+形容詞+to ＋ *do*…** のパターンで使われることが多い。

助動詞のイメージ ＋ 原形 でまとめて 1 つの動詞と考える。

☐ apt / inclined / liable / prone「…しがちだ」
☐ ready「すすんで…する」
☐ willing「…するのを厭(いと)わない，…するのがイヤではない」
☐ reluctant「…するのを嫌がる」
☐ able「…できる」
☐ sure「きっと…するよ！」
☐ certain「必ずや…する」
☐ likely「…する可能性が高い」
☐ anxious / eager / keen「…したがっている」
☐ about「まもなく…する，まさに…するところだ」

19　V+to *do* はまとめて 1 つの V と考えよう！

want to *do* のような，**V+to *do*** は，まとめて 1 コの動詞と考えるとわかりやすい。

S ＋ V+to ＋ *do*…

助動詞のイメージ ＋ 原形 でまとめて 1 つの動詞と考える。

☐ begin to *do* … / start to *do* …「…し始める」
☐ cease to *do* …「…するのをやめる」
☐ continue to *do* …「…し続ける」
☐ like to *do* …「…するのを好む」
☐ love（desire / hope / wish）to *do* …「…するのが好きだ」
☐ prefer to *do* …「…するのをより好む」
☐ hate to *do* …「…するのが嫌だ」
☐ try to *do* …「…しようとする」
☐ help to *do* …「…するのに役立つ・助ける」
☐ tend to *do* …「…しがちだ」

動詞

☐ get to *do* …　「…するようになる」
☐ learn to *do* …　「…できるようになる」
☐ come to *do* …　「…するようになる」
※ become to *do* … は存在しない！　英文法の 4 択のダミー選択肢で頻出なので要注意。
☐ seem to *do* … / appear to *do* …　「…するように見える」
☐ manage to *do* …　「なんとか…する」
☐ fail to *do* …　「…しない，…できない」
☐ choose to *do* …　「…することを選択する」
☐ be prepared to *do* …　「…する準備・覚悟ができている」
☐ be said to *do* …　「…すると言われている」
☐ be supposed to *do* …　「（規則などにより）…することになっている」
※実際にはそうなっていない，なりそうもないことを暗示する。
☐ prove to be … / turn out to be …　「…であることがわかる」
☐ struggle to *do* …　「…しようとする」

20　群動詞的分析法で効率よく分析しよう！

「群動詞（＝句動詞）」という言葉があるが，これは普通の動詞とは別の，独立した動詞が存在するということではない。「群動詞」という「事象のとらえ方・考え方」があるにすぎない。

❶ 普通の品詞分解

名詞₁ (S)　**look** (V)　**at＋名詞₂** (M)

⇒他動詞である see や watch と違い，look が完全自動詞であることをハッキリ意識化できる。

❷ 群動詞（＝句動詞）というとらえ方を採用した場合（＝群動詞的解釈）の品詞分解

名詞₁ (S)　**look at** (V)　**名詞₂** (O)　←完全自動詞＋前置詞＝まとめて 1 語の他動詞！

⇒ look とセットで使われる確率が高い前置詞 at を，look at というカタチでひとつのまとまりとして覚えやすい。

⇒ O があるので，受身文に変形できる（O がないと受身文はつくれない）。

名詞₂ (S)　**is looked at** (V受)　**by＋名詞₁** (M)　名詞₂は，名詞₁によって見られている。

要するに，❶の考え方を採用して分析した場合と，❷の考え方を採用して分析した場合とで得られる，それぞれの英語学習上の利益を比較検討し，利益が最大化する有利な戦略（とらえ方・考え方）を，その都度選択するようにすれば OK！　❶や❷のどちらか一方の考え方が，「どのような条件下においても絶対的に正しい」などと盲信しないこと！

21　アタマ系 V は「後に OC か that S′V′ が来るのではないか」と予測せよ！

アタマ系 V＝believe / suppose / think / know などの「思う」「わかる」系の動詞を見たら，その後ろには「OC か that S′V′ が来るのではないか」と予測せよ！

アタマ系 V＋O C　/　アタマ系 V＋that S′V′ …

名詞に関する公式

22　名詞には７つのシゴトがある

名詞には以下の７つのシゴト（＝働き）がある。

❶ 主語になる
❷ 目的語になる
❸ 補語になる
❹ 前置詞＋名詞（＝前置詞の目的語）になる
❺ 修飾語になる（＝時間・場所・方法を表す名詞が副詞化）　※副詞的目的格と呼ぶ。
❻ being を補って修飾語のカタマリ（＝分詞または分詞構文）になる
❼ 同格（＝言い換え）になる

23　名詞が余ってしまう＝分析が間違っている！

よくある品詞分解のマチガイ

⇒ 分析の結果，名詞が余ってしまう（＝働きが決まらない名詞がある）。

分析の際は，英文中のすべての名詞が，何らかの文法上の働きをもつようにしなくてはならない！

24　「a(n) / the / 所有格＋修飾語句＋名詞」＝ひとまとまりの名詞

「a(n) / the/ 所有格 ＋修飾語句＋ 名詞 」は，ひとまとまりのイメージでとらえよう！

a(n) / the / 所有格 と 名詞 のアイダに挟まれた語句は，トータルでみると，最後の名詞に対する大きなMになる。

例 He (S) was (V) a very rude country boy (C; very rude country = M).　彼は非常に無作法な田舎の少年だった。

（注）例外的に，**修飾語＋ a(n) / the / 所有格 ＋ 名詞** になってしまうパターン

(all) the boys / (both) the boys / (half) an hour / (such) a good man / (double) the price / (so old) a man / (as old) a man / (too old) a man / (how(ever) old) a man

上記の（　）の形容詞は，すべて後ろの名詞にかかる修飾語。名詞にかかる修飾語は，普通なら，a(n) / the / 所有格 と 名詞 のアイダに置くが，これらの例外パターンでは，a(n) / the / 所有格 より前方の位置から，名詞にかかる。

25　数量をあらわす語は，単独で名詞のシゴトができる

数や量をあらわす語は単独で名詞のシゴトができる。

数や量をあらわす語

- □ **many**　「多数のもの・こと・人」
- □ **much**　「たくさんのもの・こと」
- □ **a great deal**　「（量について）たくさんのもの・こと」
- □ **few**　「ほんのわずかな数のもの・こと・人」

名詞

□ little 「ほんのわずかな量のもの・こと」
□ more 「もっと重要なもの・こと・人，もっと多くのもの・こと・人」
□ less 「もっと少ない量のもの・こと，重要でないもの・こと・人」
□ fewer 「もっと少ない数のもの・こと・人」

例1 Many(S) are(V) certain(C) [that a world exists after death](M).
多くの人々が，死後の世界が存在することを確信している。

例2 Poetry(S) is(V) more(C) than just the collection of words(M).
詩とは，単なる言葉の集まりより，もっと重要なものである。

△のカタマリ（＝節）に関する公式

26 △内側の公式その1：△は完全文と不完全文の2パターン

△（＝**従属接続詞／関係詞／疑問詞**）は大きく2パターンに分かれている。

❶ which / what / who(m)
⇒ カタマリ内側は，**名詞が1コ欠落**した従属節（**＝不完全文**）になる！

❷ which / what / who(m) 以外
⇒ カタマリ内側は，必要な名詞がすべて揃った従属節（**＝完全文**）になる！

which / what / who(m) 以外とは？
関係副詞 ／ 前置詞＋which・前置詞＋whom ／ 従属接続詞

27 △内側の公式その2：thatは関係代名詞と従属接続詞の2パターン

△のカタマリをつくるthatは大きく2パターンある。

❶ 関係代名詞のthat ＝which / who(m)
⇒ カタマリ内側は，**名詞が1コ欠落**した従属節（**＝不完全文**）になる！

❷ 従属接続詞のthat
⇒ カタマリ内側は，必要な名詞がすべて揃った従属節（**＝完全文**）になる！

（注）**従属接続詞のthatは「と・という・ということ」**などで必ず日本語に訳出せよ。それに対し，**関係代名詞のthatはそれ自体，訳に出ない**ことも多い（そもそも日本語には，「関係代名詞」というものが存在しないので，日本語に訳そうにも訳せない）。

28 7つの△で始まるカタマリは名詞のカタマリになれる資格がある！

次の7つの△で始まるカタマリは巨大な**名詞のカタマリになれる資格**がある！

❶ 従属接続詞 that　❷ 従属接続詞 if　❸ 従属接続詞 whether
❹ what　❺ すべての疑問詞　❻ whichever
❼ who(m)ever

（注）これらが「名詞のカタマリに必ずなる」と言っているのではない！「文の中心要素S／O／Cに必ずなる」と言っているのではない！

従属接続詞 thatのカタマリがMになっているパターン

例1

I am very glad 〈**that** you are in good health〉.

S V M C / (S' V' C') M

〈あなたが健康であるので〉，私はとてもうれしい。⇒ 意訳 お元気そうで何よりです。

例2

He was so busy 〈**that** he couldn't spend time with his kids〉.

S V M C / (S' V' O' M') M

彼はとても忙しく，〈子どもたちと一緒に時間を過ごすことができないほどだった〉。

従属接続詞 thatのカタマリが中心要素（＝名詞のカタマリ）に昇格しているパターン

例3

The fact is [**that** I don't like to go there]. 真相は［私はそこへ行きたくないということ］だ。

S V (S' V' M') C

例4

He thinks [**that** his son is incapable of telling a lie].

S V (S' V' C' M') O

彼は，［自分の息子がうそをつくことに関して能力がないと］思っている。

⇒ 意訳 彼は，息子がうそをつけないと思っている。

whether「～かどうかは関係なく」のカタマリがMになっているパターン

例5

〈**Whether** we go or stay〉, the result will be the same.

(S' V') M S V C

〈私たちが進むかあるいはとどまるかは関係なく〉，結果は同じだろう。

whether「～かどうか（ということ）」のカタマリが中心要素（＝名詞のカタマリ）に昇格しているパターン

例6

I don't know [**whether** she will succeed or not].

S V (S' V') O

私には［彼女が成功するかどうか］わからない。

29 「カタマリが名詞になるか，Mになるか」を決めるのは，カタマリ外側のV

名詞になる資格があるカタマリが，「名詞になるか？ Mになるか？」を決めるのは，カタマリ外側の主節（特にV）である！ 主節がすでに完全文になっていれば，余ったカタマリはMにするしかない。

例 The rumor went around [**that** he married her]. 彼が彼女と結婚したという噂が広がった。

S V M (S' V' O') M

※この［thatのカタマリ］は，内側が完全文のため，名詞になる資格がある 公式28 が，カタマリ外側のwentが「移動」の完全自動詞でOをとらないため，Mになるしかないのだ。つまり，［thatのカタマリ］＝Mという判断の根拠は，カタマリ外側のwentということになる。

30 「名詞＋S＋V」の語順を見たら，関係代名詞の省略の可能性あり！

「**名詞＋S＋V**」の語順を見たら，関係代名詞の省略を考えてみよう！

例 **The book I read** was interesting.　私が読んだ本は面白かった。
ココに注目！

略 S′ V′ O′欠
＝The book（that I read ●）was interesting.
S M V C

the book I read＝「**名詞＋S＋V**」の語順がある。 ⇒**名詞の後に関係代名詞の省略を見抜け！**

（**注**）例外として，O＋S＋V の「**語順移動**」のパターンに注意！

通例は，SVO と表現すべきところを，O が前の文で既に述べた，わかりきった情報である場合，前文にひっぱられて，O が先頭方向へ移動することがある。訳すときは，そのままの語順でも，もとの SVO に戻して訳しても OK。これを「関係代名詞の省略」で読むことはできない。カタマリの外の主節の V が無いので，文として成立しなくなってしまう。

例 One thing my father left to me.　父は私に一つのことだけ残してくれた。
O S V M

略 S′ V′ M′
One thing（which my father left to me）. ←この解釈はマチガイ！
名 M

31 抽象名詞の後には同格名詞節が来る可能性がある！

抽象名詞＋that のカタマリ
同格名詞節 M
後ろから抽象名詞の中身・内容を具体的に説明している！

✓**抽象的な名詞**に，「**〜という**」**の従属接続詞 that のカタマリ**が M となって修飾することができる。このとき，that がつくるカタマリを「**同格名詞節**」という。
✓**同格名詞節の that のカタマリ**は，**抽象名詞の中身・内容の具体化**になっている。
✓「抽象名詞」とは，体積・質量がない，概念的な名詞のこと。その逆は，「**具体**名詞」で，「**体**積・質量が**具**(そな)わっている名詞」という意味。抽象名詞にはおもに以下の 6 タイプがある。

❶ **事実・こと（fact）**　❷ **知らせ（news）**　❸ **発言（remark）**
❹ **考え（idea）**　❺ **命令（order）**　❻ **気持ち（feeling）**

S′ V′
例 (1) **the news**［that the king died］［王が死んだ**という**］**ニュース**
抽象名詞 同格名詞節 M

※抽象名詞「ニュース」の中身・内容について「王が死んだ」と説明されている。なお，カタマリ内側で，die「死ぬ」は「消失」の完全自動詞。SV だけで完全文とみなす。よって，この that は従属接続詞。

S′欠 V′ M′
(2) **the news**（that ● was leaked to the press）（報道機関にリークされた）ニュース
抽象名詞 関係代名詞節 M

※抽象名詞「ニュース」の中身・内容は説明されない。カタマリ内側で，S′欠になっているので，この that は関係代名詞。従属接続詞の that ではないので，同格名詞節にはなれない。

32 「前置詞＋関係代名詞」の内側は完全文

前置詞＋which／前置詞＋whom は，前置詞から △ カタマリの中に入れて分析する。カタマリ内側は**完全文**になる！ なお，日本語訳では，前置詞の意味は明確に出てこない場合があるが，もとの文をイメージして，前置詞の由来を考えること。

… V … 名詞（先行詞） ＋ （ 前置詞 ＋ which（先行詞＝モノ）／ whom（先行詞＝人） ＋ ～ V′ ～（完全文） ）M

例 This paper has a lot of spelling mistakes (for which I am responsible).
S V M O＝先行詞 / S′ V′ C′ / M

この論文は，（私に責任がある）多くのつづり間違いを含んでいる。

※前置詞の由来は，**be responsible for＋名詞「名詞の責任がある」**という表現である。もともと，I am responsible for the spelling mistakes. という文があり，for the spelling mistakes の部分が for which に変形し，節の先頭へ移動したと考える。

33 「前置詞＋関係代名詞」の後が不完全文のときは，カタマリの切れ目に注意！

前置詞＋which／前置詞＋whom の後は完全文が続くが，不完全文に（＝名詞が 1 コ欠落しているように）見えるときがある。そういった場合は，前置詞＋which／前置詞＋whom が主節と従属節（＝形容詞節）の切れ目部分から，名詞 1 コ分だけめり込んでいないかチェックせよ。

前置詞＋関係代名詞の直前の名詞の部分も合計すると，形容詞節の内側はちゃんと完全文になっているはずだ！ 主節をしっかりと品詞分解して，主節と従属節の切れ目を理解せよ！

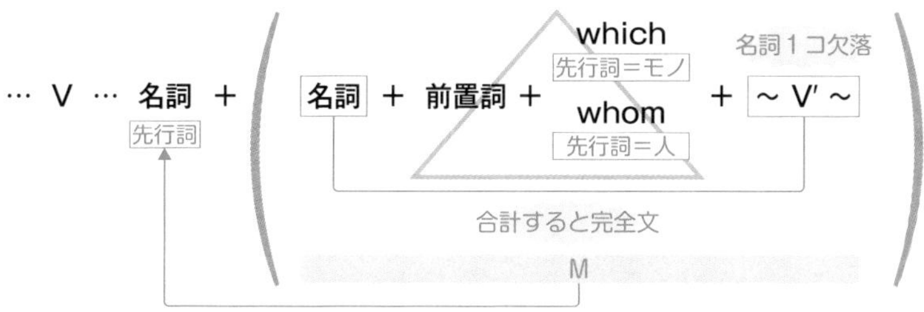

例 I usually use the convenience store (the red roof of which you can see from the window of your house).
S M V O＝先行詞 / O′ S′ V′ M′ / 合計すると完全文

私はいつもそのコンビニを利用している。そのコンビニの赤い屋根をあなたの家の窓から見ることができる。

⇒ 意訳 あなたの家の窓から見える赤い屋根のコンビニを私はいつも利用している。

△のカタマリ（＝節）

34　従接 as のカタマリ内側は完全文，関名 as のカタマリ内側は不完全文！

従属接続詞 as　**カタマリ内側は完全文**になる。

❶ **同時性「…とき」**

例 Our boss came up 〈**as** we were talking〉. 〈私たちが話していると〉上司がやってきた。
S V M M

❷ **原因「…ので」**

例 〈**As** he is busy〉, you should not make unreasonable demands on him.
M S V O M

〈彼は忙しい**ので**〉，君は，彼に対して無理な難題をふっかけるべきではない。

※ as の従属節の内容が「原因」，主節の内容が「結果」の関係が成立！

❸ **様態「…ように」**　※同形反復による省略を復元した後で完全文となる。

例 You should behave 〈**as** your elders do at the meeting〉.
S V M

〈そのつどいでは，年長者がふるまう**ように**〉，君もふるまうべきだ。

※ as 節の内側の V′ が代動詞 do＝behave になっている。

❹ **比例「…（に）つれて」**

例 She became wiser 〈**as** she grew older〉. 〈彼女は年をとるに**つれて**〉賢くなった。
S V C M

※主節と as 節の内側に比較級や変化・増減を示す表現が使われている。

❺ **譲歩「…（だ）けれども」**

例 〈Tired **as** she was〉, she didn't get much sleep.
M S V O

〈彼女は疲れていた**けれども**〉，（彼女は）あまり眠れなかった。

※ as 節の内側で語順移動が生じており，〈C′＋as＋S′＋V′〉あるいは〈M′＋as＋S′＋V′〉の語順になっている。また，まれに同じ語順で，理由「…ので」になることもある。

関係代名詞の as　**カタマリの内側は不完全文**になる。

❶ **such / the same / as などとセット**で用いて，**先行詞の名詞に as のカタマリをかけて訳す**パターン

例 Don't make **the same** mistake（**as** I did ●）.
V O M

（私がしてしまったのと）同じ間違いを犯してはいけない。

❷ **as が主節の内容を先行詞として指している**パターン

例 He was late,（**as** ● is often the case with him）.
S V C M

＝（**As** ● is often the case with him）, he was late.

彼は遅刻した。（そういったことは彼に関してしばしば事実である）。

⇒ 意訳 彼は遅刻した。それは，彼にはよくあることなのだが。

35 where の重要な働きは，関係副詞と従属接続詞

where の重要ポイントを確認しよう。

❶ 関係副詞　※カンマなし

例 There are many cases (where appearance matters).

（外見が重要である）多くの場合がある。

❷ 関係副詞「…する場所・場合・点」

❶の先行詞を省略したものと考えられ，where のカタマリが名詞節になる。

例 Home is [where the heart is].　家庭は［心が存在する**場所**］である。

=Home is the place (where the heart is).

❸ 場所の副詞節を導く従属接続詞「…する所に／で，…する部分／点に」

例 〈Where others are weak〉, she is strong.　〈他の人が苦手とする**所で**〉，彼女は強い。

❹ 従属接続詞=whereas, while「…のに，…に対して」

例 They are submissive 〈where they used to be openly hostile〉.

〈彼らは以前は公然と敵対していた**のに**〉，今は従順である。（『ランダムハウス英和大辞典』より）

M（＝修飾語句）に関する公式

36 M の頻出スポット：❶文頭・❷SV のアイダ・❸VO のアイダ・❹文末

M のカタマリの頻出スポットは，次の 4 つ。

❶ 文頭　**❷ SV のアイダ**　**❸ VO のアイダ**　**❹ 文末**

英語で最も多く出てくる構造パターンを常に意識せよ！

❶ M　S　❷ M　V　❸ M　O　❹ M

❶ M（副詞のカタマリ）→ V：前置詞＋名詞／to *do* …／… ～ing …／従接 … V′ …／など

❷ M：
- 名詞のカタマリ（that … V′ …／疑問詞… V′ …／など）（同格のカタマリ）→ S
- 前置詞＋名詞／to *do* …／… ～ing …／関名 … V′ …／など（形容詞のカタマリ）→ S
- … ～ing …／従接 … V′ …／など（副詞のカタマリ）→ V

❸ M：前置詞＋名詞　など（副詞のカタマリ）→ V

❹ M：
- 名詞のカタマリ（that … V′ …／疑問詞… V′ …／など）（同格のカタマリ）→ O
- 前置詞＋名詞／to *do* …／… ～ing …／関名 … V′ …／など（形容詞のカタマリ）→ O
- 前置詞＋名詞／to *do* …／… ～ing …／従接 … V′ …／など（副詞のカタマリ）→ V

37 前置詞＋名詞＝M が原則，ただし C に成り上がるパターンに注意！

前置詞＋名詞は M になるのが原則！　しかし，前置詞＋名詞が，**be 動詞兄弟の後**や **SVOC 文型の C の位置**に来たとき，前置詞＋名詞は **C に成り上がる**ことがある！

例 1　Patience (S) is (V) **of vital importance** (C) to success (M).　忍耐は，成功においてとても重要である。

例2 Great advances in digital technology (S) have made (V) his approach (O) to movie-making (M) of revolutionary novelty (C).

Great advances in digital technology have made his approach to movie-making of revolutionary novelty.

S: Great advances / M: in digital technology / V: have made / O: his approach / M: to movie-making / C: of revolutionary novelty

デジタル技術における大きな進歩が，映画製作に対する彼の手法を革命的に新しいものにしてきた。

38 M には，強弱を付ける働きがある

M の代表的な働きは，「**強め＝強調**」か「**弱め＝断言を避け，表現をマイルドにする緩和婉曲フレーズ**」である。

39 a kind of「一種の」/ a lot of「たくさんの」＝M で，後ろの名詞にかかる

a kind of（＝a type of / a sort of）でまとめて M と分析する。後の名詞にかけて訳せる。

a kind of (M) ＋名詞 「**一種の**名詞，名詞**のようなもの**」

「**たくさんの**」「**多くの**」「**多量の**」をあらわす数量表現も同じように分析する。

- □ **a lot of**＋名詞
- □ **a number of**＋名詞
- □ **a plenty of**＋名詞
- □ **a great deal of**＋名詞

≒hundreds of「何百もの」/ thousands of「何千もの」/ millions of「何百万もの」/ tens of millions of「何千万もの」 ※これらもひとまとまりの M とする。

40 語尾に ly が付くものは，原則，副詞で M

語尾に ly が付くものは，原則，副詞で M になる。

(注) ただし，orderly「秩序がある状態の，整然とした」/ heavenly「天の」/ elderly「年配の」/ lovely「愛らしい」/ friendly「親しみのある」は，形容詞になり，C になることがある。likely は形容詞と副詞の両方の使い方がある。

41 場所の前置詞は副詞に変化することがある

場所の前置詞（at, from, into のようないくつかの例外的な前置詞を除いて）は，名詞が後ろにこないとき，一語の副詞になる。前置詞の後に，どんな名詞が来るべきかが，文脈上・常識上，はっきりしているときに，名詞を省略して 1 語の副詞として用いることが多い。

例 They (S) swam (V) across the water (M). 彼らは川を隔てた向こう側へと泳いで移動した。

⇒ They (S) swam (V) **across** (M). 彼らは向こう側へと泳いで渡った。

42 「V＋前置詞 / 副詞」では，前置詞や副詞が意味の中心になることがある

「**V＋前置詞**」や「**V＋副詞**」のパターンでは，**前置詞・副詞が意味上の中心になることがある。**V を直訳してみて，変な意味になるときは，V を訳上無視すると自然な意味になることがある。したがって，そもそも V の意味を知らない場合でも，前置詞や副詞の訳を中心に考えると，ある程度意味を推測できることがある。

また，**意味がわからない熟語は，カタチがよく似た熟語，特に，同じ前置詞をとる熟語に言い換えてみることで類推できる場合がある。**

V+for

□ apply for「求める」　□ cry for「求めて叫ぶ」　□ hope for「期待する」
□ long for「待ち望む」　□ look for「捜す」　□ pray for「願い求める」
□ strive for「奮闘する」　□ wait for「待つ」　□ wish for「願う」

⇒ 長文読解の際は，個々のVの意味は，わからなくても，forの意味をアピールして訳そう！「～を求める」のような「志向性」や「追求」といったforのコアイメージを利用して訳してみる。forのコアイメージは，大きく4つあり，この4つを関連付けて覚えよう！

❶ 志向性・追求・賛成　❷ 目的・目標意識
❸ 交換・等価値　❹ 比較検討・対照性

例1 My picture was **sold for** one hundred million yen.　私の絵は，1億円で売れた。
※買う人が1億円出してくれるというので，1億円が欲しくて（＝**志向性**・**追及**），絵が売却されたのである。ちなみに，絵が1億円で売れた，ということは，絵と1億円を**交換**したことになり，さらに別の言い方をすれば，「絵の価値＝1億円」，つまり**等価値**ということになる。以上より，forは，「交換・等価値」といった文脈でも用いられる。

例2 The dove **stands for** peace.　鳩は，平和を象徴している。
※ dove「鳩」は，peace「平和」と**等価値**と言いたい。

例3 The prime minister **was praised for** his leadership.
総理は，その指導力のために称賛された。
※ praise「称賛する」は，賞罰の意味をもつ動詞。賞罰とは，常に何かとの**交換**である。何もしていないのに，褒められたり，罰せられたりするのはヘン。総理は，his leadershipと**交換**で，人々からの称賛が与えられたのである。

例4 **For** all his wealth, he is not happy.　彼は金持ちだが，幸せではない。
※「V+for」ではないが，forのコアイメージを理解することの重要性がわかる例文。この英文のコアの意味は，「『彼が富をもっていること』は，『彼が幸福である』ことと**等価値**というわけではない！」となる。

以上より，**前置詞forのコアイメージをしっかりと意識することが重要**であることがわかっただろうか？　stand for「…を象徴する」やfor all「…だけれども」などの表現を「まとめて100個，丸暗記だぁ！」などという勉強法は全く必要ない。forのコアイメージをつかむことで，多くの場合，知らない表現でも類推することができる！

43　tooと接頭辞over-はマイナスイメージを示す

副詞too「…すぎる」と接頭辞over-のコアの意味は「**過剰性**」で，マイナスイメージを示す。

too「…すぎる」

例1 He is **too** ready to tell a lie.
(S V M C M)

コアのイミ　嘘をつくという点では，彼は過剰に準備が整っている
意訳　嘘をつくには，あまりに準備が整いすぎている。⇒ 意訳 彼は大変な嘘つきだ。

※ too…（for *A*）to *do* ～
コアのイミ　「（*A*が）～するという視点・立場から見ると，過剰に…だ」
意訳　❶「（*A*が）～するには，あまりに…すぎる」　❷「…すぎるので（*A*が）～できない」

（注）意訳はできる限り❶で。❷の意訳は 例1 のような文では成立しない場合があるので注意！

例2 There are **too** many students in this classroom.
V M S M

この教室には，あまりに多くの学生がいる。

接頭辞 over-

☐ **overdo** 動「過剰に行う」 ☐ **overestimate** 動「過大評価する」
☐ **overeat** 動「食べすぎる」 ☐ **overdose** 動「（薬を）過剰投与する」

44 exactly は疑問詞の直前で用いられることが多い

exactly＋［疑問詞のカタマリ］

上記のように，exactly は疑問詞の直前で用いられることが多い。

例1 I can't remember **exactly** [what she said].
S V M O

私は，［彼女が言ったこと］を**正確に**覚えていない。

※思考・理解・認識の V＋exactly＋［疑問詞のカタマリ］のとき，訳出上は，exactly は V にかけて訳出する。

例2 **Exactly** [what she said] I can't remember.
M O S V

※名古屋大の下線部和訳で問われた英文。例 1 の英文と同じだが，OSV の語順移動が起きたもの。exactly は，［疑問詞のカタマリ］の直前で使われることが多いので，what のカタマリと一緒に文頭へ移動。ただし，訳出上，exactly は remember にかかっている点に注意。

45 不定詞の前の「for＋名詞」は不定詞の意味上の主語

不定詞の左側（＝前方）に付く「for＋名詞」は，不定詞のカタマリ内側の（V）に対する（S）を示すことがある。この「for＋名詞」を**不定詞の意味上の主語**と呼ぶ。

（注） ただし，**人間の性格に関する形容詞**が文中で使われている場合，for＋名詞が **of＋名詞**に変形される。

例1 It is necessary for **us** to **work**. 私たちは，働くことが必要である。
仮S V C M 真S

※この英文は，It is necessary [that we should work]. という文が変形されたもの。we と work のアイダには，「私たちが働く」という主語・述語関係が成立している。それと同じように **us と work のアイダにも主語・述語関係が成立している**のだ。

例2 It was careless of **him** to take the wrong train.
仮S V C M 真S

違う列車に乗ってしまうことは，彼にしては不注意なことであった。

※ careless＝人間の性格に関する形容詞。このときの of＋名詞は，人間の性格に関する形容詞にかけて「**名詞に関して言えば，名詞は**」のように訳す。

➔ 等位接続詞に関する公式

46 等位接続詞の前後は，同じカタチになる

and / but / or (nor) / so / for の5つはその前後では，文法上**同じカタチ**になる。これらを，**等位接続詞**と呼ぶ。等位接続詞自体には，カタマリをつくる力はない。ただ，「つなぐ」働き！

SVとSVをつなぐ，VとVをつなぐ，OとOをつなぐ，CとCをつなぐ，OCとOCをつなぐ，MとMをつなぐ，など

(注) ➔公式6 より，動詞の数は各レベルで原則1回だが，V and V のように「動詞と動詞」をつなぐこともできるので，等位接続詞によって，動詞の数が増えることがある。

47 文頭の等位接続詞は，副詞として分析する

文頭の大文字のAnd，Butなどの等位接続詞は，日本語にすると，前文とつながっているように訳すが，厳密に言うと文法上は2つの独立した文に切れており，And，Butは文頭の一語の副詞として分析する。副詞扱いなので，文頭の大文字の等位接続詞では，一文中のVの数は増えない ➔公式6・46 。

48 butの働きは「しかし」だけじゃない！

butの重要ポイントは以下の7点。

❶ 等位接続詞「しかし」

❷ 等位接続詞「*A*だけでなく*B*もまた」

not only (=simply / solely / alone / just) *A* but (also) *B*

「*A*だけでなく*B*もまた」の意味で，「追加構文」になる。

A=前提：文脈や常識でわかりきっている内容

B=焦点：筆者のイイタイコト

*A*と*B*は，文法上同じカタチになる場合が多い！

❸ 等位接続詞「*A*でなく*B*」

not *A* but *B*

(注) *B*が前方移動し，***B* and not *A***に変形されることがある。さらにandが省略されて***B*, not *A***に変形されることがある。

❹ 前置詞「…を除いて，…以外に」 =except　※butは，もともとは前置詞である。

例1 They(S) are(V) all(M) wrong(C) **but** me(M).　私**を除いて**，彼らは皆間違っている。

例2 She(S) could do(V) nothing(O) **but** weep(M).　彼女は，泣くこと**以外に**何もすることができなかった。

※ 例2 は前置詞の後に，動詞の原形がきている。基本ルールからはずれているように見えるが，ネイティブが正しいものとして使っているパターン。こういったパターンは，試験に頻出のものだけ暗記しておけばよい。

❺ 関係代名詞　※否定語がついた先行詞に続くことが多い。

例 There is no rule (but ● has some exceptions).

=There is no rule (that ● does not have some exceptions).

（例外をもっていない）規則は存在しない。⇒ 意訳 例外のない規則はない。

❻ 副詞「ただ，～にすぎない」 =only / merely

例 Life is but an empty dream.　人生はむなしい夢であるにすぎない。

❼ but の熟語

□ all but…「ほとんど…」 =almost　※ all but で一語の副詞として考える。

例 He is all but dead. = He is almost dead.

彼はほとんど死んだ状態である。⇒ 意訳 彼は死んだも同然だ。

□ but for＋名詞「名詞がなければ，名詞がなかったら」

=if it were not for＋名詞 / if it had not been for＋名詞

語順・構文に関する公式

49　英語の語順を決めるのは 4 つの法則性。大事な情報は文末へ！

英語の語順を決めるのは，大きく以下の 4 つの法則性。❶が土台にあり，❷❸❹の法則性の影響を受けて，❶が変形したり，語順移動したりすることで，英文が複雑に見えることがある。

❶ 五文型

❷ **古い情報**はできる限り**文頭方向**へ，**新しい情報**はできる限り**文末方向**へ

❸ **前提**（＝常識的な内容）はできる限り**文頭方向**へ，**焦点**（＝筆者のイイタイコト）はできる限り**文末方向**へ

❹ **抽象的で大まかな情報**を**先に**言っておいて，後から**具体的で詳しい情報**を付け足していく

50　倒置＝疑問文の語順

倒置とは，疑問文の語順になることである。

否定の副詞が先頭 ＋ 疑問文の語順

否定の副詞が先頭 ＋ M ＋ 疑問文の語順

only が先頭 ＋ 疑問文の語順

only が先頭 ＋ M ＋ 疑問文の語順

（注 1）M が，節のカタチになっているとき，その節の内側の S'V' は，倒置しない。

（注 2）一見すると，否定語の副詞のようでも，意味上，否定語の意味をもたない副詞は，たとえ文頭に来ても倒置が起きない。

例1 **Little** did he think [that his own scandal was to be exposed to the public].
M 助 S V O
自分自身のスキャンダルが，世に暴露されてしまうということを彼は**全く**考えてい**なかった。**

このカタマリの内側は倒置しない！

例2 **Only** 〈when I learned foreign languages〉 did I begin to deal with westerners on equal terms.
M M 助 S V M
〈いくつかの外国語を学んだときに〉 **ようやく**，私は対等な立場で欧米人とつきあえるようになってきた。

例3 **No doubt** you are right. 確かにあなたは正しい。
M S V C
※ no doubt は否定の意味をもたないので，倒置が生じない。

51 There is 構文は，VS のみで文型完成

There is 名詞「名詞が存在する」
V S

分析するときは，**there is をまとめて 1 コの V** と考え，**後ろ方向にある名詞を S** と考える。文頭の there 自体は形式的に置かれているだけで「意味上ゼロ」で訳さない。there is は「**存在」の完全自動詞**なので，**VS だけで文型完成**。それ以外の要素は M になる。

There is 構文の変形に注意！

※1 There is 構文に似た表現で，名詞 is there というものがあるが，
名詞 is there. ＝ **名詞 exist**. と品詞分解し，意味は「名詞が存在する」となる。
S V S V

※2 「there is 名詞」を，不定詞のカタマリに変形するとき，例外的に there が名詞化し，意味上の主語を示す for の直後に入り込む。
例 It is impossible **for there** to be a misunderstanding between us.
仮S V C M 真S
私たちの間に誤解があるはずがない。

※3 SVOC 文型と There is 構文が合体したときも，there が名詞化し，O の位置に入り込む。このとき there 自体は訳さない。
例 We don't want **there** to be another war.
S V O C
我々はさらなる戦争が存在するようにさせたくない。⇒ 意訳 もう戦争はごめんだ。

※4 「there is 名詞」の，is の部分が，「存在」や「出現」の V や受身形に変形されることがある。
例 There is a book on the desk. 机の上に本がある。
V S M
There remains a book on the desk. 机の上に本が残っている。
V S M

※5 「there is 名詞＋(～ing / ed の長い M)」のとき，文末焦点化の法則が働き，文末の M がイイタイコトになる。このとき相対的に前の is の訳が弱くなり（＝is が形式 V 化），「名詞が M する」と訳出する。
例 There is a powerful electric current running through this wire.
V S M M
この電線には強い電流が流れている。

52 Sの位置にitが見えた瞬間，まずは仮主語構文を予感せよ！

Sの位置にitが見えた瞬間に，仮主語構文を予感しよう！

仮主語のitは，**右方向にある名詞のカタマリ**（=**to *do*の名詞的用法のカタマリ**，**従属接続詞thatのカタマリ**，その他名詞のカタマリ）を**真主語**として指す。英語は「抽象から具体へ」という情報の流れがあるので，先に仮のitで抽象的に漠然とSを述べておき，後で詳しく具体的にSについて述べていく，というスタイルになっている。

なお，仮Sのitは形式的に置かれているだけで，「意味上ゼロ」で訳さない（日本語に「仮のit」というものがないので訳せない）。

53 強調構文は名詞・副詞を強調するためのもの

強調構文について

❶ まず**itが前文の単数形の名詞を指さないことを確認**せよ。

前文の単数形の名詞をitに代入して訳出してみると，意味がヘン！

❷ 品詞分解上，強調構文は**名詞あるいは副詞を強調するためのもの**である。

形容詞を強調するにはveryなどの語句を用いる方法があり，形容詞強調では強調構文は用いられない。

❸ **it isとthatを削除してみて，残りの部分が（語順が変化していることがあっても）必要な要素がそろった文法上正しい英文なら，強調構文**と考えてよい。

It isとthatのアイダに名詞か副詞を挟み込んで強調する構文は，「分裂文」と呼ばれることもある。It isとthatのせいで，もともとあった文法上正しい英文が「分裂」したように見えるのでこのように呼ばれている。

54 「It is 名詞 that」の場合は，that以下に注目！

Sの位置にitがある場合，仮主語構文ではなく，強調構文の可能性もある。➡公式53の❸のように「it isとthatを削除する」という方法以外に，両者を区別する方法がある。

まず最初に，**文頭のitが前文の名詞を受けないことを確認**すること！

❶ **100%「仮主語構文」になる**

It is **形容詞** that ～

It is **過去分詞（said / thought など）** that ～

❷ **100%「強調構文」になる**

It is **副詞** that ～

❸ **thatの後の文型判断でどちらになるかを決定**

It is **名詞** that 完全文 ⇒ 仮主語構文

※ thatは従位接続詞。

It is **名詞** that 不完全文（=名詞が不足した文）⇒ 強調構文

※強調のため名詞が左方向へ移動したと考える。

例 It's a miracle that he (S) wasn't killed (V受) in the plane crash (M).

彼が，飛行機事故で亡くならなかったのは奇跡だ。

※ that以下が完全文なので仮主語構文と考えられる。

55 分詞構文はおよそ「～して」「～しながら」「そして～」で訳す

ing がつくるカタマリが，左方向の 1 コの名詞にかからず，**主節の V や主節全体にかかる**とき，**分詞構文**という。分詞構文とは，本来なら，〈従属接続詞＋S'V'〉や and SV と表現する内容を書き言葉において，ing がつくるカタマリに変形することで，シンプルに表現したもののことである。

多くの場合，分詞構文には主語が付いておらず，主節の S と同じものが，分詞構文の直前にも省略されていると考える。

分詞構文はカンマで主節と区切られていることが多いが，カンマがない場合には，分詞構文か分詞の形容詞用法かを見極める必要がある。

例 The mathematicians (S) tried (V) hard (M) to perform (V) the extremely complicated calculation (O) using a supercomputer (M).

M → 可能性 1 / 可能性 2

まず，using a supercomputer の ing がつくるカタマリ（＝句）が，M になっていることを確認。主節が SVO で，「その数学者たちは，極めて複雑な計算を行おうと必死に試みた」となっている。ちなみに perform「実行する」は，「与える」という意味をもっていないので，SVOO という文型になることができない。また，perform には，「させる・思う」という意味もないので，SVOC という文型にもなれない。以上より，using a supercomputer のカタマリを中心要素である O や C にすることはできないので，M のカタマリになるしかない。

↓

さらに M は，2 種類に分けられる。

可能性 1 **分詞の形容詞用法**：左方向の 1 コの名詞にかかる M（＝形容詞の働きをする ing がつくる M のカタマリ）

※訳は，「…する名詞，…している名詞」となる。また，名詞と ing のアイダで，「名詞が…する」という隠れた主語・述語関係が成立しなくてはならない。

可能性 2 **分詞構文**：左方向の 1 コの名詞にかからずに，主節の V や主節全体にかかる M

↓

可能性 1 を検討。今回，using a supercomputer の ing がつくるカタマリを，左方向の名詞 calculation にかかると仮に考えてみると，「スーパーコンピュータを使っている計算」となり，一見うまくいっているようだが，隠れた主語・述語関係を考えてみると，「計算がスーパーコンピュータを使う」という関係になりオカシイ。通常，コンピュータを動かしている・使っているのは人間のはずである。

↓

したがって，今回の ing がつくるカタマリは，可能性 2 の**分詞構文**であるということになる。using a supercomputer「スーパーコンピュータを使って」は，主節の V「(計算を) 実行しようとした」にかかっている。複雑な計算を行う際の手段について，分詞構文を使って説明を加えている。ちなみに，**分詞構文の意味上の主語**は，**文全体の主節の S と同じ**なので，「その数学者たちは，スーパーコンピュータを使って，極めて複雑な計算を実行しようと必死に試みた」となる。

分詞構文の訳し方

分詞構文の意味は以下の 6 種類をおさえておこう。ただし，分詞構文は筆者が意図的に接続詞のイミをぼかして表現したものなので，明確に分類できないことも多い。実際に英文を読んでいる場面では，「**～して**」「**～しながら**」「**そして～**」のどれかで訳しておけばスムーズに処理できるだろう。

❶ 理由「～なので」

主節であらわされるデキゴトが「**結果**」，分詞構文であらわされるデキゴトが「**原因**」を示している。

例 〈**Having a talent for music**〉, he was respected by great musicians.
M S V受 M

＝〈**Because** he had a talent for music〉, he was respected by great musicians.
音楽に対する才能をもっていた**ので**，彼は偉大な音楽家たちに尊敬されていた。

❷ 同時進行「～しながら」

主節であらわされるデキゴトと分詞構文であらわされるデキゴトが同時進行している。

例 They sat on the beach, 〈**looking at the setting sun**〉.
S V M M

彼らは沈んでいく夕日を眺め**ながら**，砂浜に座っていた。

❸ 連続の動作，連続の出来事「そして～，～して」

文末に置かれた分詞構文がこの意味になる場合が多い。

例 A man appeared at the party, 〈**asking her to take a photo with him**〉.
S V M M

＝A man appeared at the party **and** asked her to dance with him.
ある男がパーティにあらわれた。**そして**，彼女に自分と写真を撮ってくれるように頼んだ。

❹ 条件「～なら」

主節に will や may などの「**推量フレーズ**」がセットで用いられる場合が多い。

例 〈**Used carefully**〉, this computer will last three years.
M S V M

＝〈**If** it is used carefully〉**,** this computer will last three years.
注意深く使われる**なら**，このコンピュータは，３年はもつでしょう。
※この分詞構文は，being が省略されている。もとは，Being used carefully。

❺ 譲歩「～だけれども，～だが」

主節であらわされる内容と分詞構文であらわされる内容が，「肯定 vs 否定」や「プラスイメージ vs マイナスイメージ」といったような対立的な意味になっている点に注目しよう！

例 〈**Being average for his height**〉, he still felt that he was fat.
M S M V O

＝〈**Though** he was average for his height〉, he still felt that he was fat.
身長に対して平均的であった**が**，彼は，それでも自身が太っていると感じていた。

❻ 時「～するとき，～すると」

この用法は，文法の教科書では有名だが，実際の英文では使われる回数はそれほど多くないようだ。

例 〈**Seeing his father**〉, he ran away. 父親を見る**や**，彼は走り去った
M S V M

＝〈**When** he saw his father〉, he ran away.

56 as … as ～ 構文の2つめの as はもともと従属接続詞

as … as ～ 構文の仕組み

❶ 1つめの as は，一語の副詞で単独で M。後ろの形容詞 or 副詞にかかる。

❷ 1つめの as は，仮に置かれているだけで「意味上ゼロ」で訳さない。

❸ 2つめの as は，もともとは従属接続詞。

(注) 2つめの as のカタマリ内側では V′ や C′ が省略され，2つめの as が前置詞あるいは関係代名詞のように見えることがある。

例 Tom is as old ⟨as I am old⟩.
(S V M C ⟨M⟩; I am old = S′ V′ C′)

= Tom is as old ⟨ as me⟩.

もともと従属接続詞だったものが前置詞のように変化

❹ 1つめの as が一語で働くのに対し，2つめの as は必ずカタマリ（＝句や節）をつくり，「**～と同じように，～のように，～ほどに，～と比べて**」のように訳す。

❺ 2つめの as のカタマリは，すでに述べられた内容や常識的にわかりきった内容のとき，カタマリがまるごと省略されることがある。

❻ 否定文においては，1つめの as を so に変形してもよい。

57 the 比較級構文の1つめの the は if，2つめの the は so の意味

the 比較級構文の仕組み

⟨The 比較級 … V′ …⟩, the 比較級 ～ V ～ .
(⟨…⟩ = M)

≒ ⟨**If** … V′ …⟩, **so** SV ～ .

コアの意味 「⟨…すると⟩，それだけ S が V する」⇒ 意訳 「…すればするほど SV」

❶ 原則，1つめの the は従属接続詞の働きで，if の意味をもち，副詞のカタマリをつくる。

❷ 原則，2つめの the は一語の副詞として働き，so の意味をもっている。

したがって，the 比較級構文は，構造上，⟨**If** … V′ …⟩, **so** SV ～ . にほぼ等しい

(注) the 比較級構文では，主節・従属節の両方，あるいは，どちらか一方において，be 動詞の省略が多いので警戒せよ！

Kyogakusha